国际汉语教育：
教学资源与汉韩对比

—— 2012国际汉语教学资源暨汉韩语言对比研讨会论文选

周小兵　孟柱亿 ◆ 主　编

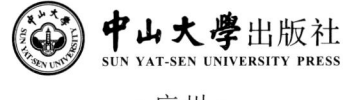

·广州·

版权所有　翻印必究

图书在版编目（CIP）数据

国际汉语教育：教学资源与汉韩对比/周小兵，孟柱亿主编．—广州：中山大学出版社，2014.10

ISBN 978 – 7 – 306 – 05049 – 6

Ⅰ.①国… Ⅱ.①周… ②孟… Ⅲ.①汉语—对外汉语教学—学术会议—文集 ②对比语言学—汉语、朝鲜语—学术会议—文集 Ⅳ.①H195 – 53 ②H1 – 53 ③H55 – 53

中国版本图书馆 CIP 数据核字（2014）第 229468 号

出 版 人：徐　劲
策划编辑：李海东
责任编辑：李海东
封面设计：曾　斌
责任校对：何　凡
责任技编：何雅涛
出版发行：中山大学出版社
电　　话：编辑部 020 – 84111996，84113349，84111997，84110779
　　　　　发行部 020 – 84111998，84111981，84111160
地　　址：广州市新港西路 135 号
邮　　编：510275　　传真：020 – 84036565
网　　址：http：//www.zsup.com.cn　　E-mail：zdcbs@mail.sysu.edu.cn
印 刷 者：广州中大印刷有限公司
规　　格：787mm×1092mm　1/16　17.75 印张　430 千字
版次印次：2014 年 10 月第 1 版　2014 年 10 月第 1 次印刷
定　　价：48.00 元

如发现本书因印装质量影响阅读，请与出版社发行部联系调换

前　言

　　2012年12月22—23日，2012国际汉语教学资源暨汉韩语言对比研讨会在中山大学召开。会议由汉韩语言对比学会、北京语言大学、中山大学国际汉语学院和国际汉语教材研发与培训基地共同主办。来自韩国、日本、德国、印度尼西亚和中国内地、香港等地的100多位专家、学者、教师及研究生参加了本次研讨会。

　　短短两天的会议，与会者围绕国际汉语教学资源研发、汉韩语言对比、韩国学生汉语习得、汉语教学研究等议题展开了广泛深入的交流和讨论。会后，应与会专家学者们的建议，我们于2013年初着手筹备论文集的出版。

　　征稿启事发出后，与会者积极响应，在研讨会讨论、交流的基础上对论文进行了精心细致的修改。我们先后收到论文近50篇。经多位专家匿名评审，最后有28篇论文入选论文集。这些论文主题鲜明，内容丰富，既有对最新汉语教学资源的考察，又有对近代汉语教学资源的探究；既有对教学资源整体情况的观照，也有对教材个案的细致分析；既有汉韩句法、语义、语用的对比，又有对韩汉语习得与教学的研究。整体而言，这些论文反映了本次研讨会的主要成果。但因篇幅有限，一些文章未能收录进论文集，这不得不说是一个遗憾。

　　我们希望，论文集的出版，不仅能使更多学界同仁、教师分享研讨会的相关研究成果，同时能进一步推动汉语教学资源研究、汉韩语言对比研究、汉语习得与教学研究的发展。

　　论文集的出版得到了中山大学出版社的支持，在此表示诚挚的感谢。

编委会
2014年5月28日

目 录

国际汉语教学资源研究

基于教材库的对韩汉语教材研究……………………陈　楠　[韩]李美娜（3）
面向妇女的汉语教科书
　　——日本明治时期的女性汉语会话课本………………………陈淑梅（12）
关于《基础实用商务汉语》（修订版）的考察………………邓淑兰　辛　玲（24）
随风潜入夜，润物细无声
　　——以《中国话》为例谈文化要素如何融入汉语教学……………华　莎（33）
论朝鲜后期汉译谚语集《耳谈续纂》的文献价值
　　——基于语言学的思考……………………………………………金菊花（39）
韩中初级汉语教材的语音编排小考……………………………[韩]金起閌（49）
对外汉语教材的副词注释模式初论
　　——以"都、就、从来、往往"为例………………………………林文琪（59）
活用视觉信息打好汉语发音基础的教材与运用方法
　　——以日本公共汉语e-Learning教材"游"为例………[日]汤山卜ミ子（70）
《新丝路中级速成商务汉语Ⅱ》与《中级商务汉语实用会话》的比较研究
　　——兼论对越南商务汉语教材编写的启示………[越]武芳莺　单韵鸣（86）
面向汉语第二语言学习者的连词注释模式研究………………郑泽芝　陈培新（94）

汉韩语言对比研究及汉语本体研究

评注性副词"毕竟"、"究竟"与"어쨌든"、"도대체"对比考察
　　………………………………………………………………[韩]安槿玲（105）
浅议韩汉翻译中"把"字句的选择…………………………………车政华（115）
汉韩语疑问词的非疑指称功能对比研究
　　——以"谁"与"누구"为中心……………………………………侯文玉（121）
韩语假设标记"-면"及其在汉语中的相应形式………………[韩]姜至恩（133）
话语标记"我说什么来着"与"-내가 뭐라고 했어"的对比分析……李光华（146）
状态补语和结果补语结构的语用对比研究……………………[韩]李娜贤（153）
语汇教学中的对应和等值…………………………………………[韩]孟柱亿（157）
类型学视野下的反义复合词………………………………………张金竹（162）

韩国学生汉语习得研究

韩国学生汉语表致使义"得字句"偏误溯因 ………… 邓小宁 [韩]金松姬（173）
韩语汉字词与汉语学习者汉语能力提高的策略 ……………… 金立鑫（186）
韩国学生"S+V+给+NP_1+NP_2"句式的习得研究 ……[韩]梁秀林（194）
韩语背景学习者特异性汉语易混淆词及其母语影响因素探析 …[韩]申旼京（203）
从图式理论看语篇输入对留学生汉语作文修辞表达的影响
　　——以两位韩国留学生的作文为例……………………… 吴　双（213）
语言对比分析的技术应用
　　——基于对韩汉语语法教学………………………………周小兵（224）

调研报告

韩国高校学生汉语学习现状的调查与思考
　　——以全北地区为例 ………………………… 林晓凤　陈　明（237）
通过"首尔大学在北京"项目看韩国大学的在华集训 ………[韩]李美京（247）
汉语作为二语的分级读物需求调查 ……………………………钱　彬（257）
国际汉语教材分地区文化项目考察报告 ……………… 徐霄鹰　谢　爽（264）

国际汉语教学资源研究

基于教材库的对韩汉语教材研究

陈 楠　[韩]李美娜

摘　要：随着韩国汉语教学的迅速发展，对以韩语为教学媒介语的汉语教材（简称"对韩教材"）的研究也显得非常必要。本文以中山大学国际汉语教材研发与培训基地建设的"全球汉语教材库"中相关数据为基础，通过与全球汉语教材情况的对比，从资源类型、教材分类、适用学校、适用水平和出版时间五个方面，系统研究3007册对韩教材；并从微观角度探析对韩教材的本土化处理方式，为对韩教材编写提供建议。

关键词：教材库；汉语教材；韩国；本土化

近年来，韩国考生约占 HSK 海外考试人数的 70%（张晓曼，2007）。韩国大学设立中文系的数量及各校中文系的招生人数都迅速增加，不少中小学也逐步开设汉语课程。韩国汉语教学迅速发展的同时，对适用于韩国学习者汉语教材的研究就显得尤为必要。本文以中山大学国际汉语教材研发与培训基地建设的"全球汉语教材库"中相关数据为基础，系统考察对韩教材。这不仅有助于我们了解韩国汉语教学的全貌，也为今后对韩教材的研发提供有力的事实依据。

中山大学国际汉语教材研发与培训基地成立于2009年5月，由国家汉办领导，中山大学建设。2011年3月，"全球汉语教材库"（简称"教材库"）初步建成，信息丰富，分类合理，支持汉、英、日、韩、德、西班牙、越南、印尼等8个语种的网上查询。基本实现教材库建设的主要目标：①为各国汉语教学提供全方位的教材信息；②为系统的教材评估、研究提供支持；③为教育、出版机构提供咨询。到2011年7月底，教材库录入教材8787册/种，其中对韩教材3007册/种，占34.2%，本文对这些教材进行了考察。

1　基于对比的对韩教材宏观考察

本文通过对教材库中8787册全球实体汉语教材（简称"全球教材"）的对比分析，宏观分析3007册对韩教材的发展状况。

1.1　资源类型

教材库中教材资源类型可分为三类：

第一，纯纸质教材，无多媒体附载物（磁带、CD、VCD、DVD）。如《新攻略汉语阅读》[1]、《汉语的理解》[2]等。

第二，附载多媒体的纸质教材。在纸质教材基础上，开发多媒体，如《好吃的汉语》[3]、《多乐园掌握汉语》[4]。

第三，多媒体教材。如《长城汉语》[5]（先开发多媒体，后开发相应的纸质教材）、《新乘风汉语》[6]（基于网络的多人游戏学习平台，有中国文化为载体、以游戏为手段的互动汉语学习环境）。

基于对教材库的统计，全球汉语教材与以韩语为媒介语的教材的资源类型情况如表1所示。

表1 对韩教材与全球教材资源类型情况　　　　　　　　　　　单位：%

资源类型	全球教材	对韩教材
纯纸质	59.1	54.0
纸质+多媒体	40.9	44.6
多媒体	0.9	1.4

从表1可以看出，与全球教材相同，对韩教材含有多媒体的教材（纸质+多媒体，多媒体）所占比例均低于纯纸质教材；其中，对韩教材所占比例（46%）略高于全球教材（41.8%）。多媒体教材通过对学生多种感官的刺激，可以激发学生学习兴趣，调动学习主动性和积极性，从而更好地培养学生的语言能力和交际能力，也有利于学生对所学语言知识的保持（贾益民、熊玉珍，2004）。因此加强对教材多媒体部分的开发，是对韩教材编写继续努力的方向。

1.2 教材分类

从类型看，对韩教材可分为七类：第一，课堂教材。含通用汉语、专用汉语和中华文化教材等。如《新攻略汉语》[7]、《OK商务汉语》[8]、《看照片学中国文化》[9]等。第二，读物（含汉语、文化等）和自学教材。此类教材是课堂学习的补充。如《中韩对译文库》[10]、《韩国最容易的自学汉语第一步》[11]等。第三，实用手册类。此类教材供学习者在日常生活、工作和旅行中查检相关语句。如《旅行汉语会话》[12]、《旅行汉语指南》[13]。

---

[1] 郑蕊，等：《신공략 중국어 독해》，多乐园出版社，2003～2005年。
[2] 金铉哲、金始衍：《중국어학의 이해》，学古房出版社，2002年。
[3] JRC汉语研究所：《맛있는 중국어》，JRC books出版社，2005～2008、2012年。
[4] 朴正九，等：《다락원 중국어 마스터》，多乐园出版社，2008～2010年。
[5] 马箭飞，北京语言大学出版社，2005～2006年。
[6] 赵勇，美国密西根州立大学孔子学院，2010年。
[7] 马箭飞，等：《신공략 중국어》，多乐园出版社，2005～2008年。
[8] 关道雄：《OK!비즈니스 중국어》，多乐园出版社，2008年。
[9] 김상균（音译：金常均），等：《사진으로 보고 배우는 중국문화》，东洋books出版社，2012年。
[10] 韩国中国现代文学学会，多乐园出版社，2004～2009年。
[11] 时事英语社编辑部，时事英语社出版社，2008年。
[12] 김중기（音译：金中基）：《영행 중국어 회화》，新罗出版社，2007年。
[13] 이도형（音译：李道形），同路人，2006年。

第四，工具书。包括词典、字典、单词本等，如《韩中词典》[1]、《汉语 IT 电脑用语词典》[2]、《中国语动词用例词典》[3]。第五，汉语考试辅导用书。服务于 HSK 考试、中小学汉语考试（YCT）、商务汉语考试（BCT）和韩国自己的各类汉语、汉字考试。例如《新 HSK 实战模拟考试 3 级》[4]、《商务汉语考试习题解析》[5]、《说中国语考试 TSC 实战 TEST2》[6]。第六，教师培养教材。如《怎样教韩国人汉语》[7]、《中国语翻译理论与技巧》[8]等。第七，教学大纲及字词语法等级表。例如《国际汉语教学通用课程大纲：韩汉对照》[9]、《国际汉语角尺标准：韩语版》[10]等。全球教材与对韩教材的类型如表 2 所示。

表 2　对韩教材与全球教材类型情况　　　　　　　　　　单位：%

教材	课堂教材	读物、自学	手册	考试辅导	教师培养	教学大纲	工具书
全球教材	63.2	11.2	4.2	4.0	3.7	0.8	5.2
对韩教材	60.0	22.5	5.8	4.3	0.3	0.1	7.1

由表 2 可见：

（1）全球教材、对韩教材中，所占比例最大的均为课堂教材，这与目前汉语学习以课堂教学为主的现状相符。

（2）对韩教材中，读物和自学教材比例（22.5%）远超全球教材（11.2%），为没有条件接受正规课堂教学的汉语学习者（如职场人士）提供了便利。

（3）对韩教材中，教师培养教材比例（0.3%）低于全球教材（3.7%）。经考察，对韩教师培养教材多是汉语版的韩语翻译本，如《对外汉语教学入门》[11]等。编写出适合海外使用的教师培养教材，是教材开发的重要任务（周小兵 等，2013）。因此，对韩教材中也应加强教师培养教材的开发。

1.3　适用学校

按适用学校，课堂教材可分为大学教材、中学教材、小学教材和幼儿园教材（表3）。对韩教材中，标明适用学校的占 64.8%，高于全球教材的 56.4%。

---

[1] 최봉환（音译：崔奉焕）：《한중사전》，民族文化出版社，1995 年。
[2] NEXUS 词典编纂委员会：《중국 IT 컴퓨터용어 사전》，Nexus 出版社，2005 年。
[3] 채영순（音译：蔡英顺）等：《중국어 동사용례 사전》，韩国中国学研究中心，1998 年。
[4] 한림풍 공작실（汉林风工作室）：《신 HSK 실전 모의고사 3 급》，中国语뱅크（中国语银行，笔者译），2010 年。
[5] 范开泰：《신바람나게고 득점만다 BCT 실전 모의시험》，松山出版社，2009 年。
[6] 민선식（音译：闵善植）：《중국어 말하기시험 TSC 실전테스트.2》，YBM 时事出版社，2007 年。
[7] 编辑部：《한국인에게 중국어를 어떻게 가르칠것인가》，首尔出版社，2007 年。
[8] 태평무（音译：泰平无）：《중국어 번역이론과 기교》，首尔出版社，2006 年。
[9] 国家汉办孔子学院总部，外语教学与研究出版社，2009 年。
[10] 国家汉语国际推广领导小组办公室，外语教学与研究出版社，2008 年。
[11] 周小兵、李海鸥：《중국어 교육 입문》(《对外汉语教学入门》)，韩国 외국어대학교（韩国外国语大学），2011 年。

表 3　对韩教材与全球教材适用学校情况　　　　　　　单位：%

教材	大学	中学	小学	幼儿园	跨类
全球教材	55.1	19.4	26.9	5.5	5.5
对韩教材	81.3	4.7	10.4	3.6	7.5

由表 3 可见：

（1）全球教材和对韩教材都是大学教材最多，小学次之，中学较少，幼儿园最少。

（2）对韩教材中，中学教材比例（4.7%）远低于全球教材（19.4%）。这与韩国汉语教学的现状相关：在韩国，中学必须使用通过教育科学技术部长官鉴定指定的汉语教科书。韩国教育课程评价院 2009 年 8 月 19 日的资料显示，仅有 11 个出版社的 13 册汉语教材被选为韩国初中汉语教科书。

（3）对韩教材中，小学教材比例（10.4%）低于全球教材（26.9%）。韩国小学的汉语课程没有纳入正规课程，教材开发起步较晚。虽然自 2000 年开始增长较快，但数量上与其他教材仍有一定的差距。

（4）对韩教材中，大学教材比例（81.3%）远高于全球教材（55.1%）。韩国大学汉语教学发展历史较长，教材由教师自由决定，学校不指定，加之课外补习班大多也使用大学教材，因此大学教材种类较为丰富。

1.4　适用水平

按适用水平，教材分为零起点及初级、中级、高级三类（表4）。对韩教材中标明适用水平的占 53.4%，全球教材中标明适用水平的占 74.5%。

表 4　对韩教材与全球教材适用水平情况　　　　　　　单位：%

教材	零起点及初级	中级	高级	跨类
全球教材	68.3	17.2	10.5	9.0
韩国教材	60.5	18.3	5.5	15.7

由表 4 可见：

（1）对韩教材中跨类占 15.7%，高于全球教材的 9.0%。对学习者水平不做出清晰界定，会给学习者对教材的选择带来困惑。

（2）全球教材、对韩教材都是零起点和初级最多，中级次之，高级最少。依次递减的趋势基本符合二语学习和教学的实际情况。

1.5　出版时间

2006 年，是汉语国际教育进入跨越式发展时期的第一年。这从国际汉语教材整体的数量发展上可以看出来。对韩教材也不例外，短短 5 年内出版 1318 册/种，占 43.8%（这一比例全球教材为 60.3%），接近于之前 50 多年出版数量的总和。

2　对韩教材的本土化考察

本土化（国别化）汉语教材是指根据当地的教育制度、社会文化、学习者母语特点等因素开发的适合当地人学习的教材（周小兵 等，2013）。一些对韩教材也在本土化方面做出了努力。

2.1　语言要素本土化

语言要素是汉语学习中的重要组成部分，编写者应考虑学习者的母语特点，使教材更有针对性，提高学习者的学习效率，增强学习兴趣。本文主要从语音、词汇、语法及汉字等四个方面进行考察。

2.1.1　语音注释

语音本土化，指基于学习者母语语音特点和汉语学习难点的语音点选择、排序、注释和练习。这里主要探讨语音注释，论及语音点的选择、排序。考察现有对韩教材，语音本土化方式主要有两类：

2.1.1.1　语音对比

（1）a：像韩语的'아'的发音。(《Smart 汉语》)[1]

（2）z：舌尖轻轻抵住上齿背，慢慢地使舌尖离开上齿背，舌尖比韩语"ㅉ[ts']"靠前。(《多乐园掌握汉语》)

（3）l：韩国学生容易将 l 和韩语中的 ㄹ 相混淆。发 ㄹ 的时候，气流通过舌尖，舌尖要轻弹一下；但是发汉语的 l 的时候注意不要弹舌尖，舌尖抵住上齿龈，气流通过舌头两边出来。(《多乐园掌握汉语》)

（4）o：相当于韩语"오"和"어"的中间音，但更偏向于"오"。(《北京大学汉语口语》)[2]

汉韩相同的语音，教材直接用韩语字母进行注释，如例（1）中汉语"a"的发音跟韩语字母"아"相同，这有助于利用母语正迁移，帮助学习者记忆。

汉韩发音相似，又略有差异的语音，教材在指出相近音的同时，对其区别进行阐释。如例（2）中"z"与韩语的"ㅉ"发音相似，但略有不同，教材中描述了两者的细微区别。例（3）首先指出韩国学习者容易出现的偏误，然后描述了"l"和韩语"ㄹ"的区别，有利于学习者发音时进行自我监控。例（4）指出"o"在韩语中的相近音，并不完全相同，仅说明"更偏向于'오'"，这样的描述比较模糊，对学习者没有实质性的指导作用。

从上面的例子可以看出，语音注释的本土化方式，主要是建立汉语发音与韩语发音

---

[1] 김현철、김은희（金铉哲、金恩熙）：《Smart 중국어》，东洋文库，2010 年。
[2] 戴桂芙、刘立新、李海燕：《북경대학 한어구어》，东洋文库，2009 年。

的联系，减轻学习者在初学阶段语音学习的困难。这在一定程度上是有效的，第二语言习得以母语结构的不断替换或再结构的方式进行，语音习得方面尤其如此（王建勤，1997）。但是用韩语语音注释汉语发音的方法，必须建立在精确的汉韩语音对比基础上。对于相近；而略有不同的语音，应做出详细、具有可操作性的说明，才能促进母语正迁移，降低负迁移；否则学习者以母语中相近的发音代替汉语发音，会造成发音方面的种种问题。这也是学生难以摆脱洋腔洋调的一个重要原因（张维佳，2001）。

2.1.1.2 用韩语字母注音

这类注音方法主要出现在自学教材中，如：

（5）你好：니하오。（《汉语初吻》[1]）

（6）这顿饭怎么样？：쩌뚠판전머양?（《汉语初吻》）

例（5）用"니"给"你"注音、"하오"给"好"注音，例（6）用韩语字母给整句注音。该方法在一定程度上方便学习者记忆，但也非常容易造成语音的偏误。首先，用韩语字母无法标注声调，学习者借助于注音读出的汉语是没有声调的。其次，对于汉韩同中有异的发音，容易造成母语发音替代汉语发音的现象。如例（6）"饭"用"판"标注，韩语没有"f"音，教材用"ㅍ"来代替，会使学习者将"饭"读成"盼"。最后，汉语中一个汉字用韩语的两个音注释，很容易造成将一个汉字误读成两个音，如例（5）"好"被注释成"하"和"오"两个发音。这种标注方式只能使学习者知道汉字大概的发音，又多出现在自学教材中，缺乏教师指导，容易诱导学习者发音偏误，是一种不可取的方式。

语音本土化，除了语音注释，还应该在语音的选择、语音的排序等方面，根据该国学习者的特点进行调整（周小兵、陈楠，2013）。目前所考察的对韩教材极少考虑这两方面的问题，在今后教材编写中亟需加强。

2.1.2 词汇编写

选择适用当地的词汇是词汇本土化的一个重要内容，也是体现教材本土化的重要表征之一。对韩教材的本土化词汇多为专有名词，内容涉及人名、地名、机关团体、货币、食物、节日及运动等方面，例如：

人名：张东健（韩国著名影星）、朴娜贤（《多乐园掌握汉语》）。

地名：首尔、钟路、釜山（《好吃的汉语》）。

食物：泡菜（《好吃的汉语》），拌饭、紫菜（《Speaking 汉语》[2]）。

运动：棒球（《好吃的汉语》）。

影视文学作品：《大长今》（《掌握》），《冬季恋歌》（《好吃的汉语》）。

其他：补习班（《多乐园掌握汉语》）。

对韩教材从多角度选择具有韩国特色的本土词汇，增强学生亲近感，适当降低难度，但需注意数量的控制。据陈楠（2013）调查，94.5%的韩国学习者及教师认为教材中应包含本土化词汇，但数量应控制在 5%以内。

---

[1] 陈真：《중국어 첫키스》，중국어문화원（中国语文化院），2000 年。

[2] JRC 研究所：《스피킹 중국어》，JRC Books，2008~2009 年。其中初中级在 2013 年再版。

2.1.3 语法编写

语法编写的本土化指基于学习者母语语法特点和学习难点的语法点选择和注释等。

2.1.3.1 语言点注释

（7）"形容词+死我了"相当于韩语的"～하여죽겠다"。(《对韩汉语口语教程》[1])

（8）跟韩语"主语+宾语+动词"的一般语序不同，韩语的一般语序为"主语+动词+宾语"。(《Speaking 汉语》)

（9）表示哪个地方存在什么东西的动词有三种……：我家后边有那个银行。（×）一个银行在首尔站后边。（×）(《多乐园掌握汉语》)

上述例句对语法点的讲解，都建立在汉韩语言对比的基础上。例（7）用相同的语法点注释；例（8）用韩语相近的语法点注释，并说明区别；例（9）基于语言的对比，指出韩国学习者可能会出现的偏误，提醒学习者注意。这有助于通过学习者的正迁移，帮助习得。

2.1.3.2 语法点的排序

教材根据习得顺序从简单到复杂进行语法点排序。中国出版的教材常将"了"安排在"过"之前学习（《汉语会话 301 句》[2]、《博雅汉语》[3]）。针对韩国学习者的《多乐园掌握汉语》，将"过"（第 10 课）安排在"了"（第 16 课）前面，遵循了由易到难的原则。장승성（2008）考察发现，韩国学生"了"的偏误率最高，其次是"着"，"过"的偏误率最低。且汉语的动态助词"过"（表示经验的）和韩语的过去时态"았/었"在意义和功能上相同（김나리，2011。转引自金起闾 等，2012）。

此外，语法编写本土化还应体现在语法点的选择上，如"一百"在韩语中常省略"一"，"一百三十"说成"백삼십（百三十）"，此类语法点应在教材中加以说明。现有教材很少能做到这一点，今后教材编写中应做出改进。

2.1.4 汉字编写

为了应付韩国汉字考试，韩国教辅材料常用口诀的方式帮助学习者记忆汉字，如：

（10）人，사람인；口，입구；韩，나라한。(《(韩国)汉字背诵博士》[4])

例（10）中"인"是与"人"对应的汉源字，韩语中已经不能单独使用。但汉源字意义及发音都跟汉语类似，可以帮助学生记忆。教材中先用韩语常用词"사람"注释，再附上汉源字"인"，构成口诀"사람인"。再如：口，입（口，韩语释义）구（口，汉源字）；韩，나라（国家，韩语释义）한（韩，汉源字）。用这样的方式注释，学生记忆时朗朗上口，既明白意义，又可将发音、意义跟汉源字联系起来。

韩国学习者习惯于这类记忆汉字的方法，因此一些对韩教材利用韩国学习者的这一特征，对汉字进行注释，如：

---

[1] 李明晶，北京大学出版社，2006 年。
[2] 康玉华、来思平，北京语言大学出版社，2008 年。
[3] 李晓琪，北京大学出版社，2004 年。
[4] 박원길（音译：朴元吉）：《버전업 한자암기 박사》，东洋文库（東洋文庫），2010 年。

（11）民，백성민；王，임금왕；国，나라국。(《好吃的儿童汉语》)[1]

例（11）的注释为：民，백성（百姓，民的韩语释义）인（民，汉源字）；王，임금（国家，王的汉语解释）왕（王，汉源字）；国，나라（国家，国的韩语释义）국（国，汉源字）。这种方式与韩国汉字辅导用书中的记忆方法一致，韩国学习者更容易接受。

2.2 文化编写本土化

文化编写本土化，指教材出现学习者国家、区域的文化内容。如：

（12）班上很多男生都去服兵役了，心里挺不是滋味儿的。(《对韩汉语口语教程》)

（13）在韩国，你可以看到很多教堂和佛教寺院，信仰宗教的风气很盛。还有不少挂牌营业的算命先生、风水先生。(《中级汉语会话》)[2]

（14）我们（韩国）也跟中国一样，春节的时候穿韩服，走亲访友，互相拜年，给孩子们压岁钱。……过年的时候喝年糕汤。喝了年糕汤就长一岁。(《多乐园掌握汉语》)

（15）韩国人一般都不吃香菜。(《精英汉语》)[3]

（16）在韩国，棒球比赛很受欢迎。比赛的时候……(《校园汉语》)[4]

（17）首尔没有北京冷。(《好吃的汉语》)

上述例子从日常生活（例（14）~（16））、思想文化（例（13））、国情（例（12）、（17））等角度介绍韩国本土文化。其方式有两种：一是只介绍韩国的情况，如例（12）、（13）、（15）、（16）；二是将韩国文化与中国文化对比，如例（14）、（17）。

2.3 练习

练习的设计方式和题型体现了汉语教材的本土化，如：

（18）梯子游戏（图1）(《你好儿童汉语》)[5]。

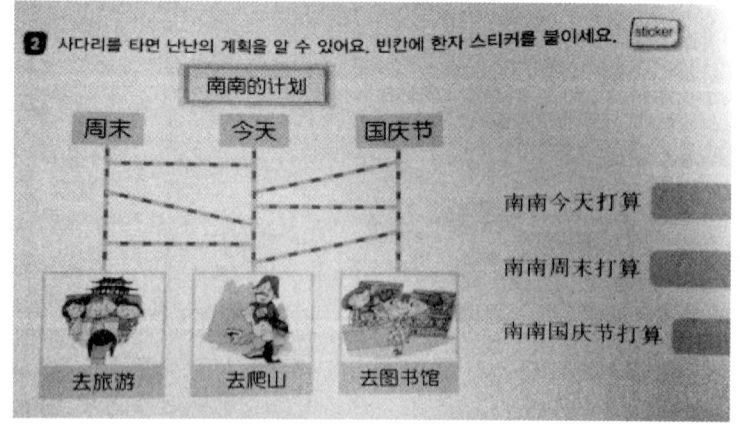

图1 梯子游戏

---

[1] 김윤희（音译：金允姬），等：《맛있는 어린이 중국어》，JRC 북스，2012年。
[2] 李明晶：《한국인을 위한 중급 중국어회화》，东洋文库，2001年。
[3] 邓秀均、丁安琪：《엘리트 중국어 회화》，동양문고，2003年。
[4] 编辑委员会：《스타트 캠퍼스 중국어》，다락원（多乐园），2005年。
[5] 이창재（音译：李昌载），等：《니하오 어린이 중국어》，J PLUS，2004年。

（19）改病句：
Ⅰ．你看，照片上我旁边有陈英。
Ⅱ．你给我礼物买了吗？
Ⅲ．你什么时候过生日吗？
Ⅳ．你最近过怎么样？（《校园汉语》）

例（18）"梯子"游戏是韩国人非常熟悉的，方法是用笔画线，每一个转折点都要跟着转过去，一直到达最终的选项。图中，南南周末的计划是去图书馆。例（19）要求改错的病句，都是韩国学生受到母语负迁移影响，极易出错的地方。

3 小 结

对韩教材的编写已取得了不少成果，但仍有较大的改进空间，本文建议：

第一，含多媒体的教材数量不足，应注重加强此类教材的开发。

第二，注重各类教材开发的平衡性，加大教师培训教材、小学教材、幼儿园教材等的开发力度。

第三，注意从适用学校与适用水平等角度，对教学对象进行详细描述，便于使用者选择。

第四，加强中韩两国编写者的合作，从语言要素、文化、练习等方面提升教材的本土化程度。

参考文献

陈楠. 汉语教材本土化研究——以英语、日语、韩语为教学媒介语的教材为例[D]. 广州：中山大学，2013.

胡晓慧. 从韩国汉语教材市场看汉语教材"走出去"[J]. 中国出版，2009（9）.

贾益民，熊玉珍. 中文多媒体教材研制策略[J]. 暨南大学华文学院学报，2004（2）.

金起阊，钱彬. 韩国初级汉语教材的语法点选编问题考察[J]. 中国语教育与研究，2012（16）.

王建勤. 汉语作为第二语言的习得研究[M]. 北京：北京语言文化大学出版社，1997.

张维佳. 语音牵引：汉语语音习得中的汉字音介入[J]. 陕西教育学院学报，2001（4）.

张晓曼. 韩国汉语教材存在的问题及改进措施研究[J]. 社会科学战线，2007（6）.

周小兵，陈楠. "一版多本"与海外教材的本土化研究[J]. 世界汉语教学，2013（2）.

周小兵，陈楠，卢达威. 基于教材库的教师培养教材系统考察[M]//姜明宝. 汉语国际教育人才培养理论研究. 北京：北京语言大学出版社，2013.

陈楠，广州中山大学国际汉语学院
李美娜，广州中山大学中国语言文学系
yzustchennan@hotmail.com，mina7201@hotmail.com

面向妇女的汉语教科书

——日本明治时期的女性汉语会话课本*

陈淑梅

摘 要： 日本明治时期的两本妇女汉语教材《燕语新编》和《燕京妇语》体现出面对妇女的针对性，表现了编写者不同的编写理念、文化意识及女性观。这两本教材对于我们了解20世纪初北京妇女的日常生活、早期汉语教材的面貌，以及当时的时代背景都有一定的意义与价值。

关键词： 明治时期；妇女；汉语教材

自1871年中日缔结《清日修好条约》起，日本的近代汉语教学开始发展起来，出现了汉语学校，并编写了大量汉语教科书。中日甲午战争和日俄战争后，教科书的内容日渐多样化，由最初的日常交际、商业用语扩展到军事、风俗、警务、铁路等各方面。如《亚细亚言语集》(1879)、《军用商业会话自在支那语自学入门》(1895)、《警务必携台湾散语集》(1896)、《清语教科书》(1901)、《官话急就篇》(1904)、《林业用语》(1909)、《日华对照铁道会话》(1927)等。尤为特别的是，还有两部专门为妇女编写的会话教材《燕京妇语》(作者不详，1906)和《燕语新编》(冯世杰、市野常三郎、高木常次郎编，大孤积善馆，1906)。

关于日本明治时期的汉语教材，以往研究涉及教材种类、教学内容选择（李无未、陈珊珊，2006）、汉语史（陈明娥、李无未，2012）、对日本汉语教育史的影响（陈珊珊，2005）、当前研究存在的问题（李无未，2007）等各方面。少数人注意到《燕京妇语》，如江蓝生（1994）、张美兰（2007）、葛兆光（1999），论及《燕语新编》的则仅见于鳟泽彰夫《燕京妇语》编写说明以及山田忠司的论文[1]。以上学者基本上从语言学角度讨论这两部教材，或者对其进行随笔式的描写，尚缺少对于其整体面貌的揭示。本文试图从编写对象、编排方式、内容、价值观等方面对其进行全面分析，以期发现二者的共性和差异及其作为女性教材的独特性，并阐明其历史价值。

1 教材编写对象分析

19世纪中期，尤其是19世纪末期以后，大量日本人来到中国。根据郑匡民（2005）的文章，1902年旅居天津的日本人超过250人，1907年达到1300人；1902年旅居北京

---

* 感谢山田忠司先生提供《燕京妇语》和《燕语新编》复印本。
[1] 北京语言大学访问学者/日本文教大学山田忠司的论文《清末汉语课本的面貌》宣读于2012年11月在重庆举行的"汉语国际教育新形势下的对外汉语教学学科建设国际学术研讨会"。

的日本人仅有 172 人，到 1903 年则骤增至 452 人。据鳟泽彰夫在《燕京妇语》编写说明中的数据，明治二十三年（1890）居住在中国的日本人有 863 人（其中在上海有 734 人），明治三十七年（1904）达 16910 人。到明治四十二年（1909），在中国居住的日本人已大幅增加到了 65434 人。这些日本人大多数在中国经营工商业，也有很多人从事文化教育事业。如 1905 年前后，当时的清政府出于向日本寻求近代化经验的需要，聘请大量日本教习来中国任教。汪向荣（1983）经过长期的研究，列出了一个含 600 多人的《日本教习名单》，虽然绝大部分是男性，但携带家眷的不在少数。有研究者就曾提及在京师警务学堂单身的日本教习和有家眷的日本教习的矛盾冲突（肖朗、施峥，2004）。另外，鳟泽彰夫据汪向荣的列表统计出在中国从事女子教育的日本女性教习有 49 人，根据武安隆（1992）后来的补充名单，女性教习至少有 60 人。在当时的情况下，随同日本男性旅居中国的女眷有着学习汉语的需要，为数不少的女性教习同样有学习汉语的需要。可以推测，她们都是妇女汉语教材的潜在使用者。

从日本国内来看，中日甲午战争和日俄战争结束的这段时期内，教授汉语的大小学校在各地兴起，教师的人数也迅速增加。鳟泽彰夫提到了日本的"私立中韩语讲习所"（1905 年设立），这个教学机构的目标是培养教育中国（韩国）女子的女性教习，很多毕业生作为女学堂的教师到中国大陆教授日语。为了把毕业生当作女教师派遣到中国，1906 年，设立了东洋妇人会附设的教师培养所（学习时间为一年），井上翠和清人松云程一同教授汉语。可以推断，这些在日本学习汉语的女性教习同样也是妇女汉语教材的使用者。

另外，从两本教材的内容来看，其对话角色既包括一般的家庭妇女，也包括有身份有地位的女性，如公使夫人，且两本教材都以"燕"来命名，因此，可以认为，《燕京妇语》和《燕语新编》就是为日本驻中国（特别是北京）的侨民女眷（如女教习、一般的家庭妇女、一些有身份的日本太太等）以及将要前往中国任教的女教习等日本女性学习北京话编写的会话课本。

2 编排方式分析

两套教材均是会话教材，均按功能和话题结合的方式编排，都包括目录、课文和翻译三部分，无标点。

《燕语新编》为竖排，每页从上到下分四部分，分别为汉语、对应的翻译、接续上半部分的汉语、对应的翻译。

本人所见的《燕京妇语》为鳟泽彰夫的整理本，据鳟泽彰夫的描述及整理本所附影印图，可见原书也是竖排，每页分上下两部分，上半部分是《燕京妇语》的汉语原文，下半部分搭配了抄者北边白血的日语翻译，逐句对应。

《燕语新编》包括 40 章以及《使令琐事》（主妇和下人之间的日常对话）。在每个话轮前标有序号。每一章的话轮总数大多在 19～25 之间。可以看出，《燕语新编》的编者对于每一章有一个大概的篇幅长度的考虑。在实施教学时，应该是以章为单位进行教学。

《燕京妇语》包括 22 课,每一课对话长度没有限制,少则一页,多则十几页。每课大多分成三节(最少的两节,最多的 14 节)。平均 20 多个话轮为一节(每节最少 6 个话轮,最多 34 个话轮),话轮少的节一般句子较长,话轮多的节一般句子较短。可以看出,虽然编者并未控制每课的长度,但对于每节的篇幅有考虑。可以推测,在实施教学时,应该是以节为单位进行教学。

《燕语新编》每课都是两人对话,无人物身份标记。《燕京妇语》每个人物话语前标有"中"、"外"、"甲"、"乙"、"男"、"妇"等人物身份标志,有时在课文最后附有人物身份及关系说明,之所以如此,是因为在某些课文中涉及的人物非常多。

《燕语新编》无声调标记。《燕京妇语》每个字的右上角以阿拉伯数字 1、2、3、4 标出声调,送气音以数字外加圆圈特别标出。

3　内容分析

3.1　对话角色

从对话角色来看,《燕语新编》的 40 章中,中外对话的约占 92.5%。除了开头的 3 章是中国妇女间对话外,根据内容推测,其余基本都是中外妇女间的对话,如中国太太(夫人)和日本太太、中国福晋和日本太太、日本太太和中国的大小姐等。从第 24 章到第 40 章,几乎都是一中一外两个固定角色,两人比较熟悉,所谈话题比较广泛;从课文内容可以看出,其中之一为日本公使夫人。附于教材最后的"使令琐事"部分,则主要是日本主妇和中国女仆的对话。大量的一中一外的角色设置为学习者提供了可模仿的范本,可以看出其编写者立足于学习者的意识。

《燕京妇语》的 22 课中,中外对话的有 6 课,只占 27%,其余均为中国人、中国妇女间的对话。中外对话包括《中外妇人初会》、《中外男妇贺年》、《中外男妇送行》、《中外妇人接风》、《中外贵显妇人会晤》、《中外贵显男妇会宴》,虽然课数不多,但是涵盖了有一定身份的日本女性与中国人打交道的比较典型的场景。这些场景中的对话多为礼节性的交谈,至于大量的实用性的日常表达,则体现在中国女性之间的对话中。从这种安排可以看出编者的考虑:使日本女性在正式的场合说出恰当的话,在日常生活中像中国人一样表达。

两本教材都有一些中日显贵之间的对话,如《燕语新编》中,第 5 章福晋探望生病的日本妇人,第 19 章日本太太觐见某贵夫人,第 33 章模拟日本公使夫人见皇太后的对话情景;《燕京妇语》中有日本太太与中国福晋见面(《中外贵显妇人会晤》),外国人东道主夫妇请王公贵族吃饭(《中外贵显男妇会宴》)。这说明两本教材的教学对象都包括与显贵打交道的有一定地位的日本妇女。

就角色身份而言,《燕语新编》比较单一,除了最后的《使令琐事》外,多为有身份的女性之间的对话,一课中的对话角色都是两个。《燕京妇语》的人物身份则丰富多样,涉及主人、仆人、车夫、守门人、乞丐、布铺掌柜、伙计、学徒、裁缝、首饰匠等,人物关系有邻人妇女、男女邻居、外孙女和外祖母、外甥女和舅母、母亲和女儿、主妇和弟媳、主妇和姨太太等，非常多样。即使是一课中，出现的角色也比较多，从两个到十几个都有。但有时也正因为对话角色众多，女性人物的话语反而被挤到了边缘位置。例如，第 11 课《中外显贵男妇会宴》，内容是外国人东道主请客，这一课是以男性王公们的对话为主，主妇只不过起到问候与回应问候、招呼客人吃菜喝茶的作用。

3.2 话题

两本教材均有目录，目录大致概括了该课或该章的话题或功能，如"初次见面"、"祝贺寿诞"、"作衣"、"梦得鲜花"等。有的课文纯粹只是功能表达，如《燕京妇语》第 10 课《中外显贵妇人会晤》，《燕语新编》第 13 章《拜贺新年》，都只是礼节性的拜访和问候，并无明显的话题；而有的课文中又包含了不止一个话题，如《燕京妇语》第 4 课《中外妇人初会》中涉及个人信息、职业、教育、家庭成员等内容。因此，本文参考《国际汉语教学通用课程大纲》中的《汉语教学话题及内容建议表》，对两本教材的话题进行了重新统计（根据实际情况对一些话题名称有所调整），统计结果如表 1 所示。

表 1　《燕语新编》与《燕京妇语》各话题出现次数及百分比　　单位：次

话　题	《燕语新编》	《燕京妇语》
日常生活	15（27.8%）	17（45.9%）
旅行与交通	8（14.8%）	4（10.8%）
文化	5（9.3%）	1（2.7%）
娱乐	3（5.6%）	1（2.7%）
天气气候	3（5.6%）	0
个人信息	2（3.7%）	1（2.7%）
家庭成员	1（1.8%）	1（2.7%）
语言学习	2（3.7%）	1（2.7%）
饮食	1（1.8%）	0
时事政治	2（3.7%）	1（2.7%）
时间与钟表	2（3.7%）	0
学校与学习	2（3.7%）	1（2.7%）
生病	1（1.8%）	2（5.4%）
购物	1（1.8%）	1（2.7%）
社会交往	0	4（10.8%）
工作与职业	0	1（2.7%）
教育	0	1（2.7%）
愿望	1（1.8%）	0
植物（花草）	5（9.3%）	0

3.2.1 话题概况

由表1可以看出,《燕语新编》涉及16个话题,《燕京妇语》涉及14个话题。两教材的共同话题包括:日常生活、旅行与交通、文化、娱乐、个人信息、家庭成员、学校与学习、语言学习、时事政治、生病、购物。其中,"日常生活"在两本教材中所占的比例都最高,在《燕京妇语》中更达到45.9%,远高于《燕语新编》(27.8%)。显然,《燕京妇语》的编者把更多注意力放在"日常生活"上,这直接导致了其他方面的话题比例普遍偏低。

《燕京妇语》有而《燕语新编》无的话题包括:社会交往、工作与职业、教育。《燕京妇语》中多次出现"社会交往"话题(包括祝寿、宴请等内容),这与其对话角色众多密切相关。例如,同是祝寿,《燕语新编》在简单的寒暄之后,主客两人便开始谈论戏曲,戏曲是这一课的关注焦点,甚至被贺寿的人都不曾出现;《燕京妇语》的《亲友男妇贺寿》一课涉及19个人物,作为客人的妇人"乙"除了向老太太拜寿,还不停地与各色人等打招呼、问候、饭桌上谦让,生动展现了社会交往的场景。这也能够反映出编写者的理念:呈现真实场景中的对话,而并不为了简洁或由于篇幅限制而删减人物或者人物话语。

《燕语新编》有而《燕京妇语》无的话题包括:天气气候、饮食、时间与钟表、愿望、植物(花草)。《燕语新编》多课以种植花草为话题焦点,表现了女性人物对花草的热衷。北方因为气候原因,植物花草的种类不如南方多样,也并非随处可见,因而花草在北方显得比南方要金贵,也因此,侍弄花草成为一些女性生活中的一项重要内容。《燕语新编》对这方面话题的关注可以说是女性教材针对性的一个表现,不过有过多之嫌。

另外,钟表时间、天气、饮食是当时面向日本的其他汉语教科书中经常出现的话题。《燕语新编》的作者中,高木常次郎参与过《六十日毕业日清新会话》(1905)的编写,中国作者冯世杰参与了《北京官话清国风俗会话篇》(1906)的编写,可以认为,编写者对当时教材比较了解,有足够的教材编写经验,因此,有意识地安排了一些有普遍性的话题。《燕京妇语》这方面则有所欠缺。

3.2.2 具体话题分析

另外,从表1可以看出,两本教材比例差别较大的话题,除了"日常生活"以外,还有"旅行与交通"、"文化"、"娱乐",《燕语新编》中这几个话题所占的比例都明显高于《燕京妇语》。由于后文将单独讨论文化呈现问题,下面具体分析"日常生活"、"旅行与交通"、"娱乐"这几个方面。

3.2.2.1 日常生活

由表2可以发现,两本教材的"日常生活"话题中包含了很多与女性生活密切相关的内容,如做家务、养花,与裁缝匠、首饰匠、卖花者打交道,雇女仆等。虽然两本教材"日常生活"话题下的具体内容重合度并不高,但毫无疑问地,"家务"分别在两本教材中占了最大的比重。这说明,20世纪初的女性,家务仍是她们日常生活的重要组成部分。

表2 《燕语新编》与《燕京妇语》"日常生活"话题分布情况　　　　单位：处

教材	家务	起居作息	日常接触的服务业	租房子	养花	生活用品（钟表、餐具）	家居布置（搭凉棚）	雇女仆
《燕语新编》	6	2	0	0	2	2	1	1
《燕京妇语》	8	2	6	1	0	0	0	0

仔细考察，我们能够发现两本教材在表现"家务"内容上的区别。《燕语新编》前面的40章主人公的对话丝毫没有涉及家务，家务活动集中出现于最后的《使令琐事》，如收拾房间、洗衣服、晾晒衣服、收拾行装等，大多为日本女主人支使女仆完成。这从一个方面说明其编写对象并非一般的家庭妇女。

而在《燕京妇语》中，家务活动很多时候是其女性主人公对话的主题，包括裁衣、做衣、做鞋、打扫屋院等。这说明，其编写对象包括一般的家庭妇女。当然，从其也涉及一些服务行业（裁缝匠、首饰匠等）来看，它的编写对象也包括有一定地位的妇女。从其对中国妇女日常生活的表现，可以看出编写者对一般中国妇女家居生活非常熟悉，江蓝生推断其编写者为中国人，有一定道理。

3.2.2.2 旅行与交通

《燕语新编》跟旅行游玩有关的内容很多，涉及途中住宿问题、路遇大雨、浏览十三陵和西山、介绍风景名胜等。其中的中国女性往往是随同他们的丈夫出行，或者因丈夫升官而随行，而外国女性并不如此。《燕京妇语》中真正关于旅行游玩的只有姑娘跟表哥一起逛西山，其余多为升官赴任前谈论交通方式，外国女性归国前或再回中国后谈论旅行时长、路上天气、交通工具等。此外，《燕语新编》不但介绍了中国的十三陵、碧云寺、西山、芦沟晓月等，也介绍了日本的风景名胜。很明显，《燕语新编》旅行游玩方面的内容比《燕京妇语》丰富。

3.2.2.3 娱乐

《燕语新编》中女性人物涉足或谈论的娱乐活动包括戏曲、画画，还有滑冰比赛，《燕京妇语》只涉及了戏曲。在这一点上，《燕京妇语》也不如《燕语新编》丰富。

综上所述，从话题中大量跟女性生活有关的内容，我们可以看到，这两本教材体现了鲜明的针对性，有助于女性汉语学习者在各种生活情景下的问答应对。《燕语新编》更多地是面向有身份有地位的女性，而《燕京妇语》面向各个阶层的妇女。无论是"日常生活"、"旅行与交通"还是"娱乐"方面，《燕语新编》的内容都较《燕京妇语》丰富。两本教材的话题有相同之处也有差异，其差异与编写对象、编写经验与编写理念等有关。

3.3 会话完整性

就每一篇会话课文而言，两本教材有比较明显的一个区别：《燕京妇语》几乎每一课都呈现了完整的对话过程，《燕语新编》则不追求对话的完整性。

《燕京妇语》一课中的会话内容就是一个事件的完整过程，有的包含多个场景的转换。如《买布裁衣》包括雇车、讲价、路遇熟人、打发乞丐、街上遇熟人、布店谈论布的颜色、谈论布的尺寸、算钱、买完布回家、裁衣服等场景。但是因为节的划分并不以场景转换为依据，而是以话轮及字句长短为依据，因而就会出现如下问题：一节开始时的几个句子是上一场景的结束句，然后紧接着又转换到其他场景了，从内容上来说每节的教学内容不够完整。

相比之下，《燕语新编》并不着重展示整个对话过程，有时会话由见面开始，有时不是，有时对话至告辞结束，有时不是，所以它的对话更像是对话中的一个片段。如开头："您提起来出外受罪来了，我也想起一件事情告诉您哪。"结尾："过了些日子总算历练下来了，你说受的这个罪还小么？"又如开头："前些日子敝国兵营唱戏，您听见说来着？"结尾："'唱戏的和听戏的没有不高兴的了罢？''那是自然的。'"

是否呈现完整的会话过程，反映了编写者不同的编写思想。《燕京妇语》中完整对话的呈现某种程度上反映了编者对"真实"会话过程的追求。因为追求真实，所以会话的开始通常不厌其烦地呈现礼节性的问候和客套的应答谦让，如《亲属探望》：

甲：姥姥您好哇！

乙：好哇，姑娘好哇！

甲：好哇，姥姥您请啊！

乙：姑娘请罢，姑娘请坐。

甲：您请坐。

丙：外甥女儿来了？

甲：您好哇舅母！

丙：好哇，外甥女儿好哇？

甲：好哇！

丙：您阿妈和您奶奶都好哇？

甲：都好哇。舅母您请坐罢！

《燕京妇语》对会话真实性的追求有利有弊。其好处是能够使学习者模仿真实的中国人的会话，像中国人一样说话。每次重复从见面到告辞的完整过程，一些客套用语反复出现，有助于学习者掌握。但重复太多的礼节性的谦让在一定程度上会让人产生乏味之感。

3.4 文化

对于在中国学习的外国人来说，了解文化与学习语言具有同等的重要性。教材既是学习语言的工具，也是了解文化的窗口。本文此处的"文化"是一般意义上的文化概念，包括风俗习惯、社会制度、物质及精神方面的成就等。它与话题部分提及的"文化"内容有重合之处，但涵盖范围更广。

在两本教材中，都涉及中国文化以及中外文化的差异。根据文化内容在两本教材中的呈现，本文将其分为"习俗"、"社会制度"、"艺术"、"风景名胜"、"礼节"几个方面（表3）。

表3　《燕语新编》与《燕京妇语》文化内容分布　　　　　　　　　单位：次

教材	习俗	社会制度	艺术	风景名胜	礼节
《燕语新编》	4	2	2	2	1
《燕京妇语》	1	1	1	0	0

《燕京妇语》中涉及的文化不多，只有第7课《中外男妇贺年》谈到两国不同的拜年习俗及禁忌，第4课《中外妇人初会》谈到两国女学堂及妇女受教育情况，以及第12课《亲友男妇贺寿》谈到戏曲表演。

相比之下，《燕语新编》的文化内容丰富得多。习俗方面包括丧葬（第21章）、婚嫁（第28章）、祭祀放鞭炮（第29章）、中秋供月（第32章）；社会制度方面涉及两国学堂规矩的不同（第23章）以及买卖丫头问题（第30章）；艺术方面既谈到了戏曲（第10章），也谈到了绘画（第14章）；风景名胜方面，既包括外国妇人向中国女性介绍本国风景名胜（第17章），也包括中国女性向外国女性介绍北京的风景名胜（第33章）；礼节方面，第22章日本妇女专门向中国妇女请教人情礼节方面的知识。

虽然两本教材文化内容相差悬殊，但我们仍能够发现它们的共同之处，即都关注了习俗、社会制度和艺术。艺术方面，两本教材都关注了戏曲。而在社会制度这一点，两教材都关注了与女性有关的社会问题，包括女性受教育情况和女性地位。在这一点上，《燕语新编》和《燕京妇语》体现了鲜明的面向女性的特点。

在文化内容呈现方式上，两教材通常会采取一种文化对比的视角，如以下一段：

您请入座听戏罢，您听敝国的戏怎么样？
是，我倒很爱听，就是有些地方不大明白。
是，就是敝国的人听戏，不差什么的人就是看个热闹儿。
若是敝国则不然。
您贵国的戏不和敝国一样么？
是，不一样。
是怎么不一样？
唱戏的在台上就是耍和道日[疑"白"字之误]，唱是别的人，可是谁都听得懂。
……

（《燕语新编》）

外：贵国新年过几天年呢？
中：由正月初一到初五，过五天年。
……
中：喳，您贵国新年是过几天年呢？
外：敝国由正月初一到初三，过三天年。
中：那么拜年也是三天么？
外：拜年也是三天。可是若是事情很忙啊，也有初五拜年的。
中：贵国姑娘和太太们也拜年么？

外：也拜年。可是爷们先拜年，姑娘和娘儿们得过了初三才拜年哪。如今风气都开了，姑娘娘儿们也有初一初二拜年的了。

中：啊，我们敝国是这么着：爷们由初一到初五拜年，若是事情很忙，不要紧的，亲友初六以后到十五还有拜年的哪。

……

(《燕京妇语》)

从以上例子可以看出，教材中的人物不仅谈论中国文化，也谈论外国一方的文化，在对比中认识到彼此文化的差异，增进相互了解。

除了中外文化的对比，两教材还注意到本国文化的多样性。如《燕语新编》谈到了旗人汉人穿孝的不同；关于中秋供月的习俗，通过中国女性之口说："不必定是家家儿，拿我说罢，我就没供过。"而《燕京妇语》在谈到新年"忌门"（初一到初五姑娘娘儿们不能上别人家去）的时候，也补充说："可是明白时务的人和耶稣教的人他们都不讲究忌门。"编写者对某一文化现象并非简单地一概而论，而是呈现出真实文化环境中的复杂与多样，以帮助学习者正确地全面地认识并很好地适应中国文化。

总的来说，《燕语新编》和《燕京妇语》在文化呈现方式上都能注意到文化的多样性，注意到文化的发展变化，对文化的表述不绝对化。当然，毫无疑问地，《燕语新编》呈现的文化内容更为系统，更为丰富。可以看出，其编者有非常鲜明的文化对比意识，有比较开阔的文化视野，能够在对话中比较客观地呈现，不褒不贬。这很可能跟其中国作者冯世杰参与编写了《北京官话清国风俗会话篇》有关。

4 教材中体现的价值观

教材由编写者编写，产生于特定的社会环境中，教材中难免会有编写者的价值观、立场或者思想的痕迹，而这些，又往往与社会背景联系在一起。

《燕京妇语》中通过人物对话反映了编者的一些思想，如：

外：我们敝国妇女的学问不但是读书认字就算得了，还有各样儿的女工活计。更要紧的是教训儿女们都得有忠君爱国的心。

中：啊，实在的是很好。

……

外：作母亲的要是有学问，教训儿女自然就容易了。

联系日本近代女子教育的发展，可以看出，在当时关于女性的两种主要思想主张——"女性自立论"和"贤妻良母论"中，《燕京妇语》的编者认同的是后者，即认为女性应承担"贤妻良母"角色，应发挥教育儿女的作用，受教育、有学问也是为了更好地教育儿女。而教育儿女的内容中，"忠君爱国"被置于重要位置，可以看出国家主义思想的影子。从这一点来看，其编者应该并非只是中国人，很可能包括了对其国内思想更为了解的日本人。

《燕语新编》通过对话描述了两个有身份有一定新思想的女性形象。如：

有什么好新闻没有？

有一件顶好的新闻，真可为贵国贺！

啊，是什么新闻呢？

就是各处都要立天足会。

是是，这正是敝国的富强的基础。可有一样儿，恐怕这个陋习不是一天半天改革过来的。

那是，总得慢慢儿的来。

1899 年，上海成立中国天足会，并在全国设立分会，发展迅速。到民国元年（1912 年），孙中山下达《令内务部通饬各省劝禁缠足文》，遗害千年之久的缠足陋习才逐步退出历史舞台。《燕语新编》真实地反映了当时天足运动的发展，通过两位女性人物之口，表现了反对缠足的进步思想。

关于买卖丫头：

我新近雇了一个丫头，作事极细心，他爱做这些个事情哪。

啊，我听说贵国的丫头不都是买的么？

是，别人都是买的，我可是雇的。我想他是人不是东西，哪儿有买卖的理呢！

是，敝国决没这样的事情。

是，我所以愿意为国人起这个头儿。

随着西方文明逐渐输入中国，19 世纪末 20 世纪初，"天赋人权"、"自由"、"平等"思想开始产生广泛的影响。《燕语新编》通过教材中人物"雇"而不是"买"丫头，反映了平等进步的人权思想。

从以上对话可以看出，《燕语新编》表现出鲜明的时代特点，编者所设的人物，无论是日本女性还是中国女性，都有进步的思想，在赞同天足、反对买卖人口上看法是一致的。此外，对话中还有"人在年少的时候儿总得极力去为学，别把好时候耽误过去"这样的句子，反映了编写者积极进取的人生观。

但是《燕语新编》中也有一些比较陈旧的看法，如："您瞧从古以来妇女里头是孝是节是贞是烈，到这时候提起来谁不知道谁不羡慕，他死了如同没死一样"，反映了传统观念的影响。

5 结 语

早期汉语教材既记载着教材编写方面的变迁，也是当时社会的一个留影。在 20 世纪之初，男性和女性在生活领域、生活方式等方面有着很大的不同，《燕京妇语》和《燕语新编》这两本妇女汉语教材正是在意识到这种不同的基础上，考虑到女性特有的生活情景以及对话需要而编写。在前文分析的基础上，本文对两本教材的共同点、差异、存在的不足及价值总结如下。

5.1 共同点

作为为女性学习者编写的会话教材，《燕京妇语》和《燕语新编》体现出面向妇女的针对性。

跟当时面向日本学习者的一般汉语教材（如《官话急就篇》、《官话应酬新篇》、《北京官话支那语学捷径》（1904）等）相比，两本教材有与其相同的内容，如旅行、贺寿、辞行、接风、贺年等，也有着女性独有的话题，如做家务（做鞋、裁衣、种花、打扫屋院），与裁缝匠、首饰匠、卖花者打交道、雇女仆，以及买瓜菜、买布等。在文化内容方面，两本教材都关注了与女性有关的社会问题，包括女性受教育情况和女性地位等。这些内容体现了这两本教材不同于一般教材的、面向女性学习者的特点。

从另一方面，我们也可以发现，其他一般教材中常见的问路、买火车票、邮局寄信、贸易经商等话题未出现在两本教材中。这进一步说明，当时女性的生活范围更多地囿于家庭之中，较少涉足广阔的社会，因而，女性单独出现于某个陌生的地方问路、参与生意往来，或者出现在火车站、邮局等公共空间便是不太可能的了。尽管如此，两本教材中也涉及了一些社会、军事方面的内容，如风气之变，设立女学堂、天足会，日俄战争期间日军占领奉天，还涉及中外文化的交流、节日风俗对比等。这些内容在女性狭小的家庭空间中打开了一扇面向社会的窗口，反映了时代的发展变化。

5.2 差异

首先，两本教材致力于表现的女性是不同的。

《燕京妇语》的内容集中于家庭生活、家务，内容是日常的。结合教材中通过日本女性之口表达的观念，可以认为《燕京妇语》更多地认同女性的贤妻良母角色。

《燕语新编》表现了有新思想的女性形象，她们既谈论日常生活，也谈论比较严肃的社会问题和人生哲理。可以认为，其编者对于有思想有知识的女性给予了更多关注。

其次，二者编写理念不同。

《燕京妇语》似乎更追求"地道的"汉语表达，着重呈现原生态的、完整的对话过程，展示真实的会话场景。因而教材中不厌其烦地出现谦让的景象，客气话不停重复，突出北京人的多礼。另外，《燕京妇语》标出了四声，"啊"在"好"后边时多写为更接近口语发音的"哇"；在《燕语新编》中写为"多少钱"，《燕京妇语》中则写为接近口语的"多儿钱"。这些都说明，《燕京妇语》的编写更注重"会话性"。

《燕语新编》的编写者对篇幅、话题、文化内容都有更多的考虑。《燕语新编》的对话中较少礼节性的谦让和问候，而更多致力于在有限篇幅内展示有意义的内容。内容也并非随意而为，话题的安排既考虑了女性的特点，也考虑到了与一般教材的相通之处。文化内容丰富多样，涉及习俗、社会制度、艺术、风景名胜、礼节等各方面，比《燕京妇语》更有系统性。可以说，《燕语新编》体现了更鲜明的"教材编写意识"。

5.3 问题及价值

由于《燕京妇语》追求真实、完整，所以会话中往往涉及复杂的人际关系，如在《亲友男妇贺寿》一课中，出现的人物有 19 个之多，对话不免庞杂。虽能做到符合人物的身份，读来如闻其声，如见其人，让人想见场面之热闹，但是作为语言教材，难免让人摸不着头脑。

《燕语新编》人物角色较单一，基本上都是女性间的对话，女性与男性对话安排得不多，这对于女性学习者在特定情景下的表达是不利的。另外，关于花草的内容太多，这很可能跟编写者的个人喜好有关。

尽管有上述问题，两本教材仍不失为实用的女性教材。其话题的丰富多样、内容中包含的进步思想，以及呈现文化内容时全面的、发展的、客观的视野，对今天的教材编写仍有借鉴意义。

在女性走上社会与男性同在职场拼杀的今天，《燕京妇语》和《燕语新编》的生动会话把我们带回到历史，真实地呈现了主要生活在家庭中、人际往来围绕于亲朋好友的妇女的生活空间。无论从教材发展史、汉语史还是从社会历史的角度，这两本教材对于我们了解早期汉语教材的面貌，以及 20 世纪初北京妇女的日常生活、北京话特点，以及当时的时代背景都有一定的意义与价值。

参考文献

陈珊珊.《亚细亚言语集》与十九世纪日本中国语教育[J]. 汉语学习，2005（6）.

陈明娥，李无未. 清末民初北京话口语词汇及其汉语史价值——以日本明治时期北京官话课本为例[J]. 厦门大学学报，2012（2）.

葛兆光. 1906 年北京妇女的生活和说话[N]. 光明日报，1999-07-08.

江蓝生.《燕京妇语》所反映的清末北京话特色[J]. 语文研究，1994（4）.

李无未，陈珊珊. 日本明治时期的北京官话"会话"课本[J]. 世界汉语教学，2006（4）.

李无未. 日本明治时期北京官话教科书研究的基本问题[J]. 吉林师范大学学报，2007（1）.

汪向荣. 日本教习[J]. 社会科学战线，1983（3）.

武安隆. 新见日本教习[J]. 日本学刊，1992（6）.

肖朗，施峥. 日本教习与京师警务学堂[J]. 近代史研究，2004（5）.

张美兰. 明治期间日本汉语教科书中的北京话口语词[J]. 南京师范大学文学院学报，2007（2）.

郑匡民. 明治时期日本在中国经营的中文报刊[M]//郑大华，邹小站. 西方思想在近代中国. 北京：社会科学文献出版社，2005.

陈淑梅，广州中山大学国际汉语学院
chenshum@mail.sysu.edu.cn

关于《基础实用商务汉语》(修订版)的考察*

邓淑兰　辛　玲

摘　要：本文以海外具有代表性的商务汉语教材——《基础实用商务汉语》(修订版)为考察对象，参考《商务汉语考试大纲》、《高等学校外国留学生汉语教学大纲（长期进修）》以及《汉语水平词汇与汉字等级大纲》等，对该教材的课文主题、词汇等进行定性定量分析。

关键词：《基础实用商务汉语》；主题；词汇

教材是教学方法、教学原则、教学要求的重要基础，它不仅是学习者学习的依据，同时也是教师进行教学工作的基本规范。21世纪以来，国内外新编的商务汉语教材虽然数量逐年增加，但相对于通用汉语而言还是偏少，精品教材更是缺乏。而商务汉语已成为汉语学习者的一个热门科目，因此加强商务汉语教材的评估与建设是当务之急。

关道雄先生编著的《基础实用商务汉语》(修订版)（下文简称《修订版》）是一本综合型商务汉语教材。该教材第一版于2000年出版，2002年出版韩文版，2003年由北京大学出版社出版修订版。《修订版》的词汇总表共收入生词1040个，句型总表共收入句型154个，更换、补充了若干课文中的部分内容，特别是对每课的练习做了大幅度的扩充和调整。

本文参考《汉语水平词汇与汉字等级大纲》(修订本)、《商务汉语考试大纲》以及《高等学校外国留学生汉语教学大纲（长期进修）》等，对《修订版》进行了较为全面的考察。因篇幅有限，本文主要选取课文主题和词汇两部分进行分析，探讨商务汉语教材的编写，为研发海外综合型商务汉语教材提供参考。

1　课文主题的选择

课文主题的选择，在根本上就是一个选材问题。杨东升（2003）在《商务汉语教材编写初探》中提出，商务汉语教材"选择的教学内容必须是进行商贸活动所需要的和常用的"。

1.1　课文基本情况

关道雄先生曾做过一个关于中级商务汉语学习需求的调查，结果如下：学生学习商务汉语的主要目的是提高用汉语进行商务交际的能力；其次是了解中国经济发展的信息，同时也希望了解中国商务文化信息；最后是提高商务活动的职业技能。

---

* 本文得到中山大学国际汉语学院朱其智教授的指导，谨致谢忱。

针对上述需求,《修订版》以一个美国商务代表团访问中国为线索,依次介绍了商务谈判的各主要环节和其他相关的商务、社交活动。课文语料大都是商务活动中的真实案例,再现了真实的商务场景及商务信息,真实性强,很好地满足了以上学习需求。

《修订版》共16课,课文包括主题对话(即核心课文)和阅读短文(即补充材料)。其中主题对话以对话形式展开,阅读短文则是叙述体的形式,内容为与商务沟通相关的文化知识,是对课文主题的补充。每课之后针对课文主题列举了与国际商务活动相关的各种表格,例如证明、合同、健康申明卡、意向书等。两部分的语体不同,语言风格及难度也不同。

1.2 课文主题

根据《商务汉语考试大纲》,商务汉语的交际活动分为生活类和交际类:生活类主要是指与商务有关的日常生活及社会交往活动,业务类是指商务往来中的各种交际贸易行为。每一大类中包括若干小类,每一小类中列举了若干交际任务。

根据《商务汉语考试大纲》关于交际活动的分类,本文分别统计了对话部分和阅读短文部分的主题,并对二者进行了总体统计。

1.2.1 对话部分的主题

关于对话部分的主题统计如表1所示。

表1 《修订版》对话部分主题分布情况　　　　单位:个、%

主题分布	生活类			业务类					
	社交	住宿	文化	签约	会见	谈判	考察	营销	经济特区
数量	6	2	2	2	4	8	4	2	2
课文主题	入境、见面、请坐、干杯、告别晚宴、话别和赠送礼品	旅客登记、旅馆服务、	中西文化异同(午休等)	审核合同草案、正式签字	问候和介绍、说明访问目的、讨论日程安排、修改日程安排	看样品、询问价格、谈判成功、谈判失败、交货时间、付款方式、独家代理、资信调查和佣金	在会客室、在车间、在展览厅、参展厂商做生意	在电视台广告部、在报社广告部	谈经济特区、谈"三资"企业
百分比	18.8	6.3	6.3	6.3	12.5	25	12.5	6.3	6.3
合计	31.1			68.9					

据表 1 可知,在主题对话部分,业务类的商务主题占 68.9%,远远高于生活类的 31.1%。在业务类中谈判所占比重最大,占 25%,其次是会见、考察、签约、营销和经济特区;生活类中则是社交所占比重最大,占 18.8%,文化和住宿比重相同,占 6.3%。由此可见,编者注意到了生活类主题在中国的商务活动中有着特殊意义,同时,在业务谈判过程中,社交活动又是不可或缺的重要一环。因此,编者安排了适量的社交主题。当然,商务活动是以商务谈判为中心,故主题对话中涉及商务谈判的比重最大。这种主题选择比重基本符合商务活动形式的特点,符合学习者的需求。

1.2.2 阅读短文部分的主题

商务汉语教材的核心课文不仅承担通用汉语的语言教学任务,同时也承担商务知识的教学任务。通过核心课文的学习和练习,可以提高学生运用汉语进行商务交际的能力以及对商务专业知识学习的能力,学生还能够循序渐进地理解并掌握商务活动的专业知识及其运用。不过,核心课文能够承载的商务专业知识还有限。鉴于此,编者将核心课文所涉及的商务专业知识通过阅读短文的方式呈现出来,延伸商务主题的教学。表 2 是该教材阅读短文的主题统计情况。

表 2 《修订版》阅读短文主题分布情况　　　　　　　　单位:个、%

主题分布	生活类			业务类				
数量	社交	住宿	文化	谈判	考察	银行	商业法规	经济特区
	1	1	6	3	2	1	1	1
课文主题	中国人的宴会	中国的旅馆	在中国说中文,宾主见面的礼仪,吃得好、玩儿得好、生意做得好,入境问俗,广告和中国人的心理,建立可靠的长期合作关系	货比三家不吃亏、外国货在中国、讨价还价	中国的企业、中国的商品交易会	中国的银行和人民币	中国的涉外经济法规	中国的经济特区
百分比	6.3	6.3	37.5	18.8	12.5	6.3	6.3	6.3
总计	50.1			49.9				

据表 2 可知,阅读短文中,生活类与业务类的商务主题所占比重基本相同,分别占 50.1%、49.9%。生活类中文化所占比重最大,达 37.5%;业务类中谈判所占比重最大,占 18.8%,其次是考察、银行、商业法规与经济特区。

从表 2 数据可以看出，编者对商务文化颇为重视，意识到了文化差异在商务活动中的重要性。因为商务谈判在商务活动中举足轻重，故商务谈判的比重仅次于文化。

表 2 与表 1 相比，两者业务类商务主题所占比重都较大，体现了商务汉语教材的特点；表 2 生活类中文化比重为 37.5%，远高于表 1 中的 6.3%。这主要是因为文体不同，核心课文是对话体，阅读短文是叙述体，且阅读短文是对核心课文的延伸，融入了相关文化背景、风俗民情、社交文化等。

1.2.3 课文主题总体分布

为从总体上了解这部教材主题的涵盖范围，我们将对话部分与阅读短文部分的商务主题进行综合统计（表 3）。

表 3 《修订版》课文主题的总体分布情况　　　　　　单位：个、%

主题分布	生活类			业务类							
	社交	住宿	文化	签约	会见	谈判	考察	营销	经济特区	银行	商业法规
数量	7	3	8	2	4	11	6	2	3	1	1
百分比	14.5	6.3	16.7	4.2	8.3	22.9	12.5	4.2	6.3	2.1	2.1
总计	37.5			62.5							

通过表 3 不难看出，《修订版》业务类主题占 62.5%，其比重远高于生活类的 37.5%，突出了商务汉语教材的特色。在业务类中，谈判所占的比重最大，为 22.9%，其次是考察、会见，这样的比重突出了商务活动的特色。

总之，编者针对不同的文体所选择的商务主题侧重点虽有所不同，但谈判和文化都是作为商务活动中的重要主题出现的。

2 词汇分析

商务汉语属于专用汉语。周小兵、干红梅（2008）在《商务汉语教材选词考察与商务词汇大纲编写》指出："商务汉语教材跟通用汉语教材的最大区别就在于词汇选取的不同"。

广义上讲，凡是与商务相关的词语都可看作商务汉语专有词汇。例如，直接与商务活动相关的"成交、独家代理、交货、签署、洽谈"等，与商务礼仪相关的"赴宴、话别、纪念、接风、客套"等，与经济知识相关的"外汇、增产、资本、财经、股份制"等。

表面上看，商务汉语专有词汇比较难，但实际上它们的用法比较简单，因为它们出现的场合往往与商务交际场景一致，具有明显的规律性。例如，在以"交货和付款"为主题的商务交际中出现的总是某一类词语，如信用证、电汇、分期付款、结算、硬通货、托收、法定等；在以"签订合同"为话题的语言材料中出现的商务词汇也往往是某一类词语，如索赔、申诉、验收、审核、协定、草案、条款、副本等，因此可以考虑在教材里附上相应的商务汉语专有词汇库。

2.1 生词数量

在教材编写过程中，如何针对教学对象控制词汇量及其等级极为重要。《修订版》的适用对象是已经学习了一年到一年半汉语、对主要的现代汉语语法结构已有所了解的学生，即掌握了甲级词、具备初级水平的汉语学习者可以使用该教材进入商务汉语的学习阶段。

为了解《修订版》的生词编排情况，我们对每篇课文的主题对话和阅读短文的生词分别进行了数量统计，并对前8课和后8课进行了对比。结果如下：

（1）主题对话平均每课生词量为32.6个，阅读短文平均每课生词量为23.7个。

（2）主题对话每课生词分布相对比较均衡，数量为24～39个；前8课平均为30个，后8课平均为35个，体现了教材难度的递增性。而阅读部分每课的生词数量不太均衡，如第1课仅12个，第7课多达33个；前8课平均为19个，后8课平均为28个。

我们认为，该教材生词的总量1040个，适合海外学习者使用。每课编排的生词数量总体上来说不算太多，学习者应该可以接受。当然，个别课文的生词数量因话题难度高而偏多，这需要教材编写者更细致地处理，用甲级词替换一部分生词，生词的编排就会更科学。

2.2 生词难度

商务汉语教材超纲词一般比较多。有学者统计，基础教材的超纲率达50%，中级教材的超纲率也在50%以上（最高达79%），高等教材的超纲率甚至超过80%。这是商务汉语教材一个普遍性的问题，给教学和学习带来了重重困难。由于没有商务汉语词汇等级大纲，我们根据《汉语水平词汇与汉字等级大纲》（修订本）对该教材的生词等级进行了统计（表4）。

从表4我们可以看出：这部教材一共有308个超纲词，占34.2%。其中主题对话部分的超纲词有190个，占36.5%；阅读短文部分的超纲词有118个，占31.2%。在主题对话部分，乙级词和丙级词占比51.3%，丁级词和超纲词占比46.5%。在阅读短文部分，乙级词和丙级词占比53.5%，丁级词和超纲词占比44.1%。

此外，对话部分的超纲词比阅读短文部分的超纲词稍多。一方面是因为对话的课文长度基本上是阅读短文的两倍多；另一方面是因为对话部分涉及的是商务话题，商务专有词汇较多，而这些词汇大多没有收入《汉语水平词汇与汉字等级大纲》（修订本）。事实上，随着社会经济的发展，这些词在我们的日常生活中使用频率很高，如套房、旅行社、总经理、房卡、矿泉水等，虽是超纲词，但难度不高。

总体来看，该教材乙级词和丙级词所占的比重最大，为52.3%，而丁级词和超纲词占 45.4%。这样的等级分布说明该教材适合初级到中级的商务汉语学习者，但难度偏高。

表4 《修订版》词汇等级统计　　　　单位：个、%

项目	甲级	乙级	丙级	丁级	超纲	合计
主题对话	12	176	91	52	190	521
百分比	1.9	33.8	17.5	10	36.5	100
阅读理解	9	126	77	49	118	379
百分比	2.4	33.2	20.3	12.9	31.2	100
合计	21	302	168	101	308	900
百分比	2.3	33.6	18.7	11.2	34.2	100

为更清晰地了解各课的生词难度，我们对每篇课文对话和阅读部分的超纲词数量分别进行了统计。结果如下：

（1）主题对话部分的超纲词总体偏多，且课与课之间超纲词的百分比差距较大，高的（第10课）达到51.4%，低的（第4课）为12.5%。这说明对话部分课文的难易度不太均衡。不过，此部分前8课的超纲词总数为75个，平均百分比为31.2%；后8课为115个，平均百分比为41.1%。这说明课文的难度呈上升态势，符合学习者的需求，也符合教材难度循序渐进的原则。

（2）阅读短文部分的超纲词总体比对话部分少，但课与课之间的百分比差距更大，高的（第12课）达66.7%，低的（第5课）为12.5%。这也说明阅读短文的难易度不均衡。此部分前8课的超纲词总数为32个，平均百分比为20.6%，后8课为86个，平均百分比为37.1%，数量上升偏快，难度递增偏大。

总之，从生词的数量和等级分布来看，该教材比较适合中级水平的汉语学习者，但难度稍微偏高。

2.3　生词释义

在对比语言学中，英语与汉语之间很难找到一组等义词，两个词或多或少会存在差异。而在对外汉语界，大部分对外汉语教材（母语为非英语的国别教材除外）往往采用"生词+拼音+英文翻译"这种模式。由于《修订版》主要是由美国教师主编并在美国的大学使用，其生词释义亦采用上述模式。例如：

第6课（第72页和第74页）

　　建议 jiànyì　　　suggestion; to suggest
　　仔细 zǐxì　　　　careful(ly); attentive(ly)
　　改革 gǎigé　　　 reform; to reform
　　选择 xuǎnzé　　　choice; to choose

通过以上例子我们可以看出，该教材的词汇释义相对简单，只有拼音和英语释义，没有标注词性。笔者以为，由于很难找到准确的等义词释义，学习者仅凭英语解释很难准确理解生词的含义及词性，容易产生误解，影响交际和应用。

另外，在考察过程中笔者还发现，该教材有些生词的释义还需要斟酌，用于释义的英文准确度和灵活性还有待完善。如：

（1）轻松 qīngsōng　　relaxed；light

句子："你好"让严肃的官员对你微笑，让认真的谈判变得轻松。（第1课第5页）

light 准确的解释为"easy to do"，显然"轻松"的英文翻译取"relaxed"即可，加上"light"反而不准确了。

（2）叫早 jiàozǎo　　wake-up call；morning call

句子：请问，你们有"叫早"服务吗？（第2课第18页）

"叫早"是旅馆的一种服务，此处的解释不够准确，不能解释清楚"叫早"的意思，如加上"a service provided by the hotel to remind you of getting up on time"更准确。

（3）接待 jiēdài　　receive（a guest）；to admit；reception

句子：只有三星级或者三星级以上的旅馆才能够接待外国人。（第2课第20页）

"接待"在这篇课文中的词性是动词，释义最好用"receive（a guest）"解释，加上后面的"to admit"反而不利于学生的理解，后面的"reception"也会混淆"接待"在本课的词性。

（4）合同 hétong　　contract；agreement

句子：这次我们来中国的目的是想跟贵公司洽谈一下儿今年秋季的新订单和签订代理合同的问题。（第3课第31页）

agreement 准确的解释为"a promise"，contract 准确的解释为"an official written agreement"。显然"合同"的翻译取"contract"即可，加上"agreement"反而不准确了。

（5）邀请 yāoqǐng　　to invite；invitation

句子：服装厂的钱厂长想邀请你们两位吃饭，后天晚上我想请你们吃北京烤鸭。（第4课第46页）

"邀请"在这篇课文中的词性是动词，释义最好用"to invite"解释，加上后面的"invitation"反而混淆了"邀请"在此处的词性，不利于学生掌握"邀请"作为动词的用法。

（6）遗憾 yí hàn　　regrettable；to regret；to feel sorry

句子：真遗憾！看来我们只好另找货源了。（第8课第100页）

显然"遗憾"在这篇课文中的词性是形容词，释义最好只用"regrettable"，加上后面的"to regret；to feel sorry"反而会混淆"遗憾"在本课中的词性，甚至会与学生已经学过的"对不起"混淆。

此外，由于释义使用的是英译法，忽视了词语的附加意义。例如，第10课对生词"难处"注释为"difficulty；problem"，没有区分语体色彩，学生在学习这个词的时候，可能会与带有书面语色彩的"困难"相混淆，甚至会造成"我们要克服难处"之类的句子。

总之，笔者认为，用非目的语对生词释义时，若能在精准表述基本义的同时，增加用目的语的词语搭配、近义词、反义词等语用信息，生词表的信息量将更大，也能更有效地帮助学生学习和运用。

3 结 语

笔者对《修订版》的课文主题、词汇、语法、练习等方面进行了统计和分析，但因篇幅有限，本文只选取了课文和词汇两部分进行考察。通过考察，我们可以看到，该教材编写的课文主题体现了商务汉语的特色，生词的数量符合学习者的认知规律，生词的难度虽偏高，但符合循序渐进的认知规律，这与编者具有丰富的商务汉语教学经验和商务汉语知识密不可分。当然，我们更期待商务汉语词汇等级大纲的早日问世，以使商务汉语教材的编写更具科学性。

参考文献

关道雄. 基础实用商务汉语（修订版）[M]. 北京：北京大学出版社，2003.
关道雄. 商务汉语教材的范围、内容和开放式架构设计[J]. 国际汉语教学动态与研究，2004（4）.
国家对外汉语教学领导小组办公室. 高等学校外国留学生汉语教学大纲（长期进修）[M]. 北京：北京语言学院出版社，2002.
国家汉语水平考试委员会办公室考试中心. 汉语水平词汇与汉字等级大纲（修订本）[M]. 北京：经济科学出版社，2001.
杨东升. 商务汉语教材编写初探[J]. 辽宁工学院学报，2003（1）.
赵金铭. 论对外汉语教材评估[J]. 语言教学与研究，1998（3）.
中国国家对外汉语教学领导小组办公室汉语水平考试部. 汉语水平等级标准与等级大纲（试行）[M]. 北京：北京语言学院出版社，1988.
中国国家汉语国际推广领导小组办公室，北京大学商务汉语考试研发办公室. 商务汉语考试大纲[M]. 北京：北京大学出版社，2006.
周小兵，干红梅. 商务汉语教材选词考查与商务词汇大纲编写[J]. 世界汉语教学，2008（1）.

附录：《基础实用商务汉语教材》（修订版）生词总表中的超纲词

交税、申明、总经理、副、变得、谈判、套房、标准间、押金、房卡、洗衣房、洗衣袋、叫早、服务台、商务中心、外币兑换、大厅、五星级、旅行社、电话磁卡、总裁、幸会、指教、订单、代理、经济特区、宾主、礼仪、初次、顺便说一句、头衔、一般说、逗留、高科技、费心、想不到、接待单位、赴宴、少不了、有助于、时差、入席、上座、接风、葡萄酒、冷盘、大菜、夹菜、上菜、特色菜、热炒、甜点、初步、过目、推出、吸引力、零售价、批发价、百分之、试销品、皮茄克、试生产、另议、货、买主、卖主、老话、知己知彼、订购、电动、制造、生产效率、会客室、本厂、自我、交货、组装、国外、卡通、分为、不善、兼并、民营、股份制、进货、数量、关键、报盘、运费、折扣、赚头、竞争力、报价、特价、知名度、还盘、让价、低价、货源、漫天要价、夸张、好手、异同、纪念品、购物中心、顺路、算了、请勿吸烟、客套、苦笑、抽水马桶、缆车、省力、外套、T恤衫、礼品店、矿泉水、入境随俗、免不了、陌生人、带路、出主意、退货、各付各的、付账、季节性、错过、难处、分成、信用证、资金周转、预付、货款、不可撤销信用证、电汇、承兑交单、分期付款、装运、开出、说到、情面、亲兄弟、一手、面值、国内、硬通货、汇付、托收、近年来、分行、办事处、独家代理、百万、家用电器、独家代理权、各地、销售网点、洗碗机、资信、佣金、分担、有效期、出口额、销售总额、市场调查、衣食住行、毫无疑问、人口众多、人地生疏、并不、赚钱、仿制品、总代理、普通代理、全权、某一种、专卖权、有权、有利于、一早、广告部、熟人、过奖、收费、制作费、播出费、以、时段、实况转播、广告词、付费、半版、整版、离不开、中老年、物美价廉、消费者、挖苦心思、借用、口头语、古典、诗词、推陈出新、温馨、画面、味道、讨吉利、车到山前必有路、则是、杰作、酒香不怕巷子深、不可信、王婆、展览厅、小册子、家庭用品、工艺美术品、参展、看样、提出、申请、丝绸、实话、金奖、现货、九五折、挖走、若干、类型、全面、当年、各类、招商、桥梁、之行、合资企业、子公司、投资环境、基础设施、经济效益、数码影碟机、金融危机、说不定、三资企业、独资企业、合资经营、据我所知、立项、其次、领取、营业执照、控股权、出钱、本国、出入境、所得税、大幅度、减免、高新科技、到、意向书、遗漏、不够、一致、延误、申诉、重合同、原则、执行、正本、副本、头疼、承诺、种种、强调、平等互利、第三国、起到、饯行、晚宴、加深、话别、倒是、列入、度假、花瓶、走后门、不可否认、正经事、受骗、与其、有心人、开诚布公、立场、尊重、通情达理、大功告成、趁热打铁、有意义、礼轻情义重

邓淑兰，广州中山大学国际汉语学院
辛玲，广州市增城区碧桂园凤凰城中英文学校国际部
dengshl@mail.sysu.edu.cn，lingdang1234@126.com

随风潜入夜，润物细无声
——以《中国话》为例谈文化要素如何融入汉语教学

华 莎

摘 要： 本文以初级汉语教材《中国话》为典型范例，阐释在国外的汉语课堂教学中"中国文化"这一概念应具备的内涵、外延以及语言教学和文化教学的关系，提出文化要素教学应遵循的三个原则——真实性、实用性、趣味性，并以丰富的例证展示在这三个原则指导下，文化要素如何不着痕迹地自然融入综合语言教材中，成为语言教学的素材，让学生在学习语言的同时无形中了解中国文化，掌握在中国学习、工作和生活的实用信息。本文倡导课堂文化教学摆脱单向说教的模式，教材中的文化内容改变"知识窗"、"文化链接"等简介式的套路，以《中国话》为例展示如何以充满幽默感的创意和巧思引发学习者对中国文化的兴趣，从而引导他们关注中国文化、学会自己查找资料了解相关的文化内容，进而对中西方文化的差异进行比较并发表评论。而这一系列语言能力的养成和文化知识点的获得，都是在完成语言技能操练任务的同时潜移默化地实现的。本文为综合汉语课堂教学和教材编写中的文化要素教学提供了一种新的思路和启迪。

关键词： 中国文化；真实性；实用性；趣味性；融入

【背景介绍】

《中国话》系列教材是苏黎世大学资深汉语教学专家柯佩琦博士主编的一套综合汉语教材，共四册。其中《中国话》是汉语教材，分上下两册，教听说及语法；与之相配的汉字教材《中国字》分"书写"和"认知"两册。

《中国话》上下册各5课，每课分4~5节，课后配有练习、语法说明和生词表，每课生词约有200个，注有拼音、汉字、词性、外文释义及其在HSK大纲中的等级序号。前两课还配有语音练习。

《中国话》吸收了中国汉语教材的优点，以欧美的外语教材为参考，专门针对欧美的汉语学习者而设计。经过10多年的教学实践检验，又根据教学效果和学生反馈反复修改，针对性强，符合欧美学习者的习惯。在苏黎世大学已经作为汉语教材使用多年，深受学生的喜爱。

语言教学与文化教学相结合，这已是国际汉语教学者和综合汉语教材编写者们的共识。不过，什么样的内容才算是文化？文化要素与语言教学怎样才能做到真正的"融合"？不同的教学环境、教学模式和教材有不同的答案。就海外的中文教学而言，由于课堂之外缺乏目标语浸润的语言环境，学习者无法通过自身实践去体验和了解目标语相关的文化知识，文化知识的获得很大程度上依赖于教师的引导和教材的传授，因此文化要素与语言教学的融入显得尤为必要。

然而,对"中国文化"这一概念的理解,见仁见智。在讨论文化教学之前,很有必要阐述一下我们对"中国文化"的界定。

1　什么是中国文化?

"文化"这一概念的界定历来众说纷纭。1952 年,美国文化人类学家克鲁伯和克拉洪在其《文化,关于概念和定义的评论》一书中,例举了从 1871 年到 1951 年 80 年间有关文化的定义达 164 种之多。[1]

我们比较赞同的界定源自美国人类学家林顿:"文化指的是任何社会的全部生活方式,而不仅仅是被公认为高雅、更令人心旷神怡的那部分生活方式……整个文化还包括诸如洗碗、开汽车等世俗行为,而且,对文化研究来说,这些世俗行为与那些被认为是生活中高妙雅致的事物相比,并没有什么高下之分。"[2]

基于这一界定,我们认为,中文教学特别是海外中文教学中涉及的"中国文化",不应只是长城、筷子、功夫、熊猫、书法、龙等符号化的、"高妙雅致"的事物,更应该是地铁、新闻联播、三室一厅、麻婆豆腐等具体的、鲜活的、真实的内容,是当代中国人的全部生活方式和思维模式。这当中,自然有很多富于"中国特色"的内容,但也一定有一些与海外共通的东西,正如正在走向世界的当代中国一样。基于这样的认识,中文课上的文化教学就不再是一个一个零散的、单独的知识点、"知识窗",不再是第一课"长城"、第二课"功夫"……学生在学完课本、走到中国的那一刻,也不会再因为没有随处可见雕龙画凤的传统建筑而心生失望,甚至怀疑走错了地方。

2　中国文化的融入——以话题为纲编写综合汉语教材

由于我们要向学生传递的中国文化知识是无处不在、包罗万象的,《中国话》选择了以话题为纲的教材编写模式,上下册共 10 课,分别涉及 10 个主话题:名、地、衣、时、食、行、药、住、游、学。每个话题都围绕在中国日常生活最基本的需求,可以说,话题的本身就是富含中国文化信息的。主话题下,根据涉及的词汇、语法点的难度以及学习者的兴趣安排四五个分话题,每个分话题则由源自生活的真实语料改编而成的课文组成。

这样做的好处是:第一,语言学习的题材和素材本身就是文化内容,学生在学习操练语言技能的同时,无形中就掌握了文化信息;第二,每一课的内容在题材上相互关联,因此一课内的词汇和语法点也有一定的内在联系,可以在同一课内复现,实现循序渐进;第三,由于话题围绕日常生活的基本需求,词汇和语法点的选择都是基于其常用性和实用性,所以不必为教学而刻意"编写",只需选取恰当的真实语料,使得语言要素在其"原生土壤"自然呈现。

---

[1] C. 恩伯、M. 恩伯:《文化的变异——现代文化人类学通论》,辽宁人民出版社,1988 年(转引自郭锦桴,2010)。
[2] 参见柯佩琦,2010。

以"把"字句这一语法难点的教学为例。"把"字句又叫"处置式",它是用来表示对某个对象进行某种操作和处置的。而做菜的过程就是对各种原材料进行某种处理(切、拌、煎、煮……),所以当中国人要介绍一个菜的做法时,就会不由自主地使用"把"字句。可以说,烹饪这个话题、介绍烹饪方法这个语境,就是"把"字句的"原生土壤"。这就是《中国话》的妙招——用菜谱学"把"字句。

上这堂课的时候,老师可以把作料带到课堂,让学生尝尝,切身感受"麻、辣"等味道。学完课文之后,让学生复述麻婆豆腐的菜谱,再把书面或口头描述其他中西菜式的做法作为课后练习布置给学生,学生在完成练习任务时无形中就会运用到当课的语法重点——"把"字句。这样,学生不仅学会了做麻婆豆腐,体验了中国人桌上最常见的一道菜,真真切切地感受到了中国文化,与此同时还不知不觉地学会了"把"字句这个汉语语法的重点和难点。我们认为,这就是文化要素与语言教学融合的最佳状态。

3 文化要素教学的三原则

3.1 真实性

编写教材要符合生活现实,这已成为共识。我们在文化要素教学中强调真实性,是因为我们发现中学及其以上的学习者大多不会被传说和历史故事吸引,只有贴近生活的话题、源自生活的真实素材,才是他们的兴趣所在。课堂所闻在生活中不断得到印证,才能激发出学习者不断的学习动力。《中国话》就是因为真实所以有趣。

我们认为,教材的真实性可以体现在两个方面:话题和素材。

3.1.1 贴近生活的话题

《中国话》选择的话题充满浓浓的生活味,与学生息息相关,从学生最熟悉的也最简单的姓名开始,逐渐扩展到方位、服饰、时间、饮食,再到交通、医疗、居住、旅游和学习。衣食住行、柴米油盐,熟悉又亲切的话题,贴近生活,符合日常生活最基本的需求,激发了学生开口讨论的兴趣。

3.1.2 真实的学习素材

《中国话》的编写者们相信:真实的东西才是最有吸引力的教学素材。他们用心搜集了所有适合进入课文话题的真实材料,原汁原味地呈现在课本里。例如,中国朋友赠送的名片,国际知名的电影明星、导演、作家的照片,中文老师家的全家福,学生在中国旅游时寄回瑞士的明信片,北京市松榆里小学三年级的学生关于理想的作文和画作,等等。学生从中可以直接感受当代中国人的交际文化、文学及人物、家庭观念、休闲方式、自然及人文风光、理想与追求……真实的素材可信度高,使学生对"活生生"的中国产生亲切感,其感染力和教学效果远远大过间接的文字描述。

3.2 实用性

既然我们将"中国文化"界定为中国人的全部生活方式,那么在向学生呈现这种生活方式的同时,如果能尽可能多地提供一些他们在中国生活、工作需要的实用信息,就是一举两得,何乐而不为呢?《中国话》就是这样,实用信息变身为学习素材,学生在获得信息的同时不知不觉练习了口语。

例如,练习数字表达时,罗列一些中国名校、著名涉外饭店、驻华使馆的电话号码等,学生到中国旅游时都用得上;学会几个中国菜的菜名和菜品的分类,到中国饭馆看着菜单点菜就是"小菜一碟";利用最新的中英对照北京地铁线路图练习方位表达,学生拿着课本,在北京坐地铁都不用问路;教学生看懂中国网站上的租房广告,到北京租房就不成问题。

3.3 趣味性

文化要素的教学中,趣味性也是一个重要原则。同样的内容,教授的方式是否有趣不仅影响到课堂的气氛,学习的效果也会因此产生差别。《中国话》一方面以充满幽默感的创意和巧思引发学生对中国文化的兴趣,另一方面设计大量互动练习,通过亲身参与带来的成就感激发学生学习的主动性。

3.3.1 幽默、自然、潜移默化地介绍中国传统文化

以《西游记》这部神话小说为例。《中国话》没有用专门的栏目或章节介绍《西游记》相关的知识,却把猪八戒变成了前来苏黎世大学求学的留学生。在第一课听力材料里,猪八戒通过和一个同学的对话介绍了自己和《西游记》。作为贯穿整套教材的人物,书中处处可见猪八戒的"照片"。他明知"学海无涯",却天天迟到、买衣服、看电视、饱食终日、得意忘形、考试作弊,连找个学习汉语的语伴都要求"瓜子脸、樱桃嘴、长腿、身高一米七以上",等到得了零分,方知用功。可是最后的命运只能是"名落孙山",挑着行李铺盖卷儿垂头丧气地离开了学校。猪八戒虽然被开除了,可他的形象作为反面教材却在学生心中留下了深刻的印象。整个学习的过程都有这么个调皮捣蛋的"名人"为伴,学生们自然不会觉得无聊,而《西游记》这部中国名著,学生们还会忘记吗?

在《中国话》里,像这样在课文、插图、练习中不着痕迹地介绍中国文化的例子还有很多:通过一张中国地图来学习方位表达,对照着地图一边说"北京在北方"、"长江南边是中国南方",一边就了解了中国地理相关的知识;对照中国方言地图念课文,学生就知道了中国有很多方言,还能在听力录音中感受到不同方言的发音;介绍中国的文字,不多说,看看人民币和雍和宫的牌匾;看看田字格,一边学方位表达,一边就了解了汉字的结构特点;中国的行政区划、地理分区、每个省的简称,是在练习发音的时候顺便了解到的,又在中国的车牌上得到了应证;借助一本中国式日历介绍留学生安娜一周的日程安排,当学生看到"农历辛卯年"的字样和剪纸小兔时,介绍干支纪年和十二

生肖就成了顺理成章的事了；学习进退和方向表达时，用一副中国象棋，语言表达练会了，学生也会下象棋了；对照着老北京地图，学生巩固了内、外、东、西这些方位表达，同时也了解了北京城的结构和地名的由来；刚刚学了旅游相关的内容，领略了中国的山水，再让学生读上几首写景的唐诗，真是水到渠成，乐在其中。

3.3.2 互动练习，学生参与，成就感激发主动性

语言是交流的工具。只有当学生确实把语言当成工具来使用的时候，才能真正感受到学习它的必要性；只有当学生在实际运用所学的语言时获得了成就感，学习的热情才能源源不断涌现。在运用语言的过程中由学生自己主动获取的文化知识，一定比教师单向灌输的内容印象深刻。《中国话》就是这样。不同于一般单向传授式的教材，《中国话》的许多课文都是开放式的，需要学生参与才能完成。

例如，了解了中国人姓名的特点，马上就要求学生给自己起个中国名字；学会了自我介绍和表达要求，就让学生写个条子，找语伴互助学习；到中国旅游应该去哪儿，准备什么行李，怎么订机票、订酒店，《中国话》教学生自己上网查资料；什么是《三字经》、《百家姓》，《中国话》让学生自己上网查询后做注释，记下的都是学生自己理解消化的内容，印象当然很深刻。

一学期结束，当学生回头翻看写满自己笔迹的课本时，会发现自己也成了"编写者"的一员。自己亲自参与编写的教材，你还能忘记它的内容吗？

3.3.3 无处不在的汉外对比——共性拉近距离，差异激发兴趣

第二语言及其文化学习总是在与母语的对比中进行的。了解中国文化与本土文化的相似之处，学生就会感到亲切、有趣，有助于消除畏难情绪；掌握中国文化与本土文化的不同之处，又会产生新鲜感，有利于激发学生的好奇心，趣味油然而生。

例如，在第一课，学生刚刚开始接触汉语的发音时，编者设计了两道练习题，要求学生用汉语音译词让学生猜意思，练习发音的同时，学生无形中把汉语和自己的母语进行了对比。当他们发现相似之处时，一定会觉得汉语不是人们传说的那么难，距离拉近了，就有信心继续学下去。"白星星"这个可爱的中文名字怎么来的？与原来的德文名字比较以后，学生就知道中国人姓名的特点：姓在前，名在后。一日三餐吃什么？当学生们对着图，把中国老师、外国留学生和中国个体户的一日三餐都描述一遍之后，不仅掌握了汉语的状语在前这一语法特点，也了解了中西方饮食习惯的差异。

4 小　结

在真实性、实用性、趣味性原则指导下，将鲜活的、生活化的中国文化要素不着痕迹地自然融入综合语言教材中，成为语言教学的素材，可以让学生在学习语言的同时无形中了解中国文化，掌握在中国学习、工作和生活的实用信息。我们倡导课堂文化教学摆脱单向说教的模式，教材中的文化内容改变"知识窗"、"文化链接"等简介式的套路，以充满幽默感的创意和巧思引发学习者对中国文化的兴趣，从而引导他们关注中国文

化、学会自己查找资料了解相关的文化内容，进而对中西方文化的差异进行比较并发表评论。而这一系列语言能力的养成和文化知识点的获得，都可以在完成语言技能操练任务的同时潜移默化地实现。可以说，《中国话》为综合汉语课堂教学和教材编写中文化要素的融入提供了一种新的思路和启迪。

参考文献

郭锦桴. 汉语与中国传统文化（修订本）[M]. 北京：商务印书馆，2010.

柯佩琦. 中国话·上册：汉德版[M]. 北京：商务印书馆，2008.

柯佩琦. 中国话·下册：汉德版[M]. 北京：商务印书馆，2009.

柯佩琦. 以《中国话》为例谈编写汉语教材的基本原则[M]//第九届国际汉语教学研讨会论文选. 北京：高等教育出版社，2010.

柯佩琦. 中国话·上册：汉英版[M]. 北京：商务印书馆，2012a.

柯佩琦. 中国话·下册：汉英版[M]. 北京：商务印书馆，2012b.

华莎，北京商务印书馆

huashan@cp.com.cn

论朝鲜后期汉译谚语集《耳谈续纂》的文献价值*
——基于语言学的思考

金菊花

摘　要：《耳谈续纂》是著名实学家丁若镛于19世纪朝鲜后期编纂的一部谚语集，也是同时收录有韩语谚语（用汉语记录）和汉语谚语的谚语集，其广学书铺本附有梁在謇对应的韩语谚语和汉语谚语翻译。本文在对该书进行穷原竟委的基础上，就该书的语言本体研究、对比研究、翻译研究、语言变异研究、语言和思维问题研究等，通过大量举例开展多维观察，旨在探讨基于这样的可行性分析，从语言学角度对文本价值进行深度挖掘的可操作性问题，突出文本的文献价值，以深化相关理论研究。

关键词：朝鲜后期；汉译谚语集；耳谈续纂；文献价值

　　朝鲜半岛使用谚语，最早可追溯到高丽时期。在韩国首部现代韩语谚语词典《谚语词典》（1962）出版之前，朝鲜半岛已出版有多部韩语谚语集。这些韩国近代谚语集有一特点，即均用汉字记录了韩语谚语，《耳谈续纂》就是其中颇具代表性的谚语集。目前，围绕《耳谈续纂》开展的研究有：《〈耳谈续纂〉小考》（洪淳赫，1948）[1]、林美晶（音译）（2009，2011）、金相洪（1986）、金根培（1992）、沈洪植（2002，2005）、金东言（音译）（2005）、李素圆（2006）等。这些研究主要围绕《耳谈续纂》的版本、文本特点、语义内容、语文教学等进行分析，但是均未对《耳谈续纂》展开语言本体研究，也没有开展语言应用研究。基于以上考虑，本文认为文本的语言研究可以深化和细化，除语言本体研究外，具体谚语翻译方法和语言变异问题、韩国人的汉语（包括汉字）语言观和韩民族的思维方式在语言中的表征问题、韩汉不同语言思维[2]等问题也可以进行深度剖析。因此，本文旨在深度挖掘《耳谈续纂》的文献价值。本研究虽然不能推导普遍意义的语言理论，但是凭借丁若镛的学识水平和作品的代表性、创作背景和文本特点，我们能够肯定此文本的语言研究具有客观代表性。

---

* 本文受到山东大学2013年教学改革立项项目（2013ZC141）的资助，是专著《朝鲜后期汉译谚语集〈耳谈续纂〉语言对比研究》的一部分。

[1] 该论文是有关《耳谈续纂》的首篇研究论文。

[2] 联合国教科文组织非洲语言计划专家克利福德·弗尔也认为："通过某一语言的语法、谚语和习语，我们可以清楚地了解以这种语言作为母语的人的思想感情，而这是通过任何别的东西都不可能了解得这么全面的。"（转引自杨永林，2004：10-11）。

1 《耳谈续纂》探源

《耳谈续纂》一书著于 1820 年（朝鲜后期），作者为茶山丁若镛[1]。1810 年夏季，丁若镛发配到长鬐，在参考李瀷的《百谚解》后，他着手编撰《耳谈续纂》。之后他转到康津，在那里又搜集到不少谚语。时隔 18 年后，丁若镛被释放，重返故里，并于 1819 年和 1820 年相继出版《雅言觉非》三卷和《耳谈续纂》一卷。

《耳谈续纂》有"与犹堂全书本"、"好古堂木版本"、"广学书铺本"、"俗谈大辞典附录本"等四个版本。此书出版 80 多年后，由梁在謇附《耳谈续纂》韩谚韩文转述的"广学书铺本"于大韩帝国隆熙二年（1908 年）编译本正式出版。这本《耳谈续纂》收录有 210 条韩国谚语，而且还收录中国谚语 177 条，分别称"东谚（以下称为韩谚）"和"中谚（以下称为汉谚）"。梁在謇在编译时另收录了 31 条韩语谚语，并称其为《耳谈续纂拾遗》[2]。本文文本选用隆熙二年（1908 年）八月五日由广学书铺发行的"广学书铺本"。之所以选择此版本，是因为广学书铺本首次收录了用韩语转述的韩谚，具有重要文献价值，而且流传最广。

2 《耳谈续纂》文本特点和研究价值

在朝鲜半岛，汉字充当记录手段的历史悠久，而用汉字记录谚语的形式持续到了 19 世纪末，这与知识阶层的文字观密切相关。[3] 17 世纪洪万宗的《旬五志》问世，打开了用文字记录谚语的历史时期。到了 18—19 世纪，其他汉译谚语集相继亮相。

《耳谈续纂》作为朝鲜后期汉译谚语集[4]，与其他谚语集相比较，各自的特点如表 1 所示。

《耳谈续纂》以《耳谈》为蓝本，对星湖李瀷的《百谚解》进行了补充，保留有《百谚解》的一些语言特点即四言对句形式，还沿袭了《耳谈》对历史人物和地名进行客观描写的风格。此外，《耳谈续纂》标注有谚语注释和出处，还附有前言、写作动机和语料来源等，为我们今天的研究提供了重要的依据。

《耳谈续纂》作为韩国早期谚语集之一，具有重要的文献价值。它可以考证谚语来源，研究其语言变异，也是一部研究民俗的重要历史文献。有的学者还提出，《耳谈续纂》可能是国内最早一本用韩语记录的谚语集（李基文，2001，前言）。此外，《耳谈续纂》和《雅言觉非》又是研究文学及民俗学的珍贵历史文献，是茶山丁若镛主体思想的集中写照，也是体现作者"朝鲜诗精神"和近代意识（即实学精神）的一部珍贵

---

[1] 丁若镛（1762—1836），字美镛，号茶山、俟菴、与犹堂、紫霞道人，是朝鲜后期有名的文官和实学家，颇受中国文化影响。

[2] 《耳谈续纂拾遗》区别于前 210 条谚语，考虑到其收录时间和作者等因素，故不列入本文研究对象。

[3] 近代以前，知识阶层将汉字作为基本的记录手段，在当时汉字有着不容颠覆的特殊地位。仅以出现在近代韩国国文小说中的谚语为例，其中就出现有不少汉字谚语（转引自金东言，2005：3）。

[4] 这里的汉译谚语集并非现在意义上的汉译谚语，而是用汉字来记录韩国谚语，即翻译和记录并非一个概念，这里是记录概念。

表1 朝鲜后期汉译谚语集比较

书名	作者	字数	解释	押韵	序文	特点
旬五志（143则）	洪万宗（1643—1725）	2～14字不等	附有语源说明	×	○	最早的汉译谚语集
百谚解（387则）	李瀷（1681—1763）	四言对句八言	×	×	○	真正意义上的汉译谚语集，并继承了《旬五志》的特点
察迩录（52则）	慎后聃（1702—1761）	非定型	×	○	○	
洌上方言（99则）	李德懋（1741—1793）	三言对句六言	○	○	×	
耳谈续纂（214则）[1]	丁若镛（1762—1836）		○	○		补充了《百谚解》
松南杂识（241则）	赵在三（1808—1866）	非定型	附有中国典故及韩谚出处	×	×	参考了《旬五志》
耳谈续纂拾遗（31则）	刘松田[2]	四言对句八言	○	○	·	用韩语转写
东谚解（400余则）	作者不详	非定型	○	×	×	小仓进平收藏《公私恒用录》

说明："○"和"×"表示是否具有相关特点（即○表示"有"，×表示"无"）。

文献。[3]这部谚语集，用吏读[4]写序，书中的俗制细君、须及红裙等谚语内容反映了民本思想（沈洪植，2005：13）。除以上鲜为人知的文献价值外，本文强调其语言学研究价值，包括语言本体和语言应用研究，并突出受语言接触和民族思维影响，文本《耳谈续纂》在记录谚语时在线性结构表现出的"异常"和翻译特点，进而可以推导出韩汉不同思维取向。而《耳谈续纂》的语言价值尚未引起人们的普遍关注，实属遗憾。

3 《耳谈续纂》的语言学研究价值

下面就《耳谈续纂》的语言分析，提供本体研究、对比分析、翻译分析、语言变异及语言思维观等五种研究视角。

---

1 在214条《耳谈续纂》谚语中，有210条是四言对句八言形式，这与前文提到的"广学书铺本"210条记录相吻合。
2 刘松田生卒年不详，《耳谈续纂拾遗》于1908年出版。
3 沈洪植，2002：12。
4 吏读是用汉语记录古代韩语的一种标记方法，即句法成分排列完全按照韩语的句法结构，体言和用言后分别用格和语尾进行连接。根据文献记载内容，其产生年代追溯到7世纪（李基文：《国语史概说》，第63页）左右，高丽时期和朝鲜时期也沿用，一直到19世纪末。同这种标记方法相关的有口诀、乡札。

3.1 语言本体研究

　　首先，可对《耳谈续纂》收录的 210 条韩谚和 177 条汉谚开展韩汉两语的结构、语义分析。

　　谚语是表述性语言单位，表达相对完整的语义。它没有句子那样的语调，但具有相对固定的语音停顿（或"语步"），并不是真正意义上的句子，但它也区别于常规意义上的词语。因此，它不应被看作传统词汇学所主张的特殊词汇。根据结构特点，《耳谈续纂》韩谚可分为词组型、单句型、复句型和紧缩型等四大类。如：

　　（1）缓驱缓驱牡牛之步（词组型，第 47 条[1]）
　　（2）三岁之习至于八十（单句型，第 1 条）
　　（3）儿之将啼又批其腮（复句型，第 199 条）
　　（4）既乘其马又思牵者（紧缩型，第 41 条）

　　汉谚的结构类型也比较丰富，包括词组型、单句型、复句型、紧缩型等。如：

　　（5）无于水监当于民监（词组型，第 2 条）
　　（6）百闻不如一见（单句型，第 93 条）
　　（7）前事不忘后事之师（复句型，第 72 条）
　　（8）与其媚于奥宁媚于灶（紧缩型，第 103 条）

　　语义方面，韩谚不涉及气象、生产等自然谚，均为社会谚，主要包括社会知识谚、思想修养谚、哲理谚等。这些社会谚还可以分为讽刺和劝诫等，如：

　　（9）闻则是病不闻是药（社会知识谚，第 75 条）
　　（10）一日之狗不知畏虎（社会知识谚——讽诵类，第 3 条）
　　（11）行潦之聚亦于硬土（思想修养谚，第 111 条）
　　（12）虎之方睡莫触其鼻（思想修养谚——劝诫类，第 115 条）
　　（13）西瓜外舐不识内美（哲理谚，第 88 条）

汉谚分类与韩谚相同，如：

　　（14）山有木工则度之宾有礼主则择之（社会知识谚，第 142 条）
　　（15）一人乡隅而悲泣一堂皆为之不乐（社会知识谚——讽诵类，第 144 条）
　　（16）厚者不毁人以自益仁者不危人以要名（思想修养谚，第 162 条）
　　（17）遗子黄金满籝不如一经（思想修养谚——劝诫类，第 123 条）
　　（18）辅车相依唇亡齿寒（哲理谚，第 8 条）

3.2 韩汉对比研究

　　除上述结构、语义分析外，还可以从构成谚语的音节特点进行分析，语义分类也可以再深入。此外，若从语用层面对《耳谈续纂》的谚语话题展开分析，可分以下八个方面。

---

[1] 指收录在文本中的编号，下同。

3.2.1 名词或偏正短语作话题

（19）韩谚：歌曲虽艳恒听斯厌（第39条）
　　　　　　妇子手阔譬彼春涝（第36条）
（20）汉谚：心则不竟何惮踰病（第9条）
　　　　　　女无美恶入宫见妒（第31条）

3.2.2 代词作话题

（21）韩谚：我欲捉蟹并丧吾筆（第203条）
　　　　　　尔逢尔仇独木桥头（第12条）
　　　　　　彼眇者子乃孝厥妣（第136条）
（22）汉谚：谁为为之孰令听之（第38条）
　　　　　　其父杀人报仇其子必且行劫（第136条）

3.2.3 动词或动宾词组作话题

（23）韩谚：无赠弟物有赠盗物（第35条）
　　　　　　宰牛无赃剥栗难藏（第110条）
（24）汉谚：遗子黄金满籯不如一经（第123条）
　　　　　　欲投鼠而忌器（第89条）

3.2.4 形容词作话题

（25）韩谚：饥无可悭飣锦一餐（第107条）
（26）汉谚：柔则茹之埂则吐之（第6条）
　　　　　　富不学奢贫不学俭（第52条）

3.2.5 主谓短语作话题

（27）韩谚：农夫饿死枕厥种子（第65条）
　　　　　　村鸡入县厥目先眩（第127条）
（28）汉谚：城门失火殃及池鱼（第70条）
　　　　　　美服不称必以恶终（第17条）

3.2.6 数名/动结构作话题

（29）韩谚：百家之里必有悖子（第18条）
　　　　　　十斫之木罔不颠覆（第24条）
（30）汉谚：百闻不如一见（第93条）
　　　　　　千金买宅八百买邻（第64条）

3.2.7 介宾短语作话题

（31）韩谚：由惜一瓦梁摧大厦（第15条）

　　　　　　由酒一盏或泪厥眼（第 29 条）
　　（32）汉谚：以权利合者权利尽而交疏（第 127 条）
　　　　　　与人善言暖如布帛伤人以言深如戈戟（第 166 条）

3.2.8　其他结构（副词或介词、连词）作话题

　　（33）韩谚：先视尔褥乃展厥足（第 74 条）
　　　　　　才食一匙不救腹饥（第 175 条）
　　（34）汉谚：虽有亲父安知不为虎虽有亲兄安知不为狼（第 170 条）
　　　　　　与其媚于奥宁媚于灶（第 103 条）

　　以上是话题的八大分类。我们发现在话题的选用方面，汉谚普遍用双音节，当然也有个别例子，如"柔则茹之港则吐之"和"富不学奢贫不学俭"等，即便存在上述个例，但是这在韩谚中却不典型。
　　除话题对比之外，还可以围绕译文、认知等问题展开讨论，具体分析不再赘述。

3.3　翻译研究

　　文本译文有关，除对比分析之外，还可以从翻译学角度展开翻译研究。

3.3.1　韩谚译文分析

3.3.1.1　语义含糊

　　（35）一日之狗不知畏虎（하룻 강아지는 범이 무서운 줄 모른다）（第 3 条）
　　（36）乌之放飞有损其梨（까마귀가 바야흐로 날자 배가 떨어진다）（第 8 条）
　　动词"畏"可以带宾语，若动词连用，经常与"惧"结合使用，构成复合动词"畏惧"，因此"不知畏虎"的表达不妨改为"不（或难）识（或懂）虎威"，即动宾结构不妨改成偏正结构；"欲飞的鸟"和"梨"之间的联系，按常规推理很难明白其语义。

3.3.1.2　用词不当

　　部分韩谚没有区分类属概念即上下语义关系，包括整体和局部、具指和特指概念，如：
　　（37）鸟声十二无一妩媚（까마귀 열두소리는 한소리도 교태가 없다）（第 5 条）
　　（38）爪芒思攫心蛆凮觉（손톱 밑의 가시든 줄은 알아도 염통 밑에 쉬쓰는 줄은 모른다）（第 28 条）
　　通过分析，我们发现"鸟"和"乌鸦"是上下语义关系，但按韩语谚语的语义来看，例（37）中"乌鸦"更贴切。可能作者是考虑到四言对句形式而折中做的选择，但我们认为这不能视为翻译的"上上策"；如果考虑到平仄押韵，可以组织其他语言形式。例（38）中的"爪"专用于动物，不能用于人。

3.3.1.3　语序问题

　　（39）观美之饵啖之亦美（보기 좋은 떡이 먹기도 좋다）（第 167 条）
　　句中"观美之饵"指"好看的糕点"，应改成"美观之饵"，这样才能与后面的"亦美"建立语义联系，这是从语义角度分析得出的结论。

3.3.2 汉谚译文分析

3.3.2.1 误译

（40）彀弩射市薄命先死（쇠뇌를 당겨 저자에 쏘면 **명이 짦아져** 먼저 죽는다）（第44条）

（41）破车¹饶楔矮人饶舌（깨진 수레의 쐐기를 다투고 **키 작은** 사람이 잘 지껄인다）（第49条）

例（40）的韩语译文，"명이 짦아져"的表达值得商榷。该谚语在释义中解释为"射者不择中者有厄"，因此改为"명이 짦으면"，强调偶然性更佳，因为原文并非减寿之意，而是意指"短命之人"。例（41）中，两个从句并非单纯的并列关系，同样根据释义内容"楔者用木绞绳以固物也补缀其破绽如小人以奸言文过"，译文最好改为"깨진 수레는 쐐기가 흔하고 키 작은 사람（소인）은 혀놀림에 능하다"。

3.3.2.2 语义模糊

（42）挈瓶之智守不假器（재능이나 지혜가 보잘것 없으면 기물을 빌려주어도 지키지 못한다）（第18条）

（43）将顺其美匡就其恶（바야흐로 그 아름다움에 **순응하면** 그악함을 바로잡아 구제한다）（第24条）

例（42）用解释法，对谚语内容进行了翻译。考虑到谚语的结构特点，我们主张译文不易过长，应改为"병을 지니는 지혜라면 기물을 빌려 주어도 지키지 못한다"。例（43）译文语言生僻，理解起来比较费解，显然不符合谚语的通俗特点，不妨改为"아름다움에 순응하는 것이야말로 악함을 구제하는 것이다"。

3.3.2.3 淡化谚语结构特点

（44）人唯求旧器非求旧（사람은 오로지 옛사람을 구하지만 그릇은 **옛그릇을 구하지 않고 새것을 구한다**）（第1条）→ "사람은 옛사람을 구하지만 그릇은 **새것을 구한다**"。

（45）尧舜千锺孔子百觚子路嗑嗑尚饮十榼（요순은 주량이 매우 많고, 공자는 100 고이고, 자로는 말이 많아도 도리어 10 합이다）（第161条）→ "순은 주량이 천잔이고 공자는 100 고이나, 자로는 말이 많아도 도리어 10 합이다"。

上述谚语采用解释式翻译方法，有损谚语的对仗和简洁的结构特点，故将修改的译文附于后面²。

3.3.2.4 语法错误

（46）一人乡隅而悲泣一堂皆为之不乐（한 사람이 사는 시골 구석에서도 슬피 **울고**, 방 안의 모든 사람이 모두 즐겁지 않다고 여긴다）（第144条）→ "한 사람이 사는 시골 구석에서 슬피 **울면서** 방안의 모든 사람이 모두 즐겁지 않다고 여긴다"。

---

[1] 文本注释记录为：楔者用木绞绳以固物也补缀其破绽如小人以奸言文过。

[2] 以→形式表示，下同。

(47)一心可以事百君百心不可事一君（한마음으로 100 명의 임금을 섬길 수 있**어도**，100 가지 마음으로는 한 임금도 섬길 수 없다）（第147条）→"한마음으로 100 명의 임금을 섬길 수 있**지만** 100 가지 마음으로는 한 임금도 섬길 수 없다"。

上述译文在词尾的选择问题上有待推敲，这表明译文在理解汉语语义方面不够透彻。

3.4 语言变异研究

通过文本中的谚语词条，还可以考察语言变异问题。

(48)见兔顾犬未为晚也亡羊补牢未为迟也（토끼가 보이면 사냥개를 부르려고 돌아보아도 늦지 않을 것이다）（第168条）→"토끼가 보이면 사냥개를 부르려고 돌아보아도 늦지 않고 양을 잃고 우리를 고쳐도 늦지 않다"。

尽管部分汉谚译文出现一些偏差，但是我们也看到同源关系的"见兔顾犬未为晚也亡羊补牢未为迟也"译成"토끼가 보이면 사냥개를 부르려고 돌아보아도 늦지 않을 것이다"，这表明《耳谈续纂》编纂时，其语义可能还没有发生变异。我们又发现，在文本收录的韩谚"既丧其马乃其厥厩（말 잃고 외양간 고친다）（第117条）"注释中，又写到"犹言亡羊而补牢也"，所以同源关系的这一谚语语义变异是否在翻译《耳谈续纂》的时候已经发生，很难考证；但是至少在同一书中对同一谚语的解释前后矛盾，也许这一谚语正处语言发生变异阶段，也有可能是笔误。不论哪种情况，这一语言现象比较特殊，有必要对相关语言变异现象展开具体研究。

除上述谚语发生语义变化的例子外，部分字、词是否会发生变异，也尚待研究。

3.5 语言和思维研究

几千年来朝鲜半岛同中国有着频繁接触，两国关系在政治、经济、文化等方面都有不同程度的体现，同时也表现在语言和文字上。根据史料记载，朝鲜半岛使用汉字的历史悠久，但这并不意味着他们精通汉语（汉民族的语言）。"训民正音"创制之前，尽管他们有自己的语言，但汉字作为唯一记录语言的手段，显然不能满足人们对文字作为第二语言的日常需求。当我们回顾朝鲜半岛语言文字发展的这段历程时，透过一些重要文献，我们依然能够看到韩国人使用汉字记录语言的诸多"不便"，表现在汉字、词汇、语法使用等方面，这种"负迁移"甚至延伸到了翻译。

本文认为，不同民族的思维方式不仅体现在语言内容上，而且表现在语言结构上。通过对语言结构的分析，我们能够发现，汉语普遍采用对称结构。此外，语法范畴的对称性（包括零度）可以理解为汉民族思维对称性和隐秘特点在语言结构上的反映。通过前面话题的八大分类，我们发现在话题的选用方面，汉谚普遍使用双音节。此外，不同句法范畴的使用源于思维取向的不同。这说明翻译中出现的语言迁移现象，可以理解为是受到了语言思维的干扰。汉民族的句法手段以零度（靠语序，省略形式）或句法手段双双出现为其形态标记（有些句法单用，我们可以对其进行补充，从句法深层结构上是成对出现），而韩语句法手段主要靠连接词和词尾[1]，连接词尾对后面出现的词尾没有强制形态要求。从发生学的角度而言，汉语虚词基本源于动词，是动词虚化和语法化过程中的产物，表示汉语抽象思维在句法上的部分明示（语法手段的对偶形式或零度形式），韩语则采取绝对明示（对对偶性没有绝对要求）。与此同时，上述译文之所以出现种种问题，是因为对这种语言思维的控制力不够，由此表现为句法和语序，以及句法结构的驾驭能力不足。[2]可见，语言思维表现在句法、翻译、认知等多方面，通过语言研究可展开韩汉具体语言思维问题有关的研究和讨论。

这样的语言思考具有重要依据，即以下面几个语言假设作为研究的重要支撑：第一，汉字传入朝鲜半岛后，有了空前发展，尽管在一张"白纸"上发展，却没有成为汉语的区域变体。正如大家所熟悉的那样，韩语没有发展为苗瑶、壮侗等汉藏语系语言，仍具有自身语言特点，文字没有改变其语言观，显然是受到了韩民族固有的思维影响。我们发现，用汉字记录的朝鲜时期文献为我们提供了重要的历史线索，《耳谈续纂》就是具代表性的文本之一。第二，不同民族的思维方式在语言上总会表现为不同特点，语言是思维的外化，深深地烙上了民族思维的印记，这已经是大家的一种共识。谚语是人们喜闻乐见的语言形式，它深深印在人们的脑海里，惟妙惟肖地反映民众的生活，是珍贵的民族文化财富；它久经不衰，具有广泛的社会基础，是使用频度较高的语言单位之一。可见，具有历史性和特定性的谚语，孕育着特定民族的思维方式和看待世界的认知方式。

本文对《耳谈续纂》这一文本赋予新的意义，即通过分析韩国人的汉语（包括汉字）语言观和不同思维方式在语言中的表征问题，突出不同语言思维问题的研究空间和可能性。这一文献记录有汉语在异国本土化的诸多语言现象，实属难得的历史文献。[3]毋庸置疑，用汉字记录韩语时表现出来的特殊的语言意识和结构转换，对学习韩汉两语有不少启发。此外，这样的语言意识若和当今的偏误研究作一个历史对比研究，相信在语言意识观问题上也会有新的发现。

4 结 语

通过对朝鲜朝历史文献《耳谈续纂》的语言学分析可行性，我们认为这既能丰富《耳谈续纂》的文献价值，也能深化相关语言学问题的研究。本文在对该书穷原竟委的基础上，就该书的语言本体、语言对比、翻译、认知，以及不同民族思维在语言中的负迁移

---

[1] 张辉、孙明智（1995：3）指出，黏着性（cohesiveness）的语言编码利用所指（reference）、省略（ellipsis）、连词（conjunction）、词汇连接词（lexical cohesion）（Halliday and Hasan, 1976）。

[2] 因篇幅关系，这里不再举出具体的统计数据，但需要指出的是这是基于观察和统计所得出的结论。

[3] 韩国的文字使用经历了从无到有、汉字并用和纯化韩语等不同历史阶段。早在公元前后，朝鲜半岛已开始使用汉字。"训民正音"颁布之后，汉字的地位也没有发生根本的变化。严格说来，"训民正音"颁布后，理应结束借用汉字记录韩民族语言的历史，但是"训民正音"文字创制未能改变汉字在朝鲜半岛的地位，这跟当时的社会制度及人文环境有着紧密联系。在18世纪到19世纪的朝鲜半岛，文言不一致，汉字在国家层面更是占据了支配地位。随着近代实学思想抬头，人们开始创作谚文小说，汉字的地位受到动摇，但是也没有带来根本性的转变。解放后韩国政府正式废除汉字，这段借用汉字的历史才宣告结束。当我们总结这段文字发展历程时，不免感叹其曲折发展，同时也看到汉字在朝鲜半岛的漫长发展，即便在他们有了自己的文字"训民正音"后依然能够继续，其中很多语言现象有待深入研究。

等方面的研究提供了一些研究思路。目前就文本的语言学研究价值，尚未引起人们的普遍关注。本文的研究目的是抛砖引玉，希望更多人关注以《耳谈续纂》为首的早期近代汉译谚语集，深度挖掘其语言研究价值，以惠及现行的二语教学和翻译教学。

参考文献

丁若镛. 雅言觉非·耳谈续纂[M]. 丁海廉，译. 首尔：现代实学社，2005.

丁若镛. 耳谈续纂[M]. 梁在謇，译. 首尔：广学书铺，隆熙二年八月十五日.

丁若镛. 与犹堂全书[M]. 全州大学湖南学研究所，译. 首尔：骊江出版社，1992.

洪淳赫. 《耳谈续纂》小考[J]. 韩文，1948（1）.

金东言. 论早期韩国语谚语——以谚语集为主[J]. 韩文，2005（270）.

金根培. 朝鲜后期汉译谚语研究——星湖的《百谚解》和茶山的《耳谈续纂》为主[D]. 龙仁：檀国大学教育学院，1992.

金相洪. 茶山的耳谈续纂研究[J]. 汉文教育研究，1986.

李基文. 谚语词典（修订版）[M]. 首尔：一潮阁，2001.

李素圆. 朝鲜后期汉译谚语及其吸收情况研究[D]. 首尔：成均馆大学，2006.

林美晶. 论茶山的耳谈续纂编纂过程[J]. 茶山学，2009（14）.

林美晶. 耳谈续纂版本研究[J]. 茶山学，2011（18）.

沈洪植. 体障有关韩国谚语分析研究[D]. 公州：公主大学特殊教育学院，2002.

沈洪植. 《耳谈续纂》谚语分析研究[D]. 论山：建阳大学校教育大学院，2005.

［明］王同轨. 耳谈类增[M]. 吕友仁，孙顺霖，校注. 郑州：中州古籍出版社，1994.

［明］王同轨. 耳谈[M]. 孙顺霖，校注. 郑州：中州古籍出版社，1990.

杨永林. 社会语言学研究：文化·色彩·思维篇[M]. 北京：高等教育出版社，2004.

张辉，孙智明. 语言、思维和"言语的生命意识"——"言语生命意识"的心理语言学分析[J]. 福建外语，1995（Z1）.

金菊花，山东大学外国语学院

jin-juhua@126.com

韩中初级汉语教材的语音编排小考

[韩]金起闇

摘 要：本文选择韩国汉语教学界广泛使用的六部代表性初级汉语教材，从语音编排的角度，考察韩国本土汉语教材的语音编排情况，试图回答以下问题：教材中语音的排序情况如何，语音知识的注释说明如何安排，拼音注音的情况如何，教材语音编排不同的原因是什么，从而尝试为韩国本土汉语教材的编写提供借鉴。

关键词：韩国本土汉语教材；语音编排；语音注释；韩国学习者

语音是语言的物质外壳，是人们用以实现"发送—传递—接受"信息这一交际过程的物质材料。盛炎（1990：297）曾经提到："没有语音，也就没有语言。"刘珣（2000：356）也讲过："如果语法有点错，或词用得不当，都还可以猜测，唯独语音听不懂则无法交际。"周小兵（2011：15）也指出："学习外语最有母语特征的语言要素是语音，因为发音不像一般文化知识的学习，主要是要靠发音器官肌肉运动的动作。"可见语音教学是不可轻视的。海外教材更应注重从学习者的接受能力、语言项目的难度出发，有针对性地编排语音知识。

本文根据韩国学习者的学习情况，考察了六部韩国初级汉语教材的语音编排情况，通过对比分析，重点回答以下几个问题：教材中语音的排序情况如何？教材是如何注释汉语语音的？编排不同的原因是什么？

六部教材根据编写方式可分为两种：韩国的汉语教师编写的教材（简称"韩版"），中国大陆教师编写的改编版教材（简称"中版"）。其中，"韩版"的三部是《多乐园汉语 M1 册》（简称《M》）[1]、《开始校园汉语 1》（简称《C》）、《Smart 汉语 1》（简称《S》），"中版"的三部是《新汉语基础篇》（简称《新》）、《汉语会话三句上》（简称《三》）、《北京大学汉语口语 1》（简称《北》）。

1 语音教学时间的安排

我们先考察一下教材语音教学的安排，六部教材具体情况如表 1 所示。

---

[1] 为便于阅读，中版教材的书名标记为中文，韩版的标记为英文字母。六部教材的具体信息见附注。

表 1　六部教材的语音教学安排

教　材		总体课数/课	教学安排	教学时间/周	实际时间[1]/周
韩版	《M》	15	1～4 课	4	4
	《C》	12	发音篇（11～24 页*）	—	5
	《S》	12	1～5 课	5	5
	平均值	13	—	4.5	4.6
中版	《新》	15	1～5 课	5	5
	《三》	20	1～3 课	3	3
	《北》	15	1～3 课	3	3
	平均值	16	—	3.6	3.6

* 没有把语音部分安排在课文里面，设计了单独的发音篇。

由表 1 可知，韩版教材的课数平均为 13 课，中版教材的课数平均为 16 课。其中，语音部分的教学时间是：韩版教材平均 4.5 周，中版教材平均 3.6 周。我们通过调查得出教学实际时间为：韩版教材平均 4.6 周，中版教材平均 3.6 周。韩版、中版教材的实际教学时间和教材设计时间大致吻合。

程棠（2000）指出在汉语教学的开始阶段，安排 2～3 周时间集中进行语音教学，这是对外汉语教学从 20 世纪 50 年代至今的传统做法。中版教材用约 3 周集中进行语音安排，沿袭了当年来华留学生用教材的编写习惯；但是，在海外学习汉语，语音教学环节一般长于来华学习的学生，所以韩版教材普遍用 4～5 周时间。我们认为中版教材如果用于海外，也应根据当地的教学情况，在教学时间上做适当延长。

2　语音的排序

2.1　语音要素的排序

上述六部教材的语音要素排序如表 2 所示。中版的三部教材是千篇一律的顺序，即声母—韵母—声调。这是传统的语音教学顺序，很值得商榷。

关于对外汉语语音教学应该是以声韵为中心，还是以声调为中心，学术界颇有争论。中国从 20 世纪 50 年代中期开始的普通话语音教学，基本上是依照"声韵中心论"模式延续至今的。直到 20 世纪 80 年代末期，还有人主张"声母、韵母的重要性远在声调之上"（王群生，1991）。在该理论的影响下，长期以来，汉语教材语音部分的编写顺序清一色是声母—韵母—声调，而且声母、韵母的篇幅远远超过声调。课堂教学也自然遵循教材的编写顺序，把教学重点放在声母、韵母（王群生，2004）。严翼相（2005）的观点与前人不同："在语音教学时，先教声调，其次，教声母及韵母。"孟柱亿（2009）也

---

[1] 对首尔及京畿道的八所大学实际非专业汉语课堂的安排情况进行调查，这八所大学是诚信女子大学、东国大学、国民大学、建国大学、淑明女子大学、市立大学、檀国大学、庆熙大学。

指出:"关于语音组合上教学序列,应根据汉语的特点,根据学习者克服早期出现的弱点,本人认为从声调入门,依次进行韵母、声母教学为宜。"

表2 语音要素的排序

教材		语音要素的排序
韩版	《M》	声调—韵母—声母
	《C》	声调—韵母—声母
	《S》	韵母—声母—声调
中版	《新》	声母—韵母—声调
	《三》	声母—韵母—声调
	《北》	声母—韵母—声调

韩国学者认为应先教声调,是对于非声调语言的韩国学生来说,汉语的声调是一种全新的东西。《M》和《C》体现出了这一特点,并且使用了有效的教学方法。相比之下,中版的教材还没有脱离传统的观点。

我们还发现另一个不同之处:韩版教材都是先教韵母再教声母,即先教六个单韵母,再教声母;中版教材恰恰相反,仍是先教声母,再教韵母。我们认为声母不能止于单独发声,应该把韵母结合起来,这样的语音教学才具有可操作性。总而言之,韩国学生对汉语语音没有感性认识,应先教汉语的声调,再依次进行韵母、声母的拼读练习,这样学生能较好地掌握整个音节的读音。

2.2 声母的排序

六部教材中声母的教学排序也不同(表3)。张宝林(2005)指出:"汉语拼音方案是为以汉语为母语的中国人设计的,有些方面并不适合对外汉语教学中语音教学的实际需要。"下面本文以舌尖前音和舌尖后音为例,进行分析。

表3 声母的排序

教材		声母的排序
韩版	《M》	z—c—s—zh—ch—sh—r
	《C》	zh—ch—sh—r—z—c—s
	《S》	z—c—s—zh—ch—sh—r
中版	《新》	z—c—s—zh—ch—sh—r
	《三》	z—c—s—zh—ch—sh—r
	《北》	z—c—s—zh—ch—sh—r

从韩中语音的差异角度上说,韩国学生较易掌握舌尖前音,难点是舌尖后音,因为韩语里没舌尖后音。相关研究也支持这一观点,如宋春阳(1998)指出:"舌尖后音

'zh、ch、sh'对日本人是难点，同样对韩国人也是难点。"从发音动作来看，舌尖后音的发音方法和舌尖前音相同，但是需要抬起舌头，将摩擦部位后移，因此发音动作更复杂，难度也较大。持相同看法的还有陶婵（2009）、刘淑一（2011）。因此，较好的顺序是学会"z、c、s"后，再进行"zh、ch、sh"的发音训练。

另一个值得商榷的问题是"z、c、s"之间的顺序。宋春阳（1998）指出："学习舌尖后音时，应当先学习舌尖前音。因为韩语当中有很接近汉语舌尖前辅音的舌尖前音'ㅈ[ts]、ㅊ[ts']、ㅅ[s]'，尤其'ㅅ[s]'的发音对于学生更加容易，可以按"s—z—c"的顺序进行讲练。掌握舌尖前音以后，就可用相同的方法导入舌尖后音的学习。"王海峰（2011）也提到："韩语中没有舌尖后音'zh、ch、sh'，所以先教授韩国学生'z、c、s'的发音。一般来说，'s[s]'对韩国学生来说，比较容易，可以先学's'，再学'z'和'c'。"周小兵（2011）也支持"sh、zh、ch"的教学顺序："可以先教's'，然后让学生在's'的基础上将舌尖稍微卷起，可以发出'sh'；在'sh'的基础上成阻破阻，就不难发出'zh'；在'zh'的基础上送气，就形成'ch'。先发'sh'，然后声带颤动，就可以发出'r'。"所以，我们认为理想的教学排序应为"s—z—c"。

从教材统计结果可以看出，上述教材在舌尖前音和舌尖后音之间的顺序上基本一致，只有韩版的《C》排序沿袭传统教学的顺序，把"zh、ch、sh"放在"z、c、s"前面。但是在舌尖前音内部的顺序上，上述教材都还未将最新的二语习得成果吸收进来。

3 语音的注释

王玉枝（2001）指出："语音教学的第一步不是把一个语音发出来传授，而是告诉学习者准确的发音部位与发音方法。例如发某一个声母时，用哪一个部位、以什么方法发、把舌放在哪里等等。这些注释能加深学习者对语音的认识，并有助于发出准确的语音。"根据她的说法，在语音教学时，注释应充分说明发音部位的名称及发音方法，让学习者容易接受。

韩版、中版教材在发音方法的注释上也有差异，下面我们将继续对比考察。

3.1 韩版教材的语音注释

通过考察发现，三部韩版教材的语音注释[1]方法有四类：
第一，用韩语中相同的音来注释（韩语相同音）。例如：
（1）a：韩语"아[A]"。（《S》，1册第20页）
（2）an：韩语"아안[an]"。例：kàn 看、nán 难。（《C》，1册第21页）
第二，用韩语中相同的音来注释，并描述发音方法（韩语相近音+描述）。例如：
（3）b：交合双唇的声音，跟韩语的"ㅂ[p]或者ㅃ[p']"很像。例：bù 不、bàba 爸爸。（《C》，1册第14页）
（4）l：跟"d"的方法相同，可使气流沿舌头的两边分道出口腔，跟韩语"ㄹ[l]"

---

[1] 韩版教材以韩文为注释，对此，本人把韩文注释翻译成中文，以下同。

相近。即发音前，将舌位调整到韩语收音[1]"ㄹ[l]"的舌位。例：lā 拉、lè 乐。（《C》，1 册第 15 页）

（5）z：舌尖轻轻抵住上齿背，慢慢的使舌尖离开上齿背，舌尖比韩语"ㅉ[ts']"还要靠前。例：zá 杂、lǐzi 李子。（《M》，1 册第 20 页）

第三，用第二语言（英语）的相同音来注释，并描述发音方法（二语相近音+描述）。例如：

（6）f：上齿和下嘴唇形成狭缝而摩擦发出的音，相当于英语的[f]。（《M》，1 册第 18 页）

（7）f：跟英语的[f]一样，气流从下唇和上齿所形成的细缝中挤出。（《S》，1 册第 21 页）

第四，只描述（描述）。例如：

（8）r：舌尖上翘，接近上齿后侧，构成窄缝，气流从缝里挤出时，发出摩擦的声音，同时声带颤动。此时舌形跟勺子很像。例：rè 热、rìzi 日子。（《M》，1 册第 20 页）

（9）ai：先嘴大大打开"a"音发出去，然后轻轻发出"i"音。例：zài 在、nǎinai 奶奶。（《M》，1 册第 26 页）

韩版教材中的语音注释方法及所占比例如表 4 所示。

表 4 韩版教材的语音注释方法

教材名	韩语相同音	韩语相近音+描述	二语相近音+描述	描述	总计
《M》	0/0	39/68.4	1/1.7	17/29.8	57/99.9
《C》	7/12.3	49/85.9	1/1.7	0/0	57/99.9
《S》	33/57.9	23/40.3	1/1.7	0/0	57/99.9
平均值	13.3/23.3	37.1/65.0	1/1.7	5.6/9.9	57/99.9

说明：/前后分别为注释数量及其比例（单位：%）。以下各表同。

由表 4 可知，虽然三部韩版教材采用的方法有所不同，但是韩版教材对 57 个汉语语音（21 个声母+36 个韵母）都设计了注释。《M》和《C》采用方法最多的是"韩语相近音+描述"，《S》是"韩语相同音"。我们发现，"韩语相近音+描述"的方法比例最高，占 65%；其次是"韩语相同音"，占 23.3%；"二语相近音+描述"和"描述"的方法则较少采用。

总之，韩版教材尽量使用韩语母语相同音或者相近音来对比，这能有效发挥正迁移的作用，提高汉语语音学习的效率。

3.2 中版教材的语音注释

通过考察发现，中版的三部教材对语音注释方法有四类（表 5）：

---

[1] 韩语的音节以初声（音节初）、中声（音节核）、终声（音节末）为构成。其中终声用收音为标记，指写在元音字母下的辅音字母："ㅂ[p]"、"ㄷ[t]"、"ㄱ[k]"、"ㅁ[m]"、"ㄴ[n]"、"ㅇ[ŋ]"、"ㄹ[l]"七个辅音可以在终声的位置。有些学者还把收音称为"闪音"。

第一，以韩语中相近的音为注释，并描述发音方法（韩语相近音+描述）。如：

（1）o：相当于韩语"오[o]和어[ʌ]"的中间音，但更偏向于"오[o]"。（《北》，1册第15页）

第二，以二语（英语）中相近的音为注释，并描述发音方法（二语相近音+描述）。如：

（2）f：上齿和下嘴唇形成狭缝而轻轻发出气流的音，跟英语的[f]像。（《北》，1册第14页）

第三，以国际音标字母的标记为注释，并描述发音方法（IPA+描述）。如：

（3）ie：韵母"e"在"i或ü"后面时，读为[ɛ]。例：xièxie谢谢、xuéxí学习。（《三》，1册第26页）

第四，只描述（描述）。如：

（4）er：舌面微微升起，并舌尖卷起，发出声音。例：wánr玩儿、huār花儿。（《新》，1册第18页）

（5）d、t、n、l：上举的舌尖离开上齿槽。（《北》，1册第14页）

从表5可见，三部中版教材中，《新》与《三》的注释，前者有1个，占1.7%，后者有4个，占7%。《北》做了28个语音的注释，占49%，采用方法最多的是"描述"，还安排了汉语语音的韩语注释[1]。《新》、《三》语音的注释较少，只是将语音知识翻译成韩语，几乎没有进行本土化改动。因此学习者如果使用这两部中版教材，自学时会比较困难；即使作为课堂教学使用，学生复习时也不太方便。

表5 中版教材的语音注释方法

教材名	韩语相近音+描述	二语相近音+描述	IPA+描述	描述	总计
《新》	—	—	—	1 / 1.7	1 / 1.7
《三》	—	—	4 / 7.0	—	4 / 7.0
《北》	6 / 10.5	1 / 1.7	—	21 / 36.8	28 / 49.0
平均值	2 / 3.5	0.3 / 0.6	1.3 / 2.3	7.3 / 12.8	11 / 19.2

3.3 韩版、中版教材的语音注释对比

对比表4和表5，我们发现韩版、中版教材的语音注释有很大的不同：

（1）语音注释的数量，韩版教材多，中版教材少。韩版教材所有语音都有注释，但中版教材只有33个，三部教材平均11个，比例仅19.2%。中版教材的语音注释数量远远低于韩版教材。

（2）语音注释的方法，韩版教材多用母语，中版教材多用描述。韩版教材采用"韩语相同音"、"韩语相近音+描述"、"二语相近音+描述"和"描述"的方法，中版教材采用"韩语相近音+描述"、"二语相近音+描述"、"IPA+描述"和"描述"的方法。韩版教材尽量用韩语来注释，以及汉韩语音的对比，这说明韩版教材更具有本土化特点，更适

---

[1] 笔者询问相关出版社时获悉："编辑部会添加这些的。"

合当地学习者使用。

4 讨 论

在语音注释上，我们认为韩版、中版教材都存在一些问题。

用"韩语相同音或相近音"注释时，有的注释并不一定合适。在此，我们将"母语相同音或相近音"的方法暂定为"注音[1]"。虽然韩国汉语学界不太同意使用韩语注音[2]，但实际上，我们经常会看到很多韩国出版的初级汉语教材，汉语拼音的教学大多使用了韩语注音。[3]本人认为韩语注音对语音学习有一定的帮助，初级学习者对汉语有陌生感，常常会用母语来辅助汉语学习。王建勤（1997）讲过："第二语言习得以母语结构的不断替换或再结构的方式进行，语音习得方面尤其如此。"因此，学习者遇到很难发的音时，常常不自觉地要在母语中寻求与目的语相近的音，用母语发音方法帮助自己发汉语语音，韩语注音对汉语的发音会有一定的帮助。

我们通过韩国学习者易错的几组例子来具体讨论（以韩国文化教育部（简称"文教部"）制定的方式为参照。

（1）双唇音"p"和唇齿音"f"（表6）。

表6 "p"和"f"的注音

汉语拼音	国际音标	文教部	《M》	《C》	《S》
p	p′	ㅍ	ㅍ	ㅍ	포어
f	f	ㅍ	英语[f]	英语[f]	포어

由表6可知，在对"p"和"f"注音时，《M》跟《C》用不同的注音，两者都将"p"注音为"ㅍ[p]"，"f"注音为"英语的[f]"。但文教部和《S》里"p"和"f"的注音是用同一个韩语字母，前者为"ㅍ[p]"，后者为"포어[poɣ]"。《S》虽有发音方法的具体说明，学习者可直接看到它，但很可能会令人产生"p"和"f"发音相同的错误印象。加之韩语里没有唇齿音，韩国学习者常常把"f"发成"p"。《M》、《C》 就避免了这个问题。我们还发现文教部的注音有错误。作为一份纲领性的文件，其错误很可能会导致

---

[1] 注音是有助于韩国学习者理解，便于学习者的记忆，在中文语音上用上韩语字母去注音的方法。

[2] 其实，韩国的大多教学者对于给汉语拼音加韩语注音的观点倾向于不太赞成，原因是汉语拼音的韩语注音方式缺乏科学性和系统性，韩语不能够全面地反映出汉语的发音。且目前没有韩语注音的统一方案，教材编写者按照自己的音声认识，加上韩语注音，因此，每部教材都有不同的韩语注音。（孟柱亿，2000）

[3] 通过初步的考察，我们发现韩国出版的汉语教材，不管是编者是韩国人还是中国人，大多数都有韩语注音。例如：

韩国人编写	《Chinaro 汉语会话1 入门篇》（Chinaro，2004）	中国人在韩国编写	《多乐园汉语会话入门篇》（多乐园出版社，2004）
	《初级汉语会话》（韩国外国语大学校，2005）		《Speed 汉语会话》（东洋文库，2006）
	《新战略汉语 Level 1 入门》（时事中国语社，2008）		《新步步高汉语入门篇》（时事中国语社，2006）
韩中合编	《好吃的汉语 Level 1 上》（JRC Books，2005）	中国人编写的翻译版	《地地道道汉语入门》（时事中国语社，2008）
	《This is Chinese》（NEWRUN 出版社，2008）		《新北京汉语40 基础1》（时事中国语社，2007）

教材编写出现问题，最后导致韩国学习者"把'饭'读成'[pan]'"的偏误。

（2）舌尖音"l"和舌尖后音"r"（表7）。

表7 "l"和"r"的注音

汉语拼音	国际音标	文教部	《M》	《C》	《S》
l	[l]	ㄹ	收音ㄹ	收音ㄹ	르어
r	[ʐ]	ㄹ[르]	—	英语[r]、ㅈ	르

舌尖后音"r"对于韩国学习者来说很难发音，所以常常把"r"读成"l"。吕必松（1992）曾经指出："对于汉语中难掌握的发音，学生的学习策略是以母语中相似的发音代替汉语发音。例如韩国学生大多用其母语中有的'l'来代替'r'。"容易读错的原因是两个音的发音部位比较接近。由表7可见，韩版教材对l、r采用不同。对"r"，《M》没有注音，只说明了发音方法；《C》注音为"英语的[r]"还加上韩语"ㅈ[ts]"；《S》的注音会使学习者的发音出现问题，因为它把"r"注音为"르[lɯ]"，这跟"l"的注音"르어[lɯɤ]"很像，会造成学习者认为"r"与"l"的发音相同。张维佳（2000）指出："这种以母语中相近的发音代替汉语发音的现象，实际上是学习者在学习过程产生的语音惰性使然，避免难发的音。而以母语中相近的音取而代之，从而造成发音方面的种种问题。这也是学生难以摆脱洋腔洋调的一个重要原因。"（转引自张宝林，2005）

总之，韩版教材的注音形式都不大一致，两部韩版教材《M》与《C》的注音较为合适。但是韩版教材也存在着一些问题，如《S》对"p"和"f"、"l"和"r"的注音，会使学习者产出错误的发音。我们还发现，文教部制定的注音也需要修改完善。

5 结 语

本文对六部韩国初级教材的语音编排情况进行了考察，发现韩版与中版教材之间的语音安排区别很大，突出表现在几个方面：

第一，语音设计的教学时间。中版教材低于韩版教材。韩版教材平均语音教学时间为4.6周，中版教材平均语音教学时间为3.6周。我们认为，在海外学习汉语，语音教学环节要适当长于来华留学生；否则，可能会存在语音基础打不好的问题。

第二，语音的安排顺序主要是两大问题：声韵调之间的排序，声母的排序。普通话语音教学基本上是依照"声韵中心论"模式，并延续至今（王群生，2004）。三部中版教材仍然受传统教学的束缚；两部韩版教材则脱离了传统顺序，遵循声调—声母—韵母的顺序。另外，在声母舌尖前音跟舌尖后音的排序上，韩版的《S》这部教材还是沿袭原有的教学顺序，其他五部教材都是先学习舌尖前音再学舌尖后音，我们认为韩国学习者更容易接受后者的语音教学顺序。

第三，语音的注释主要有两方面问题：缺少注释，注释方法不同。经考察发现，韩版教材都有注释，三部中版教材中只有《北》做了一些语音注释，所以韩版教材更重视语音的注释。另外，在注释方法上，韩版教材多用韩语，且注释更为详尽，更有利于学习者课余自学；中版教材较为单调、简略，不太适合韩国学生使用。

第四，注释的注音有两大问题：缺少注音，注音形式不合适。目前不少韩版初级汉语教材都设计了韩语注音。经考察，韩版教材跟中版教材明显的区别是：韩版教材都设计了注音，这有利于学习者的自学；中版教材只有《北》做了单韵母的韩语注音。我们认为，有无韩国人参与教材编写工作，是影响有无注音的一个重要因素。不过，韩版教材里有的注音不太合适，可能会使学习者产出错误的发音。

通过韩中同类教材的对比研究，我们发现两类教材的语音编排差异较为明显，韩版教材较适合韩国本土使用，但在注音、排序等方面仍然存在不足；中版教材只是将语音的内容翻译成韩语，几乎没有进行本土化改动。教学实践及习得研究都表明，本土化教材除了增加媒介语以外，更需要从当地学生的习得特点出发，结合汉外语语音习得的研究成果，对语言要素的教学做本土化改编，才能更适用于该国学生。目前韩版教材和中版教材在编写方面都各有特点，希望两国学者能进一步合作，编写出更适合韩国学习者的教材。

附注：六部韩国初级教材

戴桂芙，刘立新，李海燕. 北京大学汉语口语 1（原书名：初级汉语口语 1）[M]. 朴允庆，编译. 首尔：东洋文库，2009

金铉哲，金恩熙. Smart 汉语 1[M]. 首尔：东洋文库，2010

开始校园汉语编撰委员会. 新开始校园汉语 1[M]. 京畿道：多乐园，2010

康玉华，来思平. 三句就学完的汉语会话上（原书：汉语会话三句上）[M]. 崔溶澈，编译. 京畿道：多乐园，2006

苏英霞，翟艳. 新汉语·基础篇（原书：汉语口语速成·入门篇上）[M]. 边滢雨，姜必任，编译. 京畿道：多乐园，2005

朴正九，白恩姬. 多乐园汉语 Master 1[M]. 京畿道：多乐园，2008

参考文献

程棠. 对外汉语教学目的原则方法[M]. 北京：华语教学出版社，2000.

吕必松. 华语教学讲习[M]. 北京：北京语言学院出版社，1992.

刘淑一. 浅析韩国学生常见汉语发音失误和几种常用对外汉语教学方法[J]. 安徽文学，2011（2）.

刘珣. 对外汉语教育学引论[M]. 北京：北京语言文化大学出版社，2000.

孟柱亿. 中国语教育用韩文标音方案[J]. 中国言语研究，2000（11）.

孟柱亿. 中国语发音教育의 原则에 관하여[J]. 中国语文论译丛刊，2009（24）.

宋春阳. 谈对韩国学生的语音教学——难点及对策[J]. 南开学报，1998（3）.

盛炎. 语言教学原理[M]. 重庆：重庆出版社，1990.

陶婵. 韩国学生学习汉语发音的常见问题及解决方法[J]. 文教资料，2009（6）.

王海峰. 国别化：对韩汉语教学法[M]. 北京：北京大学出版社，2011.

王建勤. 汉语作为第二语言的习得研究[M]. 北京：北京语言文化大学出版社，1997.

王群生. 谈声调及其在语音教学中的地位[J]. 语文建设，1991（3）.

王群生. 建立符合汉语特点的普通话语音理论——普通话"声调中心论"20年评述[J]. 长江大学学报：社会科学版，2004（3）.

王玉枝. 中国语发音教育方法研究[J]. 中国人文科学，2001（22）.

严翼相. 正确한 中国语发音과 效果的인 指导方案[J]. 中国言语研究，2005（20）.

张宝林. 语音教学的现状与对策[J]. 云南师范大学学报，2005（6）.

周小兵. 韩国汉语教学入门[M]. 北京：北京大学出版社，2011.

金起阁，中山大学中国语言文学系
qiyin23@hotmail.com

对外汉语教材的副词注释模式初论
——以"都、就、从来、往往"为例*

林文琪

摘 要： 对外汉语教学过程中，副词一直是汉语二语学习者的难点之一，考察中介语语料库，可以看出副词的使用频率和错误率都较高，而教材中对副词的注释却较为单一。文章选取"都、就、从来、往往"等四个比较典型的副词进行具体研究，结合《博雅汉语》、《桥梁——实用汉语中级教程》、《商务馆学汉语》、《现代汉语常用词用法词典》等四种语料中副词注释模式的对比，对现有对外汉语教材中的副词注释模式进行分析，并初步构拟出适合汉语二语学习者的副词注释模式。

关键词： 副词；注释模式；偏误分析；系统性

教材词汇的注释既关系着教师对学习者的词汇教学，又影响着学习者对词汇的掌握。合理的生词注释不仅能帮助教师提高教学效率，还能使学习者快速有效地理解和运用词汇，增强语言学习的兴趣和信心。副词是表示修饰关系的重要词类。本文将借助语料库技术，选取对外汉语教材和学习型词典中的典型副词，从中介语偏误出发，对现有副词注释模式进行讨论。

1 典型副词的抽取与偏误分析

本文的典型副词指被词典编纂者、教材编写者共同关注的、日常生活中常用的、留学生掌握难度大的重点副词。其中，共同关注体现在多种媒体选用，如教材和学习型词典以及 HSK 词表共同选用；常用性是通过 HSK 等级词汇表中的甲级或者乙级副词表进行甄别；留学生难点则通过 HSK 动态作文语料库中出错率高来体现。当然，HSK 动态作文语料库中词语的高出错率也一定程度体现了该词的实际常用性，同时还反映出教材和词典副词注释中必定存在一些漏洞，造成留学生学习的失误。因此，这些副词是最值得关注的副词。

根据以上的分析，我们利用 Microsoft Office Access 2003 和北京语言大学 HSK 动态作文语料库[1]，从《博雅汉语》、《桥梁——实用汉语中级教程》（以下简称《桥梁》）、《商务馆学汉语词典》、《现代汉语常用词用法词典》中挑选出四个典型副词，即"都、就、从来、往往"，对其进行具体的研究分析（表 1 为这四个典型副词的偏误分析情况）。

---

* 该研究获国家社科基金项目（10BYY041）、福建省社会科学规划项目（2009B119）资助。
[1] 北京语言大学的 HSK 动态作文语料库是母语非汉语的外国人参加高等汉语水平考试作文考试的答卷语料库。

表1　四个典型副词的偏误调查　　　　　单位：条、%

词汇	误用		漏用		多用	
	错误记录条数	错误记录比例	错误记录条数	错误记录比例	错误记录条数	错误记录比例
都	103	28.37	193	53.17	67	18.45
就	192	25.4	388	51.32	176	23.28
往往	13	76.47	1	5.88	3	17.65
从来	16	80	0	0	4	20

1.1 "都"的偏误情况

1.1.1 "都"的误用

在"都"的误用中，"都"与"就"、"也"的混淆最为显著；另外，在一些固定搭配中，"都"也常被错误使用。例如：

（1）如果他不在的时候都像缺乏什么似的，觉得有一点平淡，寂寞。

（2）首先，我妹妹对此有意见，她说她都喜欢这只鸟，也想照顾它。

（3）三年来，无时无刻都在想念你，思念你。

1.1.2 "都"的漏用

（4）首先，因为我从小到现在（都）非常喜欢画画。

（5）大部分的老师们（都）不理我，但是班主任老师却没有那样看不起我。

1.1.3 "都"的多用

（6）总得来说，人人都有父母亲，他们都尊敬他们的父母是理所当然的。

（7）我之所以非常喜欢这本书的原因是，我与作者都有同样的感受。

1.2 "就"的偏误情况

1.2.1 "就"的误用

"就"的误用中，与"都"、"才"两个副词的混用最为明显。此外，一些固定搭配中"就"的误用也明显较多。例如：

（8）我想学习什么，他们就同意。

（9）妈妈太伤心了，我该怎么办就好呢？

（10）无论是什么时候年轻人就是问题。

1.2.2 "就"的漏用

（11）我从小时候儿（就）对广播、电视上的广告节目或报纸上的广告，特别感兴趣。

（12）可能（就）对我影响的时间来说，朋友们的影响要最大才对。

1.2.3 "就"的多用

（13）这就是九三年的九月。

（14）可这不只是一个故事里的事，就在我们的社会上已经蔓延着这样的风气。

1.3 "往往"的偏误情况

1.3.1 "往往"的误用

常见的错误在于"往往"与"常常"两个频度副词间的误用。例如：

（15）我现在也往往去老师家做客。

（16）这种事情在我们现实生活中也往往会发生的。

（17）"三个和尚没水喝"这样的情况实际上往往发生。

1.3.2 "往往"的漏用

（18）韩国人总是以为家里必须有男孩儿，可是，我妈妈生我以后不能再怀孕，普通的家长在这样的情况下（往往）离婚或者跟别的女的生男孩子。

1.3.3 "往往"的多用

（19）那时四周往往都是女的。

（20）因为有的青少年往往吸烟根本没有考虑到吸烟的不好，只是看见别人抽烟就跟着别人抽烟。

1.4 "从来"的偏误情况

1.4.1 "从来"的误用

"从来"与"一直"常被混用；同时，因为对"从来"一词语义的不明确，也出现了误用现象。例如：

（21）我从来对中国内地很有兴趣。

（22）从来，我也遇到了许多困难和挫折。

1.4.2 "从来"的多用

（23）结果，她从来一直没有男朋友。

（24）我从来一次也没见过父亲由于身体不舒服或偷懒的理由不去上班。

2 四个典型副词的注释模式分析

本文的四个典型副词的注释分别来自《博雅汉语》、《桥梁》、《商务馆学汉语词典》和《现代汉语常用词用法词典》四种语料。本文将在各语料的基础上结合四个典型副词的偏误分析,对其注释模式进行比较分析。

2.1 "都"的注释模式分析

四种语料中除《桥梁》外都有"都"一词,都对"都"进行了注解,注释概况简单对例如表 2 所示。

表 2 "都"的注释对比

项目	《博雅汉语》	《商务馆学汉语词典》	《现代汉语常用词用法词典》
义项设置	2	4	3
释义方式	目的语释义、媒介语释义	目的语释义	目的语释义
释义内容	读音、词义	读音、词义、用法	读音、词义、用法
例证类型	正例	正例	正例、错例

《博雅汉语》作为教材,其生词释义必须兼顾学习者的学习程度和课文讲解,因此对"都"注释时义项的选择和释义方式的采用都显示了编者的用心。编者结合课文,提供对"都"两个基本义项的注释。注释时,不仅用目的语解释,还附加了英语翻译,帮助学习者更好地理解词义。

但是,结合偏误情况,"都"的偏误既包括语义的不明确,如例句(8),需要用"都"来完成对"什么"所指代的每一项内容都被"同意"的遍指性功能,还包括用法的(尤其是固定搭配)的不明确,如例句(10),"无论"应与"都"搭配,构成一个条件复句。参照两本词典,也不难发现《博雅汉语》中对"都"的注释不够全面。虽然初级教材是针对初学者而设计,其注释重点在解释词义,极少涉及用法,但作为一个常用且出错率较高的副词,"都"仅出现在初级教材中是不够的,编者需在下一阶段的教材中逐渐补充对这类重点词汇或易错词汇的注释或用法说明。但是在《博雅汉语》中我们并未找到相关的补充或注解。同样的情况也出现在《桥梁》,作为中级教程,它侧重注释中级词汇,并未对初级中重点易错词汇进行相关补充或强调。由此可见,除了通过教师在课堂的讲解,学习者只能从教材上学习到"都"的两个基本义项,无其他途径可以再对该重点易错词汇进一步学习。

从对"都"的偏误案例分析中,也可见学习者对它的用法含义知之不全:本不应与"也"、"就"相混淆,学习者却一再地出现此类错误;"都"的漏用导致句子信息表达不完整;多用"都"而造成的句子杂糅、歧义现象不在少数。

此外,注释中所列例句代表性强,但仍有不足。例如"这次考试,同学们考得都很好。"一例,"都"的位置在"很好"之前,"考得"之后,与"都"一般的语法位置不一样。这样的例句容易造成初级学习者的理解错误,理所当然地认为"都"可放在动词之后、"都"可以修饰形容词等。在 HSK 动态作文语料中笔者也发现类似的错误:"我过得都好。"对于例句的选择,仍需再斟酌。

2.2 "就"的注释模式分析

"就"的情况与"都"类似,仅出现在《博雅汉语》、《商务馆学汉语词典》和《现代汉语常用词用法词典》三种语料中。上述语料中对"就"的注释概况简单对比如表3所示。

表3 "就"的注释对比

项目	《博雅汉语》	《商务馆学汉语词典》	《现代汉语常用词用法词典》
义项设置	2	7	7
释义方式	目的语释义、英语释义	目的语释义	目的语释义
释义内容	读音、词义、用法	读音、词义、用法	读音、词义、用法、语法功能
例证类型	正例	正例	正例、错例

与"都"一样,在《博雅汉语》中"就"仅有两个基本义项的注释,词义解释时结合目的语释义和英语翻译。但与"都"不同,"就"采用公式性方式对用法进行说明。公式性的解说方式比起文字描述定义更加直观明了,更便于学习者复制例句,使用该词。

结合对于"就"的具体偏误分析,其最大的不足之处,与"都"情况相同,如:例句(14)中"在我们社会上已经蔓延着这样的风气",是对前一句"不只是一个故事里的事"的补充,而"就"加在动词结构或小句前一般是起确定范围的作用,在该句中并不适用,应删除;例句(1)中,"如果"与"就"搭配,构成假设复句。而参照两部词典,显而易见,"就"的义项多样,用法更加复杂,但教材并没有对"就"的意义用法在下一阶段的教材中进行补充,这就非常不利于学习者掌握"就"一词。

2.3 "往往"的注释模式分析

"往往"一词虽是乙级词汇,但其实际使用率很高。本文研究的四种语料对"往往"均有注释,可见其重要性。四种语料对其注释的概况对例如表4所示。

表4 "往往"的注释对比

项目	《博雅汉语》	《桥梁》	《商务馆学汉语词典》	《现代汉语常用词用法词典》
释义方式	目的语释义	目的语释义	目的语释义	目的语释义
释义内容	读音、词义、用法	读音、词义、用法	读音、词义、用法、语法功能	读音、词义、用法、语法功能
例证	正例	正例	正例	正例、错例

《博雅汉语》除对"往往"一词意义用法进行讲解外,还提出"往往"与"常常"存在异同,应予以注意。结合上文对"往往"的偏误分析,如例句(15),应将"往往"改为"常常",因为"往往"一般用于修饰某种条件下经常发生的行为,带有"经验性、规律性"语义特征,"常常"则表示单位时间内某情况发生次数多,带有"重复性、频率性"语义特征,而该句强调的是"做客"频率高,可见该语法点的重要性。但该教材并未对此二词进行详细的辨析。同时,所举例子在无上下文语境下,用"常常"替换"往往"并无不可,只是具体语义会发生细微变化。这就造成学习者对"往往"与"常常"二词的混用,偏误率居高不下。

《桥梁》除基本语义、用法阐述外,对"往往"与"常常"进行了详细的辨析,特别是语义特征上,《桥梁》明确地表明二者的区别:"'往往'是对于到目前为止出现的情况的总结,有一定的规律性;'常常'单纯指动作的重复,不一定有规律。"

2.4 对"从来"的注释模式分析

"从来"一词也是乙级词汇,其实际使用率也很高。本文研究的四种语料均有对"从来"的注释,其重要性不言而喻。四种语料对其注释模式的概况对例如表5所示。

表5 "从来"的注释对比

项目	《博雅汉语》	《桥梁》	《商务馆学汉语词典》	《现代汉语常用词用法词典》
释义方式	目的语释义	目的语释义	目的语释义	目的语释义
释义内容	读音、词义、用法	读音、词义、用法	读音、词义	读音、词义、用法
例证	正例	正例	正例	正例、错例

《博雅汉语》与《桥梁》在介绍用法时都采用了公式法,如:"从来(都)+不+动词"、"从来+没(有)+形容词"。相比之下,《博雅汉语》对其用法介绍单一,仅介绍了"从来"在否定句中与动词的合用;《桥梁》还介绍了"从来"在否定句中与形容词和"这么、这样等词+形容词"的合用。但是两本教材都忽略了"从来"在肯定句中的使用。在"从来"的偏误中,肯定句出错率高于否定句。

相比于两套教材,《商务馆学汉语词典》对"从来"的注释过于简单,仅说明其语义,并未介绍其用法;《现代汉语常用词用法词典》则不然,它对"从来"的语义、用法说明相对完整,同时结合正反例证,对其用法、语义进行证明。

然而,从偏误情况来看,教材还缺少对"从来"与"一直"的辨析。"从来"与"一直"同属表长时的时段副词,语义、句法、语用等存在很大区别,但仍易被混淆,如例句(21),该用"一直"却误用了"从来"。因此,笔者认为,既然两词存在大量混淆误用的问题,对外语教材就应该适当对其有所说明或者标记,以便学习者的学习,减少错误的出现。

3　副词注释模式的建议

3.1　副词注释存在的缺陷

　　从上文对具体副词的注释模式分析中，笔者发现不论是对外汉语教材还是词典，注释重点都放在副词的基本义项和一般用法，侧重对传统知识点的讲解。对于副词在对外汉语教学过程中发现的、第二语言学习者常常误解的其他语义特征，尤其是易混淆词的区别特征意义注释不够。特别是当前第二语言学习者常出现的一些易混淆误用词语的辨析，多依靠教师课堂讲解，而较少以书面形式出现，教材中对此应予以重视。

　　除此之外，教材自身的编写也存在一定的缺陷。《博雅汉语》共有12本，分三个阶级，供不同汉语程度的学习者使用。其副词注释模式也随着教材程度改变而改变。初级教材中副词注释是在汉语注释的基础上，配合使用英语翻译注释；中级教材和高级教材仅使用汉语注释。初级教材副词注释重在语义，用法较少；中级教材、高级教材对副词用法注释开始增多。但这仅是在形式上的分级注释，随着注释内容的增多，语义和用法说明越来越详细，先前注释较为简单的副词却少有补充，这些内容上的注释却未被分级说明。而那些最早做注释的副词在日常学习生活中使用频率相当高，学习者使用错误的频率也相当高，是学习中的重点难点。

　　《桥梁》是中级汉语教材，其对副词注释内容较为全面，语义、用法都有涉及，词语辨析相对清晰，但是其注释准确性和全面性仍不够。笔者建议，在结合词典注释、副词本体研究的基础上，对其副词注释进行部分补充修改，有助于提高其注释效率。

3.2　副词注释模式的几条建议

　　结合 HSK 动态作文语料库的副词偏误分析和《博雅汉语》、《桥梁》、《商务馆学汉语词典》及《现代汉语常用词用法词典》副词注释模式分析，笔者对教材、词典的副词注释模式提出以下几点建议：

　　（1）教材副词注释应具有针对性、层次性、系统性和实用性。初级教材副词注释重点在释义，用法介绍可以从简。同时，在目的语释义基础上，配合使用媒介语释义。如英语国家可使用英文释义予以辅助，阿拉伯语国家可使用阿拉伯语释义予以辅助，俄语国家可使用俄语释义予以辅助，等等。中高级教材中对重点副词应再次注释，丰富其用法说明。如果该词并不适合作为课文词汇出现在词汇注释列表中，可以以附注或拓展等方式进行补充说明。除副词释义、说明用法外，教材注释还应结合实际常见错例，对易混淆副词进行辨析区别，对常见错误用法加以纠正。

　　（2）教材副词注释应结合第二语言学习者的偏误来修正其已有的注释。语言的存活在于使用，语言既被使用，必然存在合乎语法语用与违背语法语用的现象。作为第二语言学习者所学的副词，在使用中不仅存在传统的误区，而且还存在一些未引起关注的使用混乱或理解偏差，而这些恰恰是第二语言学习者需要借助教材注释来纠正的。在此方面，教材编写者可以通过已有的第二语言学习者的口语、书面语语料库作为例证来源，关注第二语言学习者易犯、常犯的错误，通过分析这些错误，对比已有的注释，修正已有注释中的不足，提高注释效率。

（3）教材可以借鉴词典对于副词的注释。词典是"提供必要的语言知识信息（如拼写、发音、语义、语法、语用和词源等），并按一定方式（形序、音序、义序等）编排的常用工具书"。相对教材而言，词典对于词汇的注释更加专业、全面，对于副词的注释也是如此。教材编写者应立足自身的优点，在确保副词注释简洁准确的基础上，适当补充该副词的其他相关常用释义；注重例证的典型性，并适当地丰富例证。另外，在词汇注释的附注或者拓展部分，教材编写者还可以借鉴词典对该词语法、语用的其他介绍，对该词予以补充加注。

3.3 副词注释模式构拟

笔者通过 HSK 动态作文语料库分析，结合四种语料的注释模式，构拟出教材副词注释模式（表6），并以"都、就、往往、从来"为具体注释示例（表7）。

表6 教材注释模式构拟图表

项目	具体内容		
	初级教材	中级教材	高级教材
释义语言	目的语+媒介语释义	目的语释义	目的语释义
释义方法	短语释义或句子释义		
用法	无或少量（由例证体现）	说明使用位置、常用搭配、常用句类、句末搭配词等	
例证	正例（该义项各个用法均有体现）	正例	正例+错例（易错）
提示		辨析易混淆词语等	

表7 具体注释模式示例

教材	都（dōu）
初级教材	释义：无例外。（No exception.） 示例：（25）我们都是东方大学的学生。 （26）什么工作都应该认真做好。 （27）这次旅行你都去哪儿了？
中级教材	释义：表示前边提到的人或事物的全部。 用法：用在总括的对象后面。总括的对象可以是人或事物，也可以用表示任指的疑问代词代替。 示例：（28）许多男孩子都喜欢打篮球。 （29）这几座楼都是新建的。 （30）谁都要遵守交通规则。 提示：疑问代词的问句中，包括的对象在"都"后。

教材		
	示例：（31）你中午都吃了什么？	
	（32）你家都有什么人？	
高级教材	释义：总括前面提到的人或事物，表示总括的对象无一例外。	
	用法：用在总括的对象后面。总括的对象可以是人或事物，也可以是表示任指的疑问代词。与连词"不论"、"无论"和"不管"构成常用格式"不论……都……"、"无论……都……"和"不管……都……"。	
	示例：（33）不论学习哪种语言，都要从语音开始。	
	（34）无论天气多么冷，他们都六点起床，到操场锻炼身体。	
	（35）这个售货员不错，不管你怎么问她，她都微笑着回答。	
	提示："都"和"也"、"就"并用时，一般"也"、"就"在前，"都"在后。	
	示例：（36）坐在前边的是外国留学生，坐在后边的都也是外国留学生。（×）	
	（37）坐在前边的是外国留学生，坐在后边的也都是外国留学生。（√）	
	（38）看完话剧以后，我们就都坐汽车回学校了。（×）	
	（39）看完话剧以后，我们就都坐汽车回学校了。（√）	
教材	就（jiù）	
初级教材	释义：强调动作在很短的时间内完成或发生。（Emphasizes that an event has either occurred or been completed within a very short time interval.）	
	示例：（40）那儿不太远，一个小时就能到。	
	（41）学骑车很容易，一天就会了。	
	（42）作业不多，半天就做完了。	
中级教材	释义：表示动作在短时间内完成或发生。	
	用法：修饰动词或形容词。一般表达方式为："时段+就+……"。	
	示例：（43）你等一会儿，我就来。	
	（44）去南方旅行的同学，明天就走了！	
	（45）别走，饭就快煮好了，一起吃饭吧！	
高级教材	释义：表示动作在短时间内完成或发生，事情在短时间内发生变化。	
	用法：作状语，修饰动词或形容词。	
	示例：（46）再过半个小时，我就完成作业了。	
	（47）天就快亮了，快起床吧！	
	（48）别着急，孩子的病就快好了！	
	提示："就"与"马上"并用时，一般"马上"在前，"就"在后。	
	示例：（49）食堂就马上开门了，再等一会儿。（×）	
	（50）食堂马上就开门了，再等一会儿。（√）	
教材	往往（wǎngwǎng）	
初级教材	释义：表示某种情况时常存在或经常发生。（often）	
	示例：（51）他很忙，往往要工作到深夜。	
	（52）到了假期，他们往往全家人一起去旅行。	

中级教材	释义：表示在一定条件下，某种行为或情况时常存在或经常发生，带有规律性、可推断性。 用法：作状语，修饰动词。 示例：（53）写一篇文章，他往往要改好几遍。 　　　（54）宿舍里人多的时候，她往往去教室看书。 　　　（55）他每天回家很晚，我十点以前去找他，他往往不在家。 辨析："往往"和"常常"都是副词，在句中作状语，有时候"常常"可以用来替换"往往"。但是，"往往"主要强调某种行为动作发生的规律性，"常常"主要强调某种行为动作发生的频率高。　以下例句要用"常常"，不能用"往往"。 示例：（56）我常常去外婆家看望外婆。 　　　（57）他常常边做作业边听音乐。 　　　（58）妻子常常去那个商场买东西。	
高级教材	释义：表示按照一般规律或常理，某种行为或情况时常发生，带有规律性或可推断性。 用法：作状语，修饰动词。 示例：（59）有些学术问题，往往需要很长时间才能得出正确的结论。 　　　（60）吃完饭后，客人们并不是马上就离开，往往还要聊一会儿天。 　　　（61）那里的交通很不方便，从一个村子到另一个村子，往往要走二三十里山路。 辨析："往往"和"常常"都是副词，在句中作状语，但意义、用法都有不同。有时候"常常"和"往往"可以互相替换，但是句子意义发生变化。"往往"指按照一般规律或常理，在某种条件下会出现什么情况、发生什么事情，使用的时候，必须说明和动作有关的条件、结果等；"常常"指动作、事情发生的频率高，不需要作其他说明。 示例：（62）我以后一定往往来看你。（×） 　　　（63）我以后一定常常来看你。（√） 　　　（64）放心吧，我会往往给您打电话的。（×） 　　　（65）放心吧，我会常常给您打电话的。（√） 　　　（66）这些事情，常常无法预测。（×） 　　　（67）这些事情，往往无法预测。（√）	
教材	从来（cónglái）	
初级教材	释义：从过去到现在都是这样。(always) 示例：（68）她从来没有到电影院看电影。 　　　（69）他重视课堂学习，从来不迟到不早退。 　　　（70）她从来不闯红绿灯。	
中级教材	释义：表示从过去到现在都是这样。 用法：多用于否定句，常用在"从来+不……"或者"从来+没/没有+……+过"格式中。 示例：（71）他从来不睡懒觉。 　　　（72）她从来没说过谎。 　　　（73）我们从来没有玩得这么开心过。	

高级教材	释义：表示从过去到现在都是这样。 用法：1. 多用于否定句。用否定词"没/没有"时，动词或形容词后要带"过"。如果形容词前加上"这么"、"这样"等，意思就完全改变，甚至相反。 示例：（74）他对我从来没好过。（现在仍然不好） 　　　（75）他对我从来没这么好过。（现在比任何时候都好） 　　　（76）他从来没有马虎过。（现在仍然不马虎。） 　　　（77）他从来没有这么马虎过。（这次比较马虎了。） 　　　2. 可用于肯定句，修饰动词结构或形容词结构。 示例：（78）和他打乒乓球，我从来都是被打败的那个人。 　　　（79）姐姐的房间从来就很干净。 提示："从来"不单独修饰动词、形容词。 示例：（80）他从来喜欢跳高。（×） 　　　（81）他从来就喜欢跳高。（√） 　　　（82）他对别人从来老实。（×） 　　　（83）他对别人从来就很老实。（√）

说明：注释模式示例中释义和例句部分源于《博雅汉语》、《桥梁》、《商务馆学汉语词典》和《现代汉语常用词用法词典》四种语料。

4 总　结

现在就对外汉语教材注释模式的研究和应用多集中在某种或几种具体注释方式，较少从具体的词类出发进行探讨。虽然词类划分有许多争议，但是基本的词类范围仍是确定的，从具体词类出发，找到适合该词类的注释模式，不仅可以提高该词类的学习效率，而且借鉴应用到其他词类，从整体上提高词汇的教学与学习效率。

参考文献

章宜华，雍和明. 当代词典学[M]. 北京：商务印书馆，2007.

林文琪，厦门大学海外教育学院华文系
894247444@qq.com

活用视觉信息打好汉语发音基础的教材与运用方法
——以日本公共汉语 e-Learning 教材 "游" 为例

[日]汤山トミ子

摘　要：近些年，在日本的大学公共外语课程里选修汉语课的比率逐渐增加，但是由于日本大学公共外语 "课时少、学生运用少" 以及汉语语言的特点等原因，学生们希望达到的水平往往难以实现，因此出现了初学者多、中高级学习者极少的趋向。我们针对这一教学课题，提出了一个独特的公共汉语教学方案与系统 "游"。"游" 的主要内容是复合运用 e-Learning 系统，在短时间内进行高水平的语音教育，使学生习得声调语感，在此基础上进行发音与语法有机性的练习，培养为运用汉语最需要的基础能力。本文以 "游" 系统的骨干基础发音教材为重点，介绍它的特点与教育效果。

关键词：基础汉语；公共汉语；e-Learning；声调；发音；日本学生

1 "游" 系统[1]开发的背景与构想

1.1 设想的背景与沿革

在日本大多数学生通过大学公共外语来学习汉语，而且大部分学生希望获得汉语的交际能力，但是公共外语教学时间的限制、汉语语言的特点与母语的干扰等问题，给学生带来很重的负担。因此，大部分学生基础能力习得不完整，只是获得学分。成蹊大学2000年开始关注 e-Learning 系统的教学效果，开发了一系列独特的电子教材[2]，同时研究第二语言习得论与认知语言学方面的理论。从2006年起开发、2009年开始运用的 "游" 就是在这些研究成果上，进一步发展而成的。

1.2 "游" 系统的构成

"游" 是教学方案的名称，也是教育系统的名称，是目前在日本受到高度评价的综合性 e-Learning 系统。"游" 以 e-Learning 为辅助手段，减轻学习者的学习负担，可在短时间内培养学生的声调感，打好语音基础，并以此为本，掌握语法要点，增加词汇量，

---

[1] "游" 是 2006 年被选为日本文部科学省大学教育改革事业现代 GP 项目：進化する教養教育と国際化新人材の育成——基礎力活用によるコミュニケーション能力育成展開プラン "游"（先进公共教育与国际新人才的培养——通过活用基础能力得到交际能力的教育设想：" 游"）。参见日文参考文献，http://www.seikei.ac.jp/university/gp-you/。

[2] 除了 "游" 系统的教材以外，我们还开发了其他成果，其中最大规模的是《汉语语音教学词汇库》（11 万个词汇、30 万个速度不同的示范语音、多种检索），并获得日本私立大学情报教育协会情报教育方法研究会奖励（2002 年 11 月）。给教师、专家及高中级水平的人提供标准版，给入门、初级水平的人提供简易入门版。

使他们习得基础能力与运用能力，获得汉语交际能力。我们把这一系列的方式叫作e-Learning活用，或基础能力活用型汉语教育方案（图1）。为实现目的，"游"系统由发音（第1部）、发音与语法（第2部）、词汇学习（第3部）、应用部分（第4部，与"读、写、听、说"相对应的阅读、会话等教材及各种习题）所构成。图2是提供给学生的画面，图3是"游"的内部结构。本文的研究对象就是第1部、第2部的发音教材和第4部的发音演习习题，也就是"游"的最基础的基干部分。[1]

汉语语言的特点与学习者母语的特质
公共外语教学时间的限制
⇩
减少学习者的学习负担，在短期内确实地高质量地进行语音教育，扩充词汇，运用平易的语法进行会话交流，培养汉语的语言能力
⇩

（高效果、高效率的语音教学方法）　　　　　（有效地活用公共外语课程的学习时间）

| 距汉语语言学的特点 系统的、有机的学习方法 教学方法 | 教育方法的创造 | e-Learning教学系统的 有效地利用与活用方法 |

教育学术理论
认知脑科学
第二语言学习论

"游"教育

创造自立的学习者、教·学共主的新的教育

图1　"游"教育方案

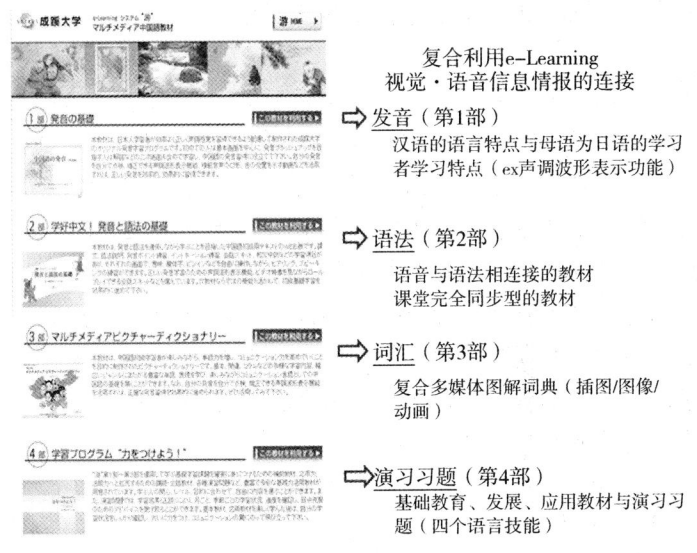

复合利用e-Learning
视觉·语音信息情报的连接

⇨ 发音（第1部）
汉语的语言特点与母语为日语的学习者学习特点（ex声调波形表示功能）

⇨ 语法（第2部）
语音与语法相连接的教材
课堂完全同步型的教材

⇨ 词汇（第3部）
复合多媒体图解词典（插图/图像/动画）

⇨ 演习习题（第4部）
基础教育、发展、应用教材与演习习题（四个语言技能）

图2　提供给学生的画面与各部的特点

---

[1]《汉语的发音——基础篇》是专门学习发音的教材，内容是声调自动化练习、韵母、声母、四声配合练习和难识别（发音、听辨）的双音节、节奏语调的练习，从初级到高级都可以使用。

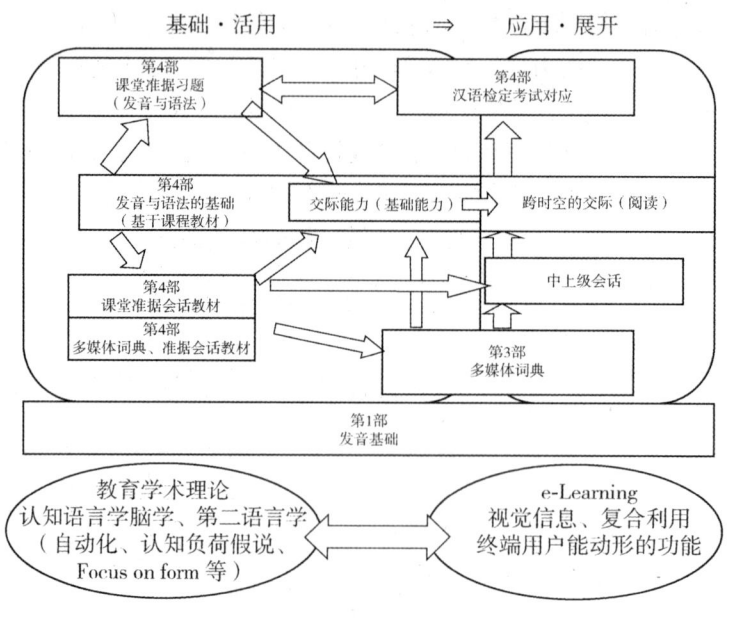

图 3 "游"内部的结构

2 汉语发音教育和 e-Learning 的活用

2.1 汉语学习的语言学特征与 e-Learning 的辅助功能

外语学习中对象语言的语言学特征是一个重要因素。就汉语而言，单音节、孤立语、声调语言、使用表意文字等特点，都需要与其他语言体系不同的学习课题和教育方法。虽然日本学生在母语里使用汉字，但是汉语与日语的语音特征差异很大，尤其是声调语言的特点，给日本的学生造成了汉语难学的印象和学习上的负担。因此初学者大部分半途而废，达不到发挥潜在优势（即在母语里使用汉字）的效果。除了声调外，还需要记忆表音化的文字信息拼音（罗马字母+声调符号的复合表记）。这些特征给初学者带来不少负担。为了减轻负担，实现高效率的学习，需要系统而有机的学习法。e-Learning 能够随时提供给学习者多样的视觉信息（文字/图像），并同时提供声音信息，适合汉语教育，可提高汉语学习的效果（图4）。

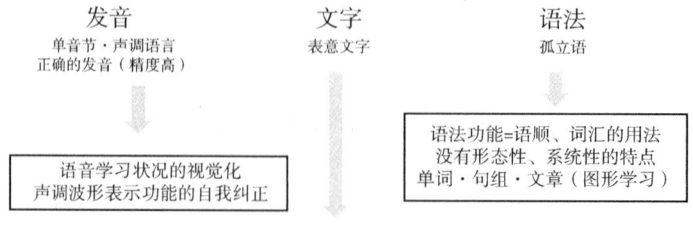

图 4 汉语语言特点与"游"e-Learning 系统的辅助功能

2.2 日本公共汉语基础课的基本状况与"游"的教育

日本公共汉语初级教育通常为一周两节课。一般学期伊始教完发音基础后，为了一年之内教完初级公共课程，教师基本上忙于语法的解释。而课时少，要学的语法内容多，语音学习被重视的程度、学习效果达到何种程度基本上靠教师自身。在这种情况下，教育方法容易侧重于教师的知识传授，学生容易成为知识的接受者。因此，老师讲得多，学生开口少，牺牲了学生的运用机会，而且往往仅靠教师领读来纠正学生发音，阻碍了学习者的自主发音能力、发音的自我纠正能力及语音运用能力的教育。针对这一教学课题，我们提出的是一个独特的公共汉语教育方案与系统"游"，即通过借助 e-Learning 程序的帮助，运用四种基础语音教材，打好发音基础。这四种教材是：①减轻学生在学习声调时承受的负担、强化正确发音的"声调符号自动语音化"练习教材；②拼音语音化练习教材（根据以扩大使用日本学生音域为目标的特殊编排而进行音节内分化练习，即 onset/rime 练习）；③从单词发展到句子的金字塔形的节奏语调音读练习教材；④与课堂完全同步型的基干教材（《发音与语法的基础》课本、多媒体）与演习习题（发音、语法习题，自动提问、自动评定，提供自动学习指导等）。本文因篇幅的限制，只能简单地介绍发音教材与部分演习习题。

3 "游"系统的语音教材与运用方法的特点

3.1 "游"的声调学习（声调自动化）

"游"教育方案重视母语为非声调语言的日语对汉语学习的干扰，视之为语音教育的关键。我们特别重视两个现象：一是因为缺乏声调语感，在听解、说话时，记忆能力对声调的认识能力不高，容易漏掉声调信息；二是因为日语缺乏起伏，和以急遽高低变化为特色的汉语不同，日本学生常因声调的高低不分明而陷入平板的发音，造成了声调辨别与认识的障碍（图 5）。特别是汉语的四声使用高音域（图 6）。培养上升至高音域的能力，注意音节的终结点和下一个音节的起点之间的音程差，最终能养成依声调符号所指示的高低变化，自动地语音化是声调学习最重要的课题。因此，建构一种注意力不光在声调上的发音基础，并提高声母、韵母的发音精确度，增强词汇能力，考察对语法学习等保持注意力的学习法，以颜色不同的箭头和能瞬间比较标准语音和学习者声音的声调波形显示机能（武田纪子制作），以视觉表示学习者的语音状况，让学习者自己能看到并自觉地矫正发音的声调学习法，是"游"教育的最重要的基础。

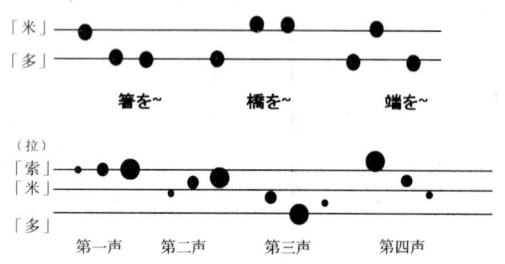
日语："多"与"米"之间，阶段式、平板

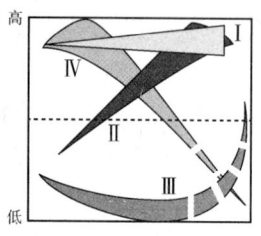
四声：使用高音域的声调多
汉语："多"与"索"之间的急剧的曲线，高低起伏变化大
声调的形态特征：高低+强弱 （箭头粗细）

图 5 日语与汉语高低的对比　　　　　　　图 6 四声图

3.2 视觉信息功能（彩色移动箭头、声调波形显示功能）

"游"的教材特别重视避免日语发音的干扰，有声调波形显示功能（带有使用者发音与示范发音的比较功能）、语音同步的彩色迁移箭头显示功能。与语音同步的彩色迁移箭头给学习者提供声调所具有的高低、强弱的视觉信息。学习者一边追视箭头的语音变化轨迹，一边听示范发音，并跟着发音。提供视觉信息的刺激效果是多媒体教材独有的，但这并不能反映学习者自己的语音高低变化。因此，必须有反映学习者发音状况的波形显示功能，让使用者能确认自己的发音。我们自行开发的声调波形显示功能除了声调的高低（纵轴）、缓急（横轴）以外，还能显示出强弱特点（表示形成声调的形状、色彩浓淡）（图7），针对日本人起伏幅度小的声调特点，取得了较好的学习辅助效果。学习者一边听着示范声音，一边看着与示范声音同步迁移的彩色箭头（图8），然后用声调波形显示功能确认自己的发音与示范发音的差异，并继续以示范发音的声调波形为目标反复练习，自我纠正。这些办法使学习者不仅可以运用听力，而且可以通过视觉与示范发音比较，对个人差异较大的发音的习得，尤其是在声调练习上，有着非常重要的效果。在课堂上使用CALL，教师与学生都看到学习者的声调波形，通过视觉信息，学生明确、具体地认识到自己的发音不足之处，教师有效地予以纠正。

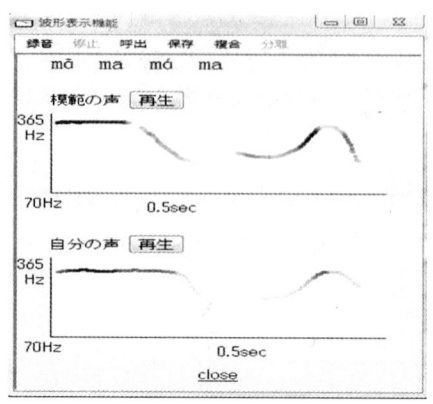

图 7　独自开发的声调波形显示机能（模范语音与学生的语音对比）

学习者可以认知与示范声音的差异,学习者和教师可以共享学习者的发音视觉化的材料。

3.3 声调符号自动化练习教材

语音声调符号自动化练习在每堂课开始时进行。练习教材有四声规则组合与不规则练习。规则练习有双音节(图8(a))、四音节/六音节、一行(十音节,如图8(b)),通过从双音节到一行的练习,可训练词汇→句子→文章的连音控制能力。不规则练习除了基本的四声组合以外,还有轻声及第三声变调(图9)。声调符号自动化练习的关键是自动语音化,但要注意的是自动化的意思并不是机械式的发音。发音者一个符号一个符号地有意识地上下控制发音,才能养成声调习得自动化能力。声调符号的自动化练习可以说是一种特别精致的练习方法。

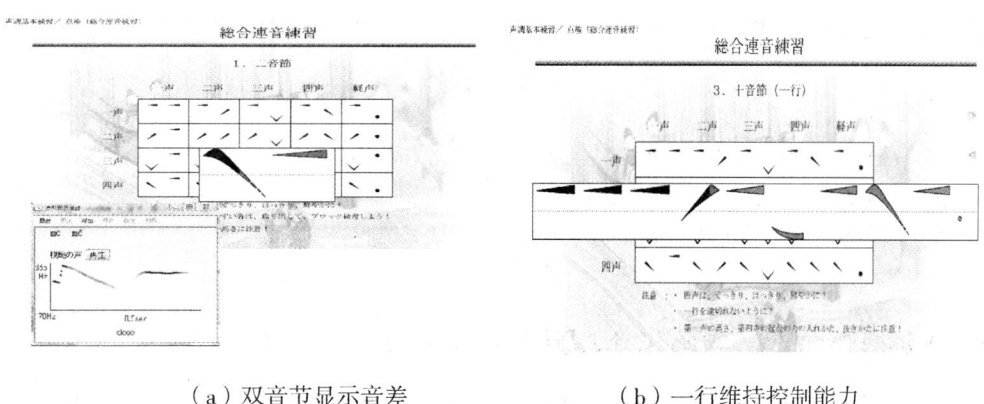

(a)双音节显示音差　　　　　　(b)一行维持控制能力

图8　规则练习教材

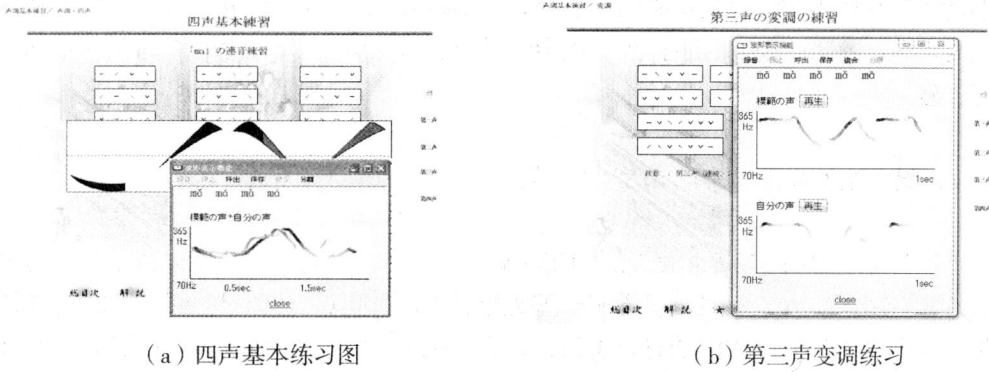

(a)四声基本练习图　　　　　　(b)第三声变调练习

图9　规则练习教材

3.3.1　运用检证

图8(a)与图10同样是第四声+第一声的练习,我们可明显看出学习者的第一声比

示范发音低，学习者可自我纠正。在利用声调波形功能进行声调自动化练习过程中，了解到日本学习者发音的一些共性，如第一声低（自己最容易发的中音多）、第二声的上升幅度小、第四声的起点高度不足等。这种现象很普遍，发音部分越长越明显。日本的汉语课长期强调第三声的低度（图11），但未注意第一声、第四声的高度，不能纠正学习者平板的发音弱点。而对唤起高音部的发音与培养上升能力极有效果的是第一声、第四声，尤其要注意第四声+第一声的配合。一般声调受到前后声调的影响，第四声最少受到别的声调的影响，在波形上显示特点（高低、强弱）也都很明确。我们认为在声调教育上，第四声值得注意。

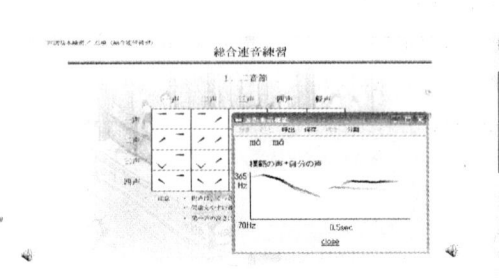

学习者的第四声的终点没有模范声调低，
第一声的起点没有模范声调高，音程差异少

图10　第四声+第一声

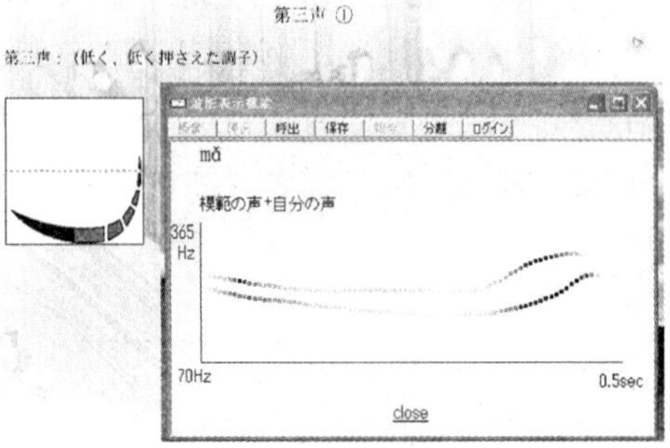

学习者的第三声没有模范声调低

图11　单音节第三声

3.3.2　声调波形显示功能的优点与声调符号自动化的效果

以 e-Learning 系统的补助功能，让学习者认知自己发音的缺点，学习者边看模范语音的声调波形，边自主纠正，能够得到控制高低音程差异的能力，习得自己纠正自己声调的能力，在能不费力地发正确的声调后，可以提高韵母、声母的发音精确度，增强词汇能力，理解语法。同时，习得语音能力给学习者带来达到目标的自信、满足感，提高学习兴趣。

3.4　声调、基本发音（韵母/声母）、节奏语调与语法的有机性练习教材

"游"第2部的《发音和语法的基础》就是为了改变"先学发音后忙语法"的局面，在学习发音和语法的一年时间里着眼于课程全体，达到视觉信息和语音信息相得益彰的效果。为了重视发音和语法的有机练习，课文、生词、语法说明、习题（会话短剧、日译中、中译日）等都装备了示范发音和学习者可作比较的声调波形显示功能。内容上设有"游"特有的"发音诊所"、以课文为例句的"节奏语调练习"，进行发音与语法的有机性的练习。

3.4.1 提高韵母、声母的发音精确度:"发音诊所"与音节练习表

开学初期集中学习发音基础,把韵母、声母的初步内容都传授给学生。汉语的韵母比日语多得多,而且和日语的口型比,开合动作多,圆口型多,需靠舌头的位置辨别前鼻音和后鼻音的区别,有与声母、声调组合的变化。另外,声母也有送气音和不送气音、卷舌音等语音。为了避开日语的干扰,需要唇、舌灵活、强烈的动作。学习者记住拼音,还要区别韵母、声母的特点,学习上负担相当大。尤其是一些拼音与语音不一致的韵母(e/en/eng,ian/iang 等),不容易发音的韵母(ü/e 等),有受到母语发音干扰而难发的或易发错的音等,给学习者记忆拼音、发音都带来不少负担。"游"的骨干 WEB 教材《发音和语法的基础》中的"发音诊所"针对这个课题提供了有效的习题(图12)。

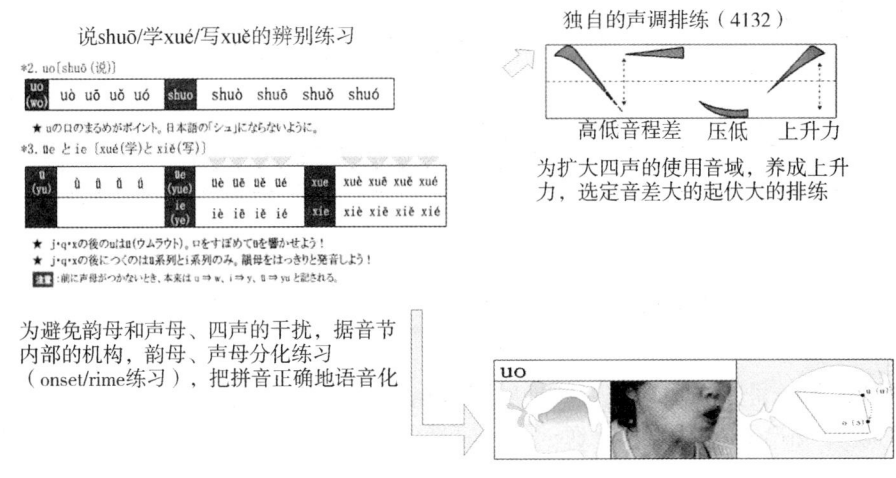

图12 "发音诊所"(ex 说 shuō / 学 xué/写 xiě 的辨别练习)

从各课的生词与关联词汇里选定学习者易错或难发的语音安排练习。让学习者正确地读生词,并进一步习得拼音。特别注意声调、韵母、声母的复合影响引起的干扰现象,采用先做音节分割练习再统一练习的方法。还特别安排高低差异较大的声调的次序排列(4132)。WEB 教材随时表示需要的画面,能利用需要的文字与各种信息(基础发音的舌头位置、口形信息、确认发音要点),发音、听辨、教材的次序也能自己安排。再进一步进行同类的发音时,可以使用附带难辨别发音组合练习的音节练习表(图13),很快选定练习组合习题。

音節表練習

音節表練習

声母\韻母	なし ou	介音 i系列	介音 u 系列 u	ua	uo	uai	uei-ui	uan	uen-un	uang	ueng	介音 ü系列
ゼロ	ou		wu	wa	wo	wai	wei	wan	wen	wang	weng	
唇音 b			bu									
p	pou		pu									
m	mou		mu									
f	fou		fu									
舌尖音 d	dou		du		duo		dui	duan	dun			第一声
t	tou		tu		tuo		tui	tuan	tun			
n	nou		nu		nuo			nuan				
l	lou		lu		luo			luan	lun			第二声
舌根音 g	gou		gu	gua	guo	guai	gui	guan	gun	guang		
k	kou		ku	kua	kuo	kuai	kui	kuan	kun	kuang		
h	hou		hu	hua	huo	huai	hui	huan	hun	huang		第三声
舌面音 j												
q												
x												第四声
捲舌音 zh	zhou		zhu	zhua	zhuo	zhuai	zhui	zhuan	zhun	zhuang		
ch	chou		chu	chua	chuo	chuai	chui	chuan	chun	chuang		
sh	shou		shu	shua	shuo	shuai	shui	shuan	shun	shuang		
r	rou		ru	rua	ruo		rui	ruan	run			
舌歯音 z	zou		zu		zuo		zui	zuan	zun			
c	cou		cu		cuo		cui	cuan	cun			
s	sou		su		suo		sui	suan	sun			

图 13 附带难以辨别练习的音节练习表（ex.uo と ou）

音节练习表里已经输入难以辨别的语音组合，点击小箭头就会提示各种组合（ex. 韵母：uo/ou an/ang 等，声母：送气音⇔不送气音，卷舌音⇔舌面音，韵母+声母：zhuan/juan，shao /xiao 等）。模范语音可以选择单独、对比、四声分别重播。

3.4.2 奏语调练习教材

图 14 是节奏语调练习教材，按课文例句的单词→词组→文章展开语音练习。通过这些习题，学习者容易掌握语音的节奏、语调，同时掌握各课的语法重点的例文。学习者一边听语音，一边根据文章的结构有机地连接学习（词汇的用法、词顺），并活用 PC 画面的"选择表示/非表示"的功能，可以选定迁移箭头、词义、拼音、汉字的几种信息进行练习。与"发音诊所"一样，随时可以使用基础发音的舌头位置、口形信息（动画）与附带音练习的音节表。

通过上述"发音诊所"与"节奏语调练习"这两种习题，学习者能增强语法课的生词、例句的记忆，加强语法学习。

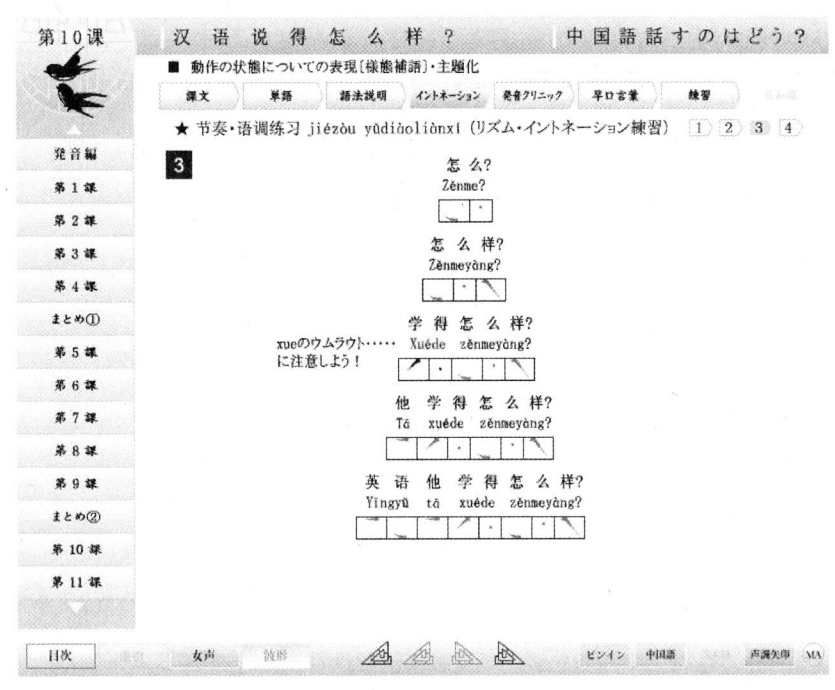

(a) 汉字·拼音·箭头

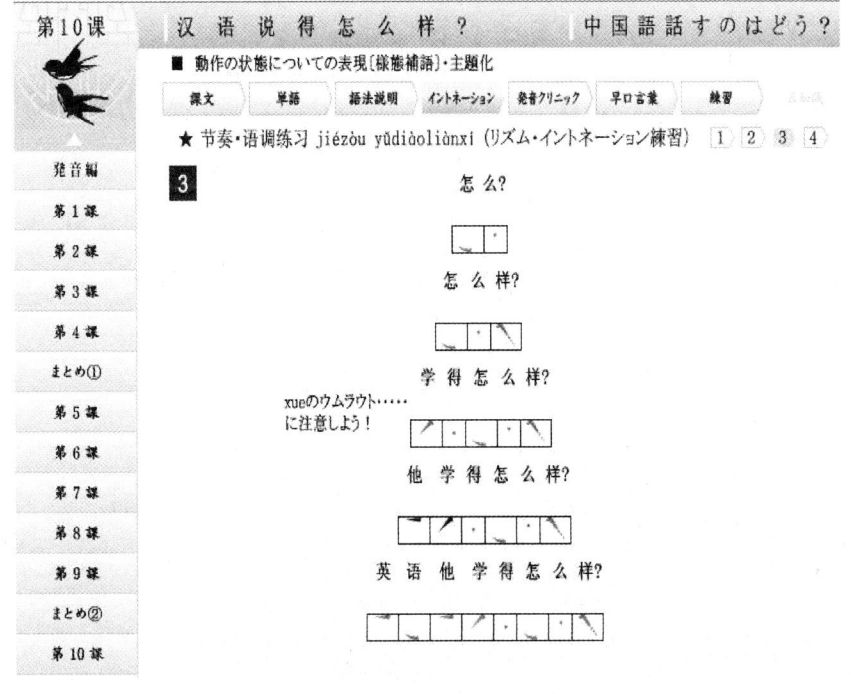

(b) 汉字·箭头

图 14 金字塔形音读练习教材

3.4.3 发音演习习题

这是为弥补课内不足的听力练习而开发的课外习题（图15、图16）。

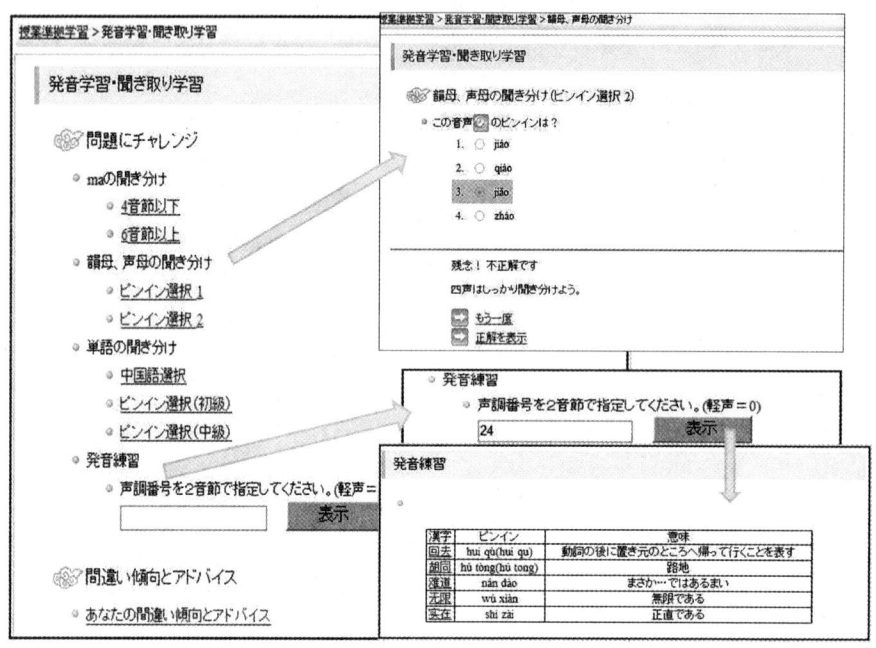

图15　声调演习习题

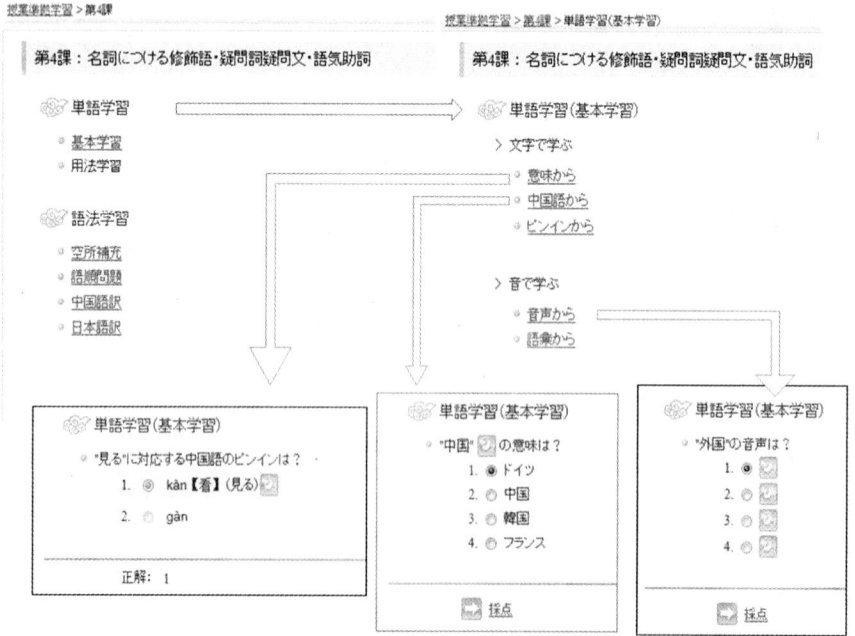

图16　韵母、声母、词汇

根据个人的学习成果（习题回答的正确比率）提出自动评定、指导（图17）。

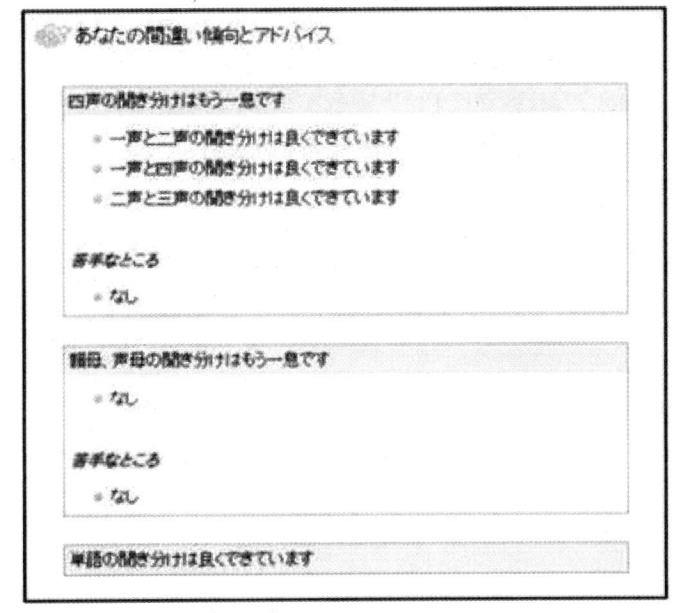

"ma"的听辨、韵母·声母的听辨、词汇的听辨"指导"的根据：正确回答的比率

图17　学习发音、听力习题的自动指导画面

4　"游"系统的基础语音教材与运用方法及与其效果

4.1　"游"系统的语音教材与运用方法

针对日本公共外语"课时少、学生运用少"的问题，"游"教育系统提供了多种多媒体上网教材，创造独特的运用方法，以扩充学习者学习时间，增加运用机会，提供高质量的教育。本文介绍的发音教材与演习习题是初级学生基础课的主要教材，学生可以上网随时使用，用Android系统的智能手机也可以使用全部教材（iPad可以使用除了用闪存软件制作的教材以外的全部教材），为学生提供了方便。演习习题可以存储个人学习档案。在课堂上运用教材的具体方法如下：

（1）活用CALL的功能，实现对应个人指导，提高个人的习得语音水平（教师与个人一对一的教育）。声调符号自动化练习：用示范音进行语音练习，自己纠正，教师可根据个人的状况、水平进行发音纠正指导。考虑母语的干扰，重视使用高音域、双音节间的音差。学生看到声调波形，对自己和标准语音的异同有一定程度的认识。

（2）用个人与集体的互动学习方法（接力互动纠正发音法）[1]，培养自主发音能力（教师尽量不纠正发音，养成学生自立纠正发音的习惯）。使用课堂完全同步型的WEB教材《发音和语法的基础》，尽量减少教师说话的时间，使学生练习的时间增加到最大限度，让学生能够用口耳进行较多的语音训练，把汉语的词汇、文章输入学生的脑子里，加深记忆能力，提高理解度（图18）。

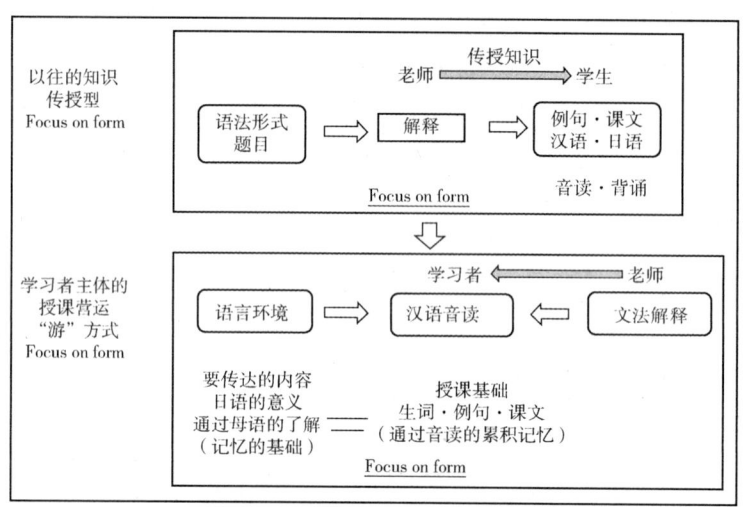

图18 以学习者的语音练习为基础的语法学习

（3）"游"教材是在一年的课程里一直提供发音与语法紧密连接的教材，以上述学习者的语音练习为基础进行课堂语法教育，高效率地打好高质量的发音基础与坚固的语法基础。这一特点解决了日本公共外语一般在学期初集中学习发音之后只忙于教语法的不足。

4.2 运用"游"的语音教材的效果（验证成果）

运用"游"语音教材后，正课、实验课教学效果都有明显的改善。2010年，我们在日本学术振兴会的补助金科研项目的支持下，在"游"系统的教材开发与运用方法方面

---

[1] 接力互动纠正发音法："游"独特的发音纠正法（提醒·个人与集合的互相启发），按坐位轮流进行"个人→其余全体"的练习（参照下图）。学生A发音（用口把文字信息语音化），除了A以外的学生边听（耳朵）边看（眼睛），通过文字信息与语音信息，判断正误。A以外的学生发音，A边听（耳朵）边看（眼睛），确认自己发过的语音的正误。根据以上的内容轮流练习，通过学习者自己的"认知"，培养主动自主发音的能力，可以避免学习者一出错，老师就立即纠正。教师领读正确的发音来纠正，容易阻碍学习者培养主动自主纠正自己发音的能力。

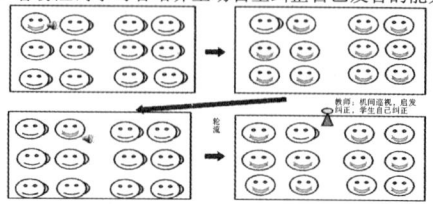

上左图：一个人（口）+其余的学生（耳朵），上右图：一个人（耳朵）+其余的学生（口）

取得了显著效果。[1]

4.2.1 正课课堂运用的效果

【实施】一周两节课，日本人讲师（语法重点·重视朗读）与中国人讲师（会话重点·重视对话）接力式教学相互配合上课。上课时间 1 节课 90 分钟，班级人数 30 余人，CALL 教室，使用课堂完全同步型 WEB 教材。

【效果】第二个月，教师不用提示，学习者自己就可以把文字信息语音化，发现自己声调的错误。期末以前（约 3 个月后），班级里未修得的人数减少（只有一两人），与运用"游"系统之前相比，达成度提前了两个月，全体的达成度高，证明"游"系统提高了达成速度。

【学生反应】对 2010 年前期末（7 月末）学生（一年级学生 480 人、2 年级以上学生 81 人）系统使用率与自习率的提高、增加课外学习的时间等情况的询问调查的结果如表 1 所示。

表 1　使用情况及效果

项　目	一年级学生	二年级学生
使用"游"系统学习是否有效？	93%	95.1%
承认学好发音有效果的人	85%	76.5%
课堂外使用系统的人	80.4%	76.5%
在家学习的人	46%	49.4%

增加继续学习者：法学系 2009 年度选择第二外语汉语的一年级学生共 115 名，其中 28 名第二年继续学习汉语，继续学习率为 24.3%。运用"游"系统之前，成蹊大学继续学习率为 10%～15%。由此可见，相关教学效果明显。

4.2.2 声调自动化练习与养成听力能力的相应关系（实验课）

【时间】2010 年 8 月 3—6 日。

【对象】实验组 11 名，对照组 9 名，共 20 个公开招募的学生。

【实验内容】讲课 4 天，最后一天考试与询问调查。一天两个小时（上课时间 90 分，e-Learning 自习 30 分）。

实验组：重视声调自动化练习 20～25 分，拼音的发音 30～40 分，听写 10～15 分。

对照组：重视拼音（罗马字）的发音 30～50 分，没有特别重视声调自动化练习 10～15 分，听写 10～20 分。

【使用教材】《发音与语法基础》的声调自动化教材及习题、音节表、难以辨别的发音习题。

---

[1] 使用日本学术振兴会 2009 年科学研究费补助金基础研究（B）"学习状况の分析による e-Learning 活用型中国語教育"（"基于学习状况的分析创造 e-Learning 活用型的汉语教育"）的补助金进行实验。关于实验的更加详细的内容，请参看日文参考文献。

【实验最后的考试】①"ma"的声调听辨（双音节/四音节）；②"罗马字"上加上听出来的声调（选择声调/记入声调）；③"罗马字"上加上拼音（罗马字＋声调符号）；④听写（汉字与拼音）。

【实验最后的考试的分析】①实验课后实验组、对照组都提高了听辨能力（表2）。②声调的掌握。重视声调自动化练习的实验组体现出掌握声调的意图，在自习时间内使用声调听辨习题的次数是对照组的近7倍（实验组2312次、对照组338次）。虽然自习练习时错误多，可是最后考试时11个人正确的解答率为95%，尤其是难听辨的四音节的正确的解答率达100%；两个组的差距大，而且对照组里还有三个学生出现习得声调困难（正确的解答率分别为25%、50%、75%）。③词汇的听辨。对照组选择声调听辨正确的解答率并不低，但是记入声调的正确率大幅度降低，可以看出习得声调语感的重要性与声调自动化的效果。

表2　声调听辨考试的成绩

组别	声调"ma"		词汇	
	双音节	四音节	选择声调	记入声调
组别	95%	100%	82%	73%
组别	91%	83%	83%	67%

5　结语："游"系统基础语音教材的特点与运用效果

本文介绍的"游"系统基础语音教材可以概括出如下特点与效果：

（1）针对日本学生习得率不高的四声，制作了"声调符号自动语音化"练习教材与声调波形显示功能。学习者随时上网，可以提高个人习得程度。

（2）高质量的拼音语音化练习教材，让学习者养成高水平的韵母、声母的发音能力。

（3）通过课堂同步骨干教材《发音与语法的基础》，实现发音与语法的紧密练习，打好发音与语法基础。

（4）活用视觉信息的教材，提升学习者的学习兴趣，使之养成自律的学习能力，提高习得程度。学习者习得程度的提高又提升了教师的教学兴趣，学习者与教师互相启发，产生良好的教育循环。

"游"在日本教育界、学术界得到了高度评价，多次获得学术奖，可以说目前还没有能与e-Learning系统比肩的独特的、高质量的电子教材系统。我们现在已经开发了与课堂同步型的演习习题与定质分析功能（包括偏误分析功能），因本文篇幅的限制，无法详细说明。

参考文献

湯山トミ子,武田紀子. 利用e-Learning系统"游"于汉语发音与语法的连携教育[M]//张普,等. 数字化对外汉语教学实践与反思. 北京：清华出版社, 2010.

湯山トミ子,武田紀子. 進化する教養教育と国際化新人材の育成報告書（2006年度GP项目）[M].

东京：三惠社，2010

湯山トミ子，武田紀子，浜田ゆみ. e-Learning 活用による発音と聞き取り学習の連係に関する考察-発音・聞き取り・履歴による学習補助効果[M]. 日本 e-Learning 学会志，2011（获得该会特别奖）.

湯山トミ子，武田紀子. 自律的発話能力の育成を基盤とする中国語基礎教育の試み-: focus on form による語法教育の導入と連係について[M]. 东京：日本中国语学会第 60 届全国大会予搞集，2010.

湯山トミ子. 发音与语法的基础（课本版）[M]. 东京：朝日出版社，2010.

汤山トミ子，日本成蹊大学

yuyama@law.seikei.ac.jp

《新丝路：中级速成商务汉语Ⅱ》与《中级商务汉语实用会话》的比较研究
——兼论对越南商务汉语教材编写的启示

[越] 武芳莺　单韵鸣

摘　要： 中越双边贸易的扩大，促使越南商务汉语人才需求急速增长。然而，专门针对越南学生的商务汉语教材却极度缺乏。目前，国内具有代表性的商务汉语教材有《新丝路：中级速成商务汉语》与《中级商务汉语实用会话》等。本文从教材的编写模式、教学内容及练习设计等方面比较这两本教材，分析它们的编写特色，为越南商务汉语教材的编写提供借鉴。最后指出，编写这类教材应突出国别性专用汉语教材的特征。

关键词： 越南；商务汉语；比较研究；国别性专用教材

越南人有一句话："越南和中国是山连山、河连河，感情是兄弟。"近年来中国到越南投资的商人很多，包括开发学校、商店、医院、工程、公司等。中越贸易也越来越多，贸易关系不断密切，双方间的交流需要大量翻译人才。广州是一个与外地贸易往来频繁的城市，地理上离越南很近，广州和越南的服装贸易十分活跃。随着经济的合作，越南学生的汉语学习也渐渐走向更实际的应用层面。在越南，有很多大学已经开设商务汉语课程，但是目前在越南使用的商务汉语教材比较老旧。笔者在越南的大学做过调查，这些大学使用的教材基本都是翻译而来，比较流行的是《对华贸易汉语会话》。该书由中国北京语言大学的学者在20世纪80年代组织编撰，由越南学者陈明庆于90年代翻译出版使用。该书的编写年代久远，且针对性较弱。因此，根据当代的需求编写新一代的越南商务汉语教材迫在眉睫。

我们在中国期刊网上搜索近10年关于商务类教材编写研究的论文，成果不算太多。其中，杨东升（2003）提出编写商务汉语教材特别讲究交际性、开放性的原则。张永昱（2004）提出要适当增加和细分门类、营造真实的商务环境、注意新词语的注入、建立言语策略和功能体系、融入文化背景和知识等观点。辛平（2007）、周小兵和干红梅（2008）、安娜和史中琦（2012）关注并分析了商务汉语教材的选词问题。袁建民（2004）和姜国权（2009）研究了教材与教学的关系问题。王玮（2010）调查了两本商务汉语教材在东南亚学生中的使用情况。此外，也有一些硕士学位论文对英汉语教材或商务汉语教材进行过比较。如张昆（2006）对比《商务汉语》和《经理人汉语》系列教材，探讨零起点商务汉语教材的编写；何蓓蓓（2006）对比分析《国际商务汉语教程》和《国际商务汉语》，探讨新型商务汉语教材的编写规律；王娟（2013）对六部商务汉语教材进行对比研究，论述对初级阶段商务教材编写的启示；刘晓岚（2007）比较《经贸洽谈 ABC》与《商务汉语》，探讨商务汉语教材的结构与功能等原则。

我们选取中国国内较新的、具有代表性的商务汉语教材进行比较研究，挖掘它们的编写特点，为专门针对越南学生编写的商务汉语教材提供借鉴，这是本文的目的所在。

在中国由中国教师编写的商务汉语教材，我们搜集到的由国内知名出版社出版的有：《中级商务汉语实用会话》（黄为之，北京语言大学出版社，2008年修订版）、《新丝路：中级速成商务汉语Ⅱ》[1]（崔华山、李晓琪，北京大学出版社，2009年版）、《商务汉语》（黄为之，华语教学出版社，2002年版）、《纵横商务汉语中级口语教程1》（李小萌，高等教育出版社，2012年版）、《商务汉语通：口语中级教程》（董瑾，北京大学出版社，2005年版）。这些教材都是针对有一定汉语基础的学习者的。《商务汉语》和《商务汉语通：口语中级教程》出版的时间相对较早，时效性稍弱。而《纵横商务汉语中级口语教程》现在只出版了第一册（共有四册），内容较少。从编写者和出版社的知名度来看，《中级商务汉语实用会话》和《新丝路：中级速成商务汉语Ⅱ》都由教授商务汉语多年的知名教授担任主编，由对外汉语业界最权威的两家出版社出版。笔者曾致电出版社和一些大型书店销售部，销售人员介绍这两本教材是中国较新版的商务汉语教材，适用范围广，销售量比其他商务汉语教材大，比较受欢迎。因此，我们选取了《新丝路：中级速成商务汉语Ⅱ》（以下简称《新丝路》）与《中级商务汉语实用会话》（以下简称《会话》）作为比较研究的对象。

1 教材的比较

1.1 编写模式的比较

教学法理论和教学原则在两本教材中都有不同程度的体现。

《新丝路》与《会话》都是通过话题和功能来编写商务汉语的词汇和句型的。将汉语的词语、用法和用途进行有序安排，并且运用模拟的对话情景和小故事来设计课题。两本教材都遵循了结构、功能与文化相结合的原则。

《新丝路》以任务型教学理论为指导，以功能项目为纲进行编排，在于培养学生运用所学知识完成相应的交际任务。教材选取的是生活和商务活动中常见的交际任务。上下册分工不同，上册多选取生活类任务，如接打电话、预定宾馆、商场购物、银行业务、购买车票等；下册的项目基本以商务类为主，如参观工厂、公司会议、介绍产品、询价报价、签订合同等。上下册各10个单元，每个单元围绕一个主题，每个主题又分为三个小单元，每个小单元包含课文、生词及练习。每个单元的三课会话或课文围绕主题以不同的形式出现，例如第一个单元的介绍，就有对话中的相互介绍以及自我的书面介绍两种不同的介绍方式。

《会话》最早的模本是早期中央电视台电视教学节目的配套教材，出版后被一些高校作为教材。《会话》2002年修改再版，市场反应良好，2008年再次修订出版，是在对不合适的内容和体例修改的基础上完成的。《会话》全书分为25个课程，讲述了美国远

---

[1] 《新丝路：中级速成商务汉语》系列教材还有初级本《新丝路：中级速成商务汉语Ⅰ》，但内容过于简单，与其他几本商务汉语教材不在一个语言教学层次，故只选取了《新丝路：中级速成商务汉语Ⅱ》。

东进口公司的经理范若君和秘书潘保罗来中国做生意的完整故事。涉及的商务活动有介绍产品、开设驻京办事处、参观工厂、索赔、包装与运输等。其中也介绍了中国各个地方的风土人情、文化民俗等。每一课分为课文、英文译文、生词、专名、重点句及练习几个方面。

1.2 教学内容的比较

1.2.1 课文内容方面

商务汉语作为汉语专用课程，其教材的编写应体现知识的专业性、内容安排的系统性、基础性与时效性相结合等编写原则（单韵鸣，2008）。

《新丝路》采用"单元法"编写，单元之间既有语言之间的联系，单元里的人物或相近主题的单元之间的人物选取也有一定联系。如下册第六、七、八、九、十课都选取了王经理和史密斯，故事贯穿交货、付款方式、包装、代理、签订合同、索赔等商务过程。但每个单元也有其他一些实用对话的安排，不一定与这个故事有联系，场景同时具有多样化的特点。

《会话》以外国人在中国从事国际贸易活动中发生的故事为主线，涉及更多的是业务类的商务汉语。课文基本采用对话的形式。鲜活的语言、引人入胜的情节以及学生对对话人的背景已经很熟悉，吸引学生学习，具有很强的连贯性。

《商务汉语考试大纲》中将商务汉语活动的交际功能项目分为生活类和业务类两大类（表1）。

表1 《商务汉语考试大纲》商务汉语活动功能分类

生活类	签证	饮食	出行	购物	社交	文化	住宿
业务类	招聘	应聘	待遇	评估	会见	考察	谈判
	签约	营销	海关	商检	争议	工商税务	投资及其他

《新丝路》分为上下两册，上册主要是生活类的任务，下册主要是业务类的任务。《会话》以经理范若君和他的秘书来中国做生意的故事为主线。张黎（2006）根据商务汉语语言功能的不同目的，将商务汉语技能分为从低到最高的四个层次（表2）。

表2 商务汉语技能的四个层次

技能层次		内容
最高	协商洽谈	议价、制定修改计划、合作方式探讨、问题分析等
高	商务信息交流	介绍公司、产品、询价报价、征询陈述意见等
中	生活交际	购物、订票、打车、就医、约见、问路等
低	礼节性交际	欢迎、问候、介绍、道歉、祝贺、寒暄

《新丝路》的课文内容基本涵盖了这四个层次，且层次鲜明，上册的内容以礼节性交际和生活交际为主，下册的内容以商务信息交流和协商洽谈为主。《会话》的内容则较为偏重商务信息交流和协商洽谈层次的交流，生活交际和礼节性交际没有作为课文的重点内容。从内容选取和安排上来说，《会话》教学内容侧重于培养高层次的商务技能，知识性更强。

1.2.2 生词量和生词注释方面

《新丝路》一课为一个单元，由三个语篇组成一个单元，围绕同一个交际功能展开，课文之间保持相对的独立性。上下册全书共20课、60个语篇。《会话》则以一笔进出口贸易为主线，就合同条款进行磋商，从会见、价格、交货支付、运输保险、签订合同到申请专利、招投标等各个方面的问题都涉及了，全书共25课、25个语篇。

《新丝路》每一个单元有三个语篇，如第一课三个语篇的词汇量分别是11、8、9个，第二课三个语篇的词汇量分别是9、10、10个。故每一单元的词汇量在30个左右，相对固定。下册10课比上册10课的词汇量相对有所增加：上册总共270个生词，平均每个单元生词27个；下册总共290个生词，平均每个单元29个生词。上下册共560个生词。这主要是业务类商务汉语相对于生活类商务汉语，所涉及的专业词语相对增多。

《会话》课文后面也有生词表，每课生词量分别为（按顺序从第1课到第25课）：27、41、40、38、37、53、33、34、41、16、26、22、30、30、46、33、26、25、21、28、24、26、28、21、18个，共764个生词。

从上面的对比可以看出，《新丝路》每课的生词量比较稳定，上册每单元在27个左右，下册每单元在29个左右；《会话》的生词量不大稳定，有的课文少一些，有的课文多一些，最多的达53个，最少的才16个，全书总生词量比分上下两册的《新丝路》还要多204个，可能造成学生的学习负担。

李绍林（2006）提出，根据认知心理学的观点，初次学到的词语在大脑中储存的时间极短，只能保持20~30秒，然后在记忆中消失。重现是有效提高词汇输入的手段。只有出现频率高、重现次数多的词语，才能在不断的强化过程中进入学习者的长时记忆系统。教学中经常提到的"循环递进"、"以旧带新"等教学方法和原则都与词语的重现率有关。《新丝路》每个单元设计同一主题下都有不同的三个语篇，在一定程度上提高了词语和句型的重现率。《会话》在这方面做得没有《新丝路》好。

至于生词表的编写，《新丝路》的体例如下：

幸会　　xìnghuì（动）　nice to meet you
贸易　　màoyì（名）　trade
热烈　　rèliè（形）　warm

《会话》的体例如下：

公司　名　gōngsī　　corporation；company
安排　动　ānpái　　arrange for
初步　形　chūbù　　initial，preliminary

本着简练的原则，两书对生词都采用"拼音标注+英文注释"的方式，书后的总生词表为词汇索引,没有重复注释;对生词都是采用"一对一"的方式注释,即一个汉语词基本对应一个英文词(或相似意思的英文词)的翻译。

1.3 练习设计的比较

练习是对教学和学习者的双重检验。在一部教材中,工作量最大且最值得细细思考的部分就是课后练习的编写。这部分不仅仅是对编者的语言文化和社会知识的考察,而且是对编写者能力、创造力等的考验,是对编写者综合素质的检验。

曹温雯(2009)把练习大致分为四类:①理解型练习。使学生完全理解课文里面的内容(包括生词和语法的意思),只有理解的东西才能消化记忆。这是"可懂性输入"原则的重要环节。②模仿记忆型练习。对学生已经理解的基本内容加强训练,使之达到熟练。一般是在学生听过老师讲解后对一种句型或者词语的用法有一定的理解,但需通过练习巩固,加强记忆。③智力开发型练习。这是智力开发型练习,培养学生的联想能力和创造能力,使学生通过所学知识懂得举一反三,学会用汉语思考表达。④交际型练习。这是一种活用练习,侧重于学生的自我表达能力的培养,要求学生运用所学知识实现交际的愿望,表达自我的情感。这四种练习是相互联系而不是彼此孤立的,它们之间也存在一种递进的关系。

《新丝路》每个课文的语篇后面都配有一个综合练习,总的题量比《会话》多。练习基本包括以下环节:填一填(填空题),答一答(根据课文的内容回答问题),练一练(主要对文中商务活动加强练习),试一试(自我表述,根据给出的提示自己总结,然后表达出来),说一说(类似自我介绍、介绍自己国家的情况,鼓励同学自我表达),排一排(将一些重要的对话打乱顺序,让学生自己重新排列),问一问(相互之间询问对方国家或者个人的情况,鼓励学生多多表达),猜一猜(对一些比较有意思的术语,如"叫早服务",鼓励学生大胆猜测其意思)。其中题目量最大的集中在练一练,几乎每个语篇的练一练环节都有三个或以上的题目练习。

《会话》的练习相对少一些,题型也比较固定,大致分类如表3所示。

表3 《会话》的练习编写体例

编写题型	例子
替换练习	我到中国来投资还是第一次。欢迎你来中国投资。 海南做生意 北京旅游 西安参观
填空并写出拼音	投资＿＿＿＿＿＿＿＿周到建设＿＿＿＿＿＿
问答题	1. 中国开展哪些形式的对外贸易?
组词成句	投资来我中国到第一次
完成对话	A：贵国对到中国来投资有兴趣吗? B：＿＿＿＿＿＿＿＿＿＿＿＿

造句	越来越…… 可以…… 也可以……
区别判断	对"游览"、"旅行"、"旅游"的不同用法,判断句子的正误: 1. 我们旅游了许多名胜古迹。 2. 秋天是到北京旅游的最好季节。 3. 经理旅行欧洲去了。
听录音	分为下列几种方式: 1. 听录音,根据课文内容判断对错。 2. 听录音,根据情景练习说汉语。 3. 听录音的故事,试着自己复述一遍。

通过上面的介绍,发现两本教材的练习题型都相对稳定,不同题型都不同程度地体现了理解型、模仿记忆型、智力开发型和交际型练习的特征。区别在于,《新丝路》注重商务交际功能用语的应用学习,注重对学生自我表达能力的培养;《会话》较强调对所学语言知识的巩固复习,结合听力理解的教学手段培养学生的听说能力,而交际型练习就显得比较少。

2 对越南商务汉语教材编写的启示

专门针对越南学生的商务汉语教材既属于专用汉语课程教材,又属于国别性教材,在专业知识、满足越南学生学习需求和突出文化差异方面要求更高,编写应更突出国别性专用教材的特征。总的来说,《新丝路》和《会话》为针对越南学生的商务汉语教材提供了很好的参考范例。

首先,针对不同的越南学生群体考虑不同的编写模式,安排不同的教学内容。例如,有的越南学生经济能力有限,学习时间不够充裕,他们只要求会说较流利的汉语,而且懂得基础的商务类汉语,以便进行较为简单的个体商贸活动。对于这样的学生,参考《新丝路》的编写模式和教学内容安排比较合适,因为其内容已包含生活类和业务类的商务汉语知识,实用性较强。而有的越南学生已经具备了较好的汉语基础,需要更深入地了解整个商贸活动的各个细节及具体的商务类知识,甚至与商务相关的一些法律规定等。他们一般会以商务汉语作为学习专业的方向。对于这样的学生,可参考《会话》的编写模式和教学内容安排,把商务活动的相关知识细致化、精深化。

其次,在生词量和生词重现率方面,我们倾向于参考《新丝路》的做法,每课的生词量比较稳定,每课总生词量不超过 30 个,而且分散在三个语篇中学习,巧妙地减轻了学生的学习负担。而每课设计同一主题下略有不同的三个语篇,在一定程度上提高了词语和句型的重现率,能有效帮助学生温故而知新。

不过两本教材在生词注释上都显得相对简单,对此,我们提出几个改进的建议:

(1)将同词性的词放在一起,有助于学生对同词性词语的共性及其在句子中的位置用法有清晰的了解,找到异同,一举多得,而查找生词在课文中出现的位置可以通过在文中标注生词号来解决。

（2）生词注释把文中意思和其他意思分开标注。如《会话》中有对"成功"一词的注释，是形容词 successful。而它还可用作名词，对应"success"，可把注释标注全面一些。此外，越南学生英语能力还比较欠缺，在教材当中如能用越南语进行详细的注释，更能体现国别性教材的特色。

（3）有的词语有核心意义和附加意义。对外汉语教材生词英译中词的附加意义常常被忽略，表现为很多汉语生词都只对应同一个英文词。如夫人、妻子、太太都统一注释为 wife，未从其他社会因素对这些词加以解释区分。此外，像汉语第一人称只有"我"，第二人称有"你"和"您"两种方式，但在越南语中有很多人称代词可以让听话人明白是什么社会关系、感情或者态度。汉语的"你、我"可对应越南语的"ban、toi"，也可对应"anh、em"（表示尊重对方），也可以是"chau、bac"（与辈分相关）或"con、me"（表示血统关系）等。建议在编写时适当考虑注释词语的附加意义，这对成功的商务社交活动极有帮助。

再次，在课文练习方面，题型多样、量大，考察重点清晰，层次分明是关键。《新丝路》和《会话》丰富的题型值得我们借鉴。美中不足的是，这两部教材，甚至中国国内绝大部分的教材，都没有对课堂练习和课后练习加以区分，练习只是集中安排在课文后。对于哪些在课上完成、哪些在课后完成完全由老师定夺。我们建议可对练习做一个区分，课堂上的练习以商务实操等成效性明显的练习为主，课后练习由书写类的词语练习和语法练习构成。

最后，文化差异是影响跨文化交际的主要障碍，体现在日常生活及思想观念上，交际主体的语言能力与跨文化沟通能力是决定国际贸易活动能否顺利进行的重要因素。《新丝路》和《会话》是通用性的商务汉语教材，教材里的外国人是欧美文化背景的，重点突出中西方的文化差异。编写针对越南学生的商务汉语教材，则要挖掘中越文化的差异。中越文化比较相近，但也有各自的特色。那么中越文化的差异，尤其与贸易活动中的礼仪相关的，就是编写教材时不可忽略的内容。例如，中国人和越南人在时间管理上都属于多线性取向的（陈国明，2009），但在洽谈生意时能否迟到的问题上，越南人会认为准时不一定很重要，差十多分钟也没有问题，而现在中国人更倾向于准时。还有，越南人个人和团体的事情、感情和责任之间分得不太清楚，做起事来比较随意。他们在贸易中讨论得很开心，但不能决定到底能不能做。有时候双方谈得很愉快，到最后生意却做不成的例子比比皆是。而中国人一般不轻易放弃每一桩贸易，洽谈时很热情地对待对方，目的是达成交易。因此编写教材时，要把中国的文化、历史、人与人的交流及相处的方式融入教学内容当中。让学生了解中国人的思想方式、行为模式以及在待人接物上的种种习惯，这样有助于他们在商务活动中与中国人进行愉快有效的沟通。如果篇幅允许，还可以在每课的后面，安排一两篇有趣的短文，以介绍中国的经济与文化。

3　结　语

越南作为中国的邻邦，双边贸易关系密切，越南学生学习商务汉语的需求越来越大，而目前越南国内关于商务汉语的教材极度缺乏。此背景促使我们考虑如何编写针对越南学生的商务汉语教材。

我们选取了《新丝路：中级速成商务汉语Ⅱ》与《中级商务汉语实用会话》两本中国国内具有代表性的商务汉语教材，比较了它们在编写模式、课文内容、生词量和生词注释、练习设计等方面的异同，挖掘它们的编写特色，期待能借鉴到针对越南学生的商务汉语教材的编写中去，提出编写应突出国别性专用汉语教材的特征。望此研究能为这方面教材的编写带来实际的帮助。

参考文献

安娜，史中琦. 商务汉语教材选词率及核心词表研究[J]. 语言文字应用，2012（2）.

曹温雯.《新概念英语》与《新实用汉语课本》的对比研究[D]. 长春：东北师范大学，2009.

陈国明. 跨文化交际学[M]. 上海：华东师范大学出版社，2009.

何蓓蓓.《国际商务汉语教程》与《国际商务汉语》的比较[D]. 武汉：华中科技大学，2006.

姜国权. 商务汉语教材与教学探析[J]. 时代文学（下半月），2009（7）.

李绍林.《等级大纲》与汉语教材生词的确定[J]. 汉语学习，2006（10）.

刘晓岚.《经贸洽谈ABC》与《商务汉语》比较研究[D]. 成都：四川大学，2007.

单韵鸣. 专门用途汉语教材的编写问题——以《科技汉语阅读教程》系列教材为例[J]. 暨南大学华文学院学报，2008（2）.

王娟. 六部商务汉语教材的比较研究[D]. 广州：暨南大学，2013.

王玮. 新时期面向东南亚留学生的商务汉语教材及使用情况浅谈[J]. 广西师范学院学报：哲学社会科学版，2010（2）.

辛平. 面向商务汉语教材的商务汉语领域词语等级参数研究[J]. 语言文字应用，2007（3）.

杨东升. 商务汉语教材编写初探[J]. 辽宁工学院学报，2003（1）.

袁建民. 关于"商务汉语"课程、教学和教材的设想[J]. 云南师范大学学报，2004（2）.

张昆.《商务汉语》系列教材和《经理人汉语》系列教材比较研究[D]. 长春：东北师范大学，2006.

张黎. 商务汉语教学需求分析[J]. 语言教学与研究，2006（3）.

张永昱. 新一代商务汉语教材建设的初步构想[J]. 东北财经大学学报，2004（4）.

周小兵，干红梅. 商务汉语教材选词考察与商务词汇大纲编写[J]. 世界汉语教学，2008（1）.

武芳莺、单韵鸣（通讯作者），华南理工大学国际教育学院

ms.oanh91@gmail.com，ymshan@scut.edu.cn

面向汉语第二语言学习者的连词注释模式研究*

郑泽芝　陈培新

摘　要：文章采用语料库技术的研究方法，对教材和词典注释语言进行统计学意义的研究和分析。首先，讨论了连词注释语言语料库的加工及标记规范。然后，以《桥梁——实用汉语中级教程》、《现代汉语常用词用法词典》连词注释语言为例，对连词的注释现状进行了描写和统计分析，比较了教材和词典注释的异同，以图能够对连词注释模式、注释重心等有所发现，为对外汉语教材的编写、汉语学习词典的编纂以及对外汉语教学等提供参考。

关键词：注释语言；注释项；语料库

本研究认为对注释语言现状进行调查，是改进注释质量、取得合理注释模式的基础。只有摸清注释语言现状，才能针对问题，提出哪些注释项目是基础的、必需的，哪些项目是关键的，为什么这样，而不那样。

连词自身基本没有可以描述的实在意义，但却是表示语法意义的重要手段，一直以来都是对外汉语教学中的难点和重点。在连词的注释方面，我们不清楚的地方还很多，如怎样注释才能将其意义和用法清楚完整地表达出来、注释的重心该在什么地方等。因此，教材和词典如何更合理准确地对连词进行注释是非常值得研究的问题。

本研究选择使用面较广的教材《桥梁——实用汉语中级教程》（以下简称《桥梁》）中的全部连词（41个）的注释语言和词典《现代汉语常用词用法词典》（以下简称《用法词典》）对应的连词（29个）注释语言为研究对象，利用语料库技术对连词的注释语言进行全面的划分、标记，建成连词精加工的熟语料库，然后对连词的注释现状进行量化的统计分析，并据此给出连词注释模式的建议，以期为汉语学习词典或汉语第二语言教材连词注释提供参考。

1　本文关于注释语言的理念

传统的理解型词典，以词义为注释的中心，所以一直沿用"释义"这个术语来指称词典的注释。学习者，尤其是第二语言学习者，他们学习的目的不单是理解词义，更重要的是正确使用词语完成交际。因此，学习型词典不应是单意义中心，而应是意义与用法（说明词语如何组合才能正确表述想表达的意思）并重。至于语音，该项目一直是词典的常规项目，是词典的重要注释项目，但不是词典注释研究的中心内容，所以本文不纳入词典中心的讨论范围内。

---

* 本文为国家社科基金项目（10BYY041）和福建省社会科学规划项目（2009B119）成果。

现在人们常把意义和用法注释混为一谈，整体冠以"释义"，这就导致学习型词典在注释词语的过程中，词语用法注释得不到应有的重视，或者只要随意增加一点语法知识就冠以用法词典，其实质仍不能摆脱传统词典"词义单中心"的窠臼。用法注释不被重视，会导致用法注释的研究不到位，而用法研究不到位，学习型词典的质量必受影响。事实上，有些问题之所以解决不好，很大程度是由于理念的模糊、混淆或术语的使用不当造成的。只有树立正确的理念，使用恰当的术语，之前纠结在一起的问题、说不清的问题才能得到区分，并得到正确的处理。

词典注释语言研究应该有自己的术语系统。注释的目的不仅是理解词意，更重要的是构成有效表达方式。如果采用"释义"，则完全掩盖了"学习词语的目的是为了有效地交际和传递信息"这个终极目标。为了剖析注释语言，我们必须转变理念，以"注释语言"替代"释义语言"，用"注释模式"替代"释义模式"。只有这样，才能在注释结构上理清学习型词典的注释层次，才能够理清什么应该被注，进而研究如何注。

2 连词标记集的制定

2.1 标记集制定及术语选择

对注释语言进行解剖，必须找到合适的解剖切口，才能把注释语言的各组成部分合理地划分开来。但在对词典注释语言的研究中，人们一直沿用语言本体研究的一套术语。如语义、语法、语用等。这就造成学习型词典注释中出现了一些不可思议的现象：借用传统词典（如《现代汉语词典》）的释义；用法直接简单化为语法；语用简直被当成了垃圾筐，盛放一切语法及语义之外的内容。事实上，当我们把来自本体研究的术语用于注释语言的工程实践时，就发现总有些内容无法归类。我们把词语的词性、词语使用中的变形、重叠以及语法功能归属于语法范畴没有问题，习惯搭配、使用位置放在语法中也勉强可行，但重读、停顿和同义词辨析放在语法范畴就不合适了。于是，把语用当成垃圾筐，凡是不属于意义和语法的内容都装进来，又发现语用与本体研究的"语用"外延有区别，简直无法描述什么是语用了。因而大家又提出一个术语"用法"，来和词典中的意义注释对举。

"用法"这个术语的提出表明，直接借用语言本体研究的术语，用于词典微观结构研究是不合适的。词典是语言工程，本体研究是理论，理论的典型性与语言的真实性之间存在距离，而工程是面对真实使用的，所以工程必须把真实与典型之间的距离桥接起来。借自其他领域的术语往往会出现外延和内涵上的差异，而指称不当会造成使用不便或者误解，术语的混乱容易使得注释不准确，导致误解或低效注释。所以，词典微观结构的描述必须有自己的术语体系。在没有现成的术语体系的情况下，我们只能先自己开发一个系统，当然这个系统未必合理。因此，本文对注释语言的划分的定名，只能说先给大家树一个批评的靶子。

本文把词语注释语言划分为意义注释和用法注释。意义注释包括词语文本意义，也包括传统语法研究虚词语法意义和词语使用中呈现的语境意义等；用法注释包括语言层级用法注释（主要指语言组合形式规律）与超语言层级的社会交际语境注释（从社会交际的角度对词语用法的注释内容）。这个划分没有涵盖词语的拼音注释、例示、使用程度注释、练习。不是这些注释不重要，是因为它们涉及的是注释语言的外围补充。

语言层级用法注释包括：①语法经典的项目，如词性、语法功能、句式、时态语态等；②语形变化，指被注词目本身形式上可以发生的变化，如重叠、离合、被注词在真实文本中常见的实用语形、否定式等；③排列组合规律，如位置、搭配、语序、上下文说明等；④结构，指组配中产生代数式或结构用法，包括语法结构、代数结构；⑤近义词辨析（因为近义词往往在不同的使用场合和搭配词语等组合规律中表现出不同，涉及语言层级和超语言层级两方面的辨析，基本不存在等义词。本研究把辨析归入语言层级用法注释）。

社会交际语境注释：①语域说明，包括场合（正式、非正式）、阶层、领域（包括行业）、方言、古语、口语、书面语、礼貌用语、注释对象的限定使用、各种"不可用"[1]情形说明等涉及各种词语适用范围限制的项目；②读音，词语使用中的重读、停顿、儿化等读音变化。

以上是本研究标记集划分的层次原则。我们知道词类不同特性不同，同一种词类不同的词也各有特色。因此，在总原则不变的情况下，各词类会形成其独有的标记集，同时每个词类下的具体词语将具有自己的标记项目。

2.2 本文连词注释语言标记标准

有了形式框架之后，就可以把不同的内容放到恰当的位置。同时，可以根据框架推导词语应该注释哪些内容。这与漫无边际的主观臆断相比有了质的不同。

根据对连词注释语言的考察，本文的连词标记标准如下所述。

2.2.1 一般项目

一般项目指无论理解型词典还是学习型词典注释词语时，均会采用的项目，如词目、拼音（仅词典有）、例证（正例、错例（仅词典有））等。

本研究还把"英注、位序"放入一般项目，因为它们与词目、拼音、例证一样，处于词目注释的核心内容的外围。

因为本研究选择的词典（《用法词典》）是单语词典，所以"英注"仅《桥梁》使用。"位序"是语料库技术出现后，现代词典中才出现的注释项目，用于展示词目的使用程度。随着语料库技术的发展，此类注释项目有增多的趋势，如展示兼类词不同词性使用程度、多义词不同义项常用程度等。本研究中仅《用法词典》有"位序"注释项。

2.2.2 意义注释（语法意义）

（1）句子释义：以句子方式呈现的语法意义注释。如："万一，……表示可能性极小

---

[1] "不可用"项目根据中介语偏误，通常为针对容易产生误用的情况、情景等进行的有意识强调说明。如："表示平等的联合关系时不能用'还是'。下面句子'还是'错用：'我现在口语没有问题，但是写还是（和）念有问题。'"

的假设，一般用于不如意的事。"[1] "无论，……表示在任何假设条件下结果或结论都不会改变。"

（2）短语释义：以同义词或短语进行的意义注释。如："倘若，……假如；如果"。

2.2.3 用法注释

2.2.3.1 语言层级组合规律用法注释

（1）实用语形：在真实文本中，该词目的其他说法或呈现形式的说明。如："甚至，……书面语也用'甚至于'或'甚而至于'。""'不仅'也说成'不仅仅'。"

（2）语法作用：被注连词常用于连接什么样单位的说明，即词目是句内连接，还是句际连接的注释。如："和，……联系类别或结构相同的并列成分。只能连结单词或结构，不能连接小句、句子。""无论……常用于复句，用在前一小句的主语前。也可用于单句。后面多有疑问代词。"

（3）兼类：被注词有无兼类词性的说明。如"甚至"兼类"副词"。

（4）位置：指组成句子时，被注连词常处的特定位置的说明。例如常用于句首，或用在动词后等。

（5）连用：真实文本中连词可否连用多次的说明。如："不管……有时几个假设条件分开说，连用几个'不管'"。

（6）搭配：常与被注词目搭配的词语或结构的说明。如："至多……后面常带有'不过'、'只有'之类的词语。"（这个项目可继续细化，如可以细化为词间搭配、结构搭配、语义搭配、语境搭配等，但连词这块搭配比较简单，主要是结构搭配，如："不仅，连词。常与'也、还、又、而且、并且'等连用，表示后边的意思进了一层，构成递进关系的复句。"）

（7）不搭配：被注词目使用中不能与什么搭配的情况说明。

（8）上下文说明：被注连词使用的上下文的条件说明。如："从而"注释中的"前一小句表示条件、方法或原因等"。"以便"注释中的"主语相同时，后一小句不出现主语"。"如果……用于前一分句，后一分句根据它推出结论或提出问题。……"

（9）近义词：与被注词意义或用法相同或相近的词或短语的列举。

（10）反义词：与被注词意义或用法相反的词或短语的列举（这是一个有意设置的项目，当然也是"近义词"的对举项目，以验证连词是否为实义词）。

（11）辨析：近义词/同义词异同的比较辨析。

2.2.3.2 社会交际语境说明

（1）语域：被注词目使用领域或场合的说明。如："则，……多用于书面语"。

（2）语气：注释词目使用中的语气，如："总之，……有停顿"。

（3）不可用：基于中介语偏误，通常为针对容易产生误用的情况、情景等进行的有意识强调说明。如："因而，……不能用在表示原因的分句里。""表示节省的意思不能用'省得'。"

---

[1] 这个小句展示了词目的使用语域。

2.2.3.3 其他

（1）错例说明。如"不料"注释中的："下面句子'不料'位置不当"。

（2）插入语。为使词典行文流畅、上下文连贯而引入的一些短句，如"有以下用法"、"在使用上有两种格式"。

3 连词注释语言的现状

不计一般项目"词目、拼音、位序、例证、英注"的情况下，统计结果显示《桥梁》注释 13 个项目，《用法词典》注释 15 个项目。这说明两者在注释项目的选择上存在差异。

《桥梁》注释项目 13 个：词性、句子型语法意义注释、短语型语法意义注释、语法作用、使用位置、搭配用法、近义词、语域、<u>辨析</u>[1]、<u>词性兼类</u>、实用语形、上下文说明、连用。

《用法词典》注释项目 15 个：词性、句子型语法意义注释、短语型语法意义注释、语法作用、使用位置、搭配用法、<u>不搭配</u>、近义词、语域、<u>错例说明</u>、实用语形、<u>不可用</u>、<u>语气</u>、上下文说明、连用。

虽然《桥梁》和《用法词典》在注释项目数量上差异不大，但两者具体注释项目却很不一样。篇幅所限，在此我们只列出引人瞩目的几组对比结果数据，从对比的角度来展示和说明连词注释现状。

3.1 两者共有的注释项目

除常规项目如词目、拼音、英注、位序、例示外，《桥梁》和《用法词典》共有的注释项目有 11 项：词性、搭配用法、语法意义（句子型、短语型）、使用位置、语法作用、语域、同（近）义词、实用语形、上下文说明、连用。

其中 7 个项目（词性、搭配用法、语法意义（句子型、短语型）、使用位置、语法作用、语域）注释率均高于 20%（表 1）。这个调查结果从量的角度揭示了连词的基本属性特征：很多连词都有固定的配套模式，如"不仅……，而且（'并且'或副词'还'、'也'）……""如果……，就（'那'、'那么'）……"，因而"搭配用法"项目注释率较高。连词在连接不同成分时，通常有固定位置，使用不当容易写出或说出不合汉语习惯的句子，故"使用位置"相对固定是连词又一特征。"语法意义"和"语法作用"是连词正确使用的基础，因而是连词主要的注释内容。"语域"的较高注释率则体现了连词存在对社会交际语境要求明显的汉文化特性。因而，可以认为这 7 项是连词词类共性的基础注释项目。

---

[1] 下划线项目为不见于对方的注释项目。

表 1 两者共有且注释率较高的项目

共注项目		注释率/%	
		《桥梁》	《用法词典》
词性		98	100
搭配用法		49	44
语法意义	句子型	78	81
	短语型	5[1)	26
使用位置		39	63
语法作用		32	48
语域		27	33

1) 这个数据不符合20%以上注释率的要求,但因为是"语法意义"注释项目,并且《用法词典》注释率超过20%,故一并列出。

其余4项(近义词、实用语形、上下文说明、连用)虽是两者共有的注释项目,但注释率不高,说明它们仍是连词的个性化属性。

3.2 两者未注项目统计

在连词的23个标记项目中,《桥梁》未注项目有9个,《用法词典》未注项目有4个(表2)。

表 2 未注项目的分布情况

媒体	未注项目数	未注项目	对方注释率
《桥梁》	9	反义词、英注、位序、拼音、不搭配、错例、错例说明、不可用、语气	位序(100%)、拼音(100%)、不搭配(4%)、错例(59%)、错例说明(59%)、不可用(37%)、语气(7%)
《用法词典》	4	反义词、英注、辨析、插入语	辨析(5%)、插入语(6%)

从表2可以发现,"反义词"和"英注"两个项目两者均未注,但所反映出的问题却不同。反义词反映了虚词和实词注释项目的差异,"反义词"是一个实词项目,所以连词没有注释;"英注"反映的是注释项目的等级问题,英注是初级教材的注释项目,《桥梁》作为中级教材可以不用,《用法词典》面向的是中级水平读者,也可选择不注。

《桥梁》未注而《用法词典》注释率较高的三个项目("错例、错例说明、不可用",对于汉语二语教学和学习者学习而言,都非常重要,可起警醒和预防偏误的作用。例如:"而且"不能用在问句中。下面句子"而且"错用:"她很喜欢沉默,在熟人面前都很少说话，而且（何况）在生人面前呢？"如果条件允许，教材应加以注释。"不搭配"也是《用法词典》独有的项目，该项目有与"不可用"相同的效果，就是预防偏误；但其注释率低，说明发生搭配偏误只是个别连词。"语气"与"不搭配"项目一样是个别连词才有的个性化注释项目，但如果被注连词有这种情况，也是应该加以注释的。"拼音"是词典的必注项目，但教材可由老师讲解，不注也是可以的。"位序"反映了词语使用的程度，如果有可用的资源，注释词语时加上"位序"有利于教学选择。

对词典而言，"辨析"是应有项目，因为虚词无实在意义，所以所谓的同义词，主要区别在用法上，这关系到学生语言使用是否得当的问题。既然《用法词典》列举了"近义词"（词典近义词列举率为15%），《桥梁》中有"辨析"出现，《用法词典》没有出现该项目，说明在注释项目的选择上编者考虑不周。关于"辨析"注释项，《桥梁》注释也存在问题，调查结果显示《桥梁》近义词注释率为24%，而辨析仅为5%，即大部分近义连词没有辨析，这是远远不够的。

这些对方未注项目说明，在连词注释项目的选择上，编者有较大主观性，而大家对这些项目注释的必要性认识不同。

3.3 《桥梁》与《用法词典》注释明显高于对方的项目

《用法词典》有12个项目注释率高于《桥梁》，其中明显高于《桥梁》的8项（表3）；《桥梁》在5个项目上高于《用法词典》（表4）。数据表明，《用法词典》有较多项目注释程度比《桥梁》高，特别是涉及连词用法上，如错例说明、不可用、使用位置、上下文说明、语气等，其中词语的错例说明，是中介语偏误研究成果在《用法词典》中的呈现，也是《用法词典》独有的特色或尝试。这是《桥梁》应该借鉴的。但《桥梁》更加注重连词构成结构方面的注释，如在连词构成"搭配"和连词使用时的"实用语形"以及同（近）义词辨析等项目上做得比《用法词典》要好，在这些项目的注释上，《用法词典》应该向《桥梁》看齐。

表3 《用法词典》明显高于《桥梁》的项目

注释项目	错例说明	不可用	位置	短语释义	语法作用	上下文说明	语气	语域
高于《桥梁》	59%	37%	24%	21%	16%	10%	7%	6%

表4 《桥梁》高于《用法词典》注释的项目

注释项目	搭配	同（近）义词辨析	插入语	实用语形	近义词
高于《用法词典》	5%	5%	6%	7%	9%

总之，从词语注释项目分布上看，《用法词典》和《桥梁》的注释项目存在的问题有：①注释项目不同。例如，《用法词典》注释项"不可用"、"不搭配"和"错例"等项目，是预防偏误的重要注释内容，《桥梁》中没有出现。②注释程度不一致。例如，在"语法意义"注释上，《桥梁》采用短语注释方式的注释率为5%，《用法词典》为26%；在词

语"使用位置"的注释上，《桥梁》注释率为 39%，《用法词典》为 63%；《用法词典》的"语法作用"注释率为 48%，《桥梁》为 32%，等。

可以说，在连词注释上两者各有侧重，并无定规。关于连词什么项目该注，什么不注，以及每个注释项的重要程度，大家的认识很不统一。这说明连词注释基础研究亟需加强。

4 连词注释模式的建议

基于本研究的调查结果和连词自身的特点，我们认为连词注释应该既考虑连词共有的基本属性的注释，也应该注意具体词语的特殊项目的注释，以构成整个词类的整体描述框架。该框架提供的是连词注释描述的充分性项目，但并不都是每个词语的必选项目。

本文提出的连词注释整体描述框架为（具体词语注释可依情况取舍）：词目、拼音、英注、位序、词性、语法意义（句子型、短语型）、语法作用、使用位置、搭配用法、不搭配、实用语形、语域（连词多为语体说明）、上下文说明、举近义词、辨析、不可用、语气、连用、词性兼类、插入语、例示、错误用例、错例说明等。

连词共性的基础注释项目 10 项：拼音、词性、语法意义（句子型、短语型）、语法作用、使用位置、搭配用法、语域、上下文说明、例句。

连词个性化注释项目：近义词、辨析、实用语形、词性兼类、连用、不搭配、不可用、语气、插入语、错例及错例说明。

本研究认为，面向学习者应特别注释的项目有：错例、错例说明、不可用、不搭配、近义词辨析、实用语形、上下文说明。

本研究认为有两点应该引起词典编纂者注意：①连词立目可直接以连词结构的形式出条。外语学习中会出现这样的情况：一种语言中的词，在另一种语言中可能对应一个结构，如 when 与"当……时"相对应。所以学习型词典应该考虑这种对应方式，也就是直接以连词结构的形式出条，如"不但……而且……"、"由……而……"可以直接出条，以有利于语言的学习和使用，这种形式化的表述方式易于接受和套用生成新的句子。②举近义词项目在《桥梁》和《用法词典》中注释率分别是 24%和 15%；但辨析《桥梁》只出现 5%，《用法词典》居然一例也没有。语言常识告诉我们，完全的等义词几乎不存在，所谓的同义词一般存在用法或意义的差异，如使用的正式程度、强调的程度、强调的情景要求和口语书语之分、俗体正体之分。如果没有辨析，往往会导致学生选择用词时无所适从，或者随便选择，这正是导致偏误产生的一个原因。

教材与词典注释项目可有所不同，教材有随文释义、阶段性学习要求、形式灵活等特色，所以可根据教学程度或深度决定注释的广度和深度，选择注释项目，如可增加练习项目。词典有一定之规，一般不随意（依据不同的词语）任意扩展，所以事先应有一个可以依据的充分注释的描述框架，注释时可以根据需要取舍，这样可以减少注释的随意性和主观性。

5 结 语

连词本身就是一个十分特殊、复杂的词类，词语注释也是一个涵盖多层次、多方面问题的研究对象。要深刻透彻地研究连词的注释，并总结概括出连词注释的基本原则、注释模式，涉及应用语言学各个领域的知识和大量的分析考察工作。本文试图借助语料库技术，采用解析式的研究方式，对注释语言的情况进行定量和定性的研究和分析，以图对连词应该如何注释有所发现。但这毕竟只是一个尝试，所提出的注释模式实际效果如何，还没有经过偏误检验和调查检验，其中存在的谬误和不当之处，恳请批评斧正。

参考文献

陈灼. 桥梁：实用汉语中级教程[M]. 北京：北京语言大学出版社，1996.

李小荣. 谈对外汉语虚词教学[J]. 世界汉语教学，1997（4）.

李忆民. 现代汉语常用词用法词典[M]. 北京：北京语言大学出版社，2005.

马真. 现代汉语虚词研究方法论[M]. 北京：商务印书馆，2004.

郑泽芝、陈培新，厦门大学中文系

zhengzz@xmu.edu.cn，150060340@qq.com

汉韩语言对比研究及汉语本体研究

评注性副词"毕竟"、"究竟"与"어쨌든"、"도대체"对比考察

[韩] 安槿玲

摘　要：评注性副词"毕竟"、"究竟"与"어쨌든"、"도대체"，表达说话人主观情感的认识与态度。汉语两个评注性副词"毕竟"与"究竟"，除了具有跟一般副词相同的语法功能之外，还具有一些特殊的句法功能和语用特征。本文在前人研究成果和语料考察的基础，在语义特征、句中位置、句法功能与句类分布方面对"毕竟"和"어쨌든"、"究竟"和"도대체"进行全面考察。

关键词：评注性副词；毕竟；究竟；어쨌든；도대체；汉韩对比

"现代汉语有一类副词，它们不仅可以充当状语并表达各种语气，而且还可以充当句法上的高层谓语，对所表达的命题或者述题进行主观评注，因此也叫评注性副词。"（张谊生，2000）这类副词在实际语言运用中分布范围广，使用频率高。常见的评注性副词有"毕竟、到底、究竟、终归"等，它们在语义上相互交叉，句法上也存在很多共同之处。韩语虽没有"评注性副词"这一术语，但也存在表示主观评注的副词，如"어쨌든、도대체、결국"等。汉韩评注性副词之间语义对应关系复杂，在对外汉语教学中也是一个难点。本文拟基于汉韩母语语料库，选择使用频率较高、韩国学生在使用时经常出现偏误的"毕竟"、"究竟"与韩语"어쨌든"、"도대체"进行对比分析，相关的例句共有105个（来自汉译韩文小说和韩译汉语小说）。

从汉韩对译语料中我们发现，"毕竟"主要与韩语的"어쨌든"相对应，"究竟"主要与韩语的"도대체"相对。在此基础上，我们利用语言描写与解释并重的方法，进一步探讨它们的语义、句法和语用的异同，并努力对这些语言现象进行解释　。

1　"毕竟"与"어쨌든"的语义分析

1.1　"毕竟"在韩语中的对应形式

通过对语料进行分析可以发现，"毕竟"在韩语中的对应形式主要有 "어쨌든"、"필경"、"결국"、"역시"。其中对应最多的是"어쨌든"，在全部105个例句中，这种翻译占40%（42个）；其次是"필경"，占21.9%（23个）。

我们将"毕竟"的语义分为两项：一是表示对原因或特点的强调，有"不管怎么说结果都是这样"的意思，它对应的韩语词语为"어쨌든"和"필경"；二是表示某种结果或现象

还是发生了，它对应的韩语词语为"결국"、"끝내"、"마침내"和"드디어"。

通过"毕竟"与韩语词语的对应情况可以看出，"毕竟"第一义项有时对译为"어쨌든"，有时对译为"필경"。那么，两者能不能互换？句子之间有没有差异呢？其实，"毕竟"最常对应的"어쨌든"和"필경"的词义基本相同，都表示不管条件如何，某种事物或情况的特点和性质总是那样，强调对不变结果的主观评价，有时可以互相替换使用。例如：

（1）마당이　　 있는 집이라고 했지만,　어쨌든 내　집도　아니고　　그

　　词译：院子_{主格助词}在　家　　　叫_{对立词尾}　毕竟　我的 家也　不是_{并列词尾} 那

　　　　나무를　　누가　 건사하나 싶은 게 귀찮은 생각까지　들었다.

　　　　树_{宾格助词}　谁_{主格助词}　干涉　会不会　讨厌的　想法甚至 　想

　　句译：虽然家里有院子，但那毕竟不是自己的房子，我担心有人会干涉种树的事。

（金溶成《树妖》）

（2）현재 인류의 지능은　　 필경 6500 년전 의 공룡보단　 훨씬 뛰어 나니,

　　词译：现在 人类的 智慧_{添意助词} 毕竟 6500 万年前的 恐龙　比　　更　　杰出_{因果词尾}

　　　　인류의 미래는　　 인류자신의　노력여하에　 달렸다.

　　　　人类的 未来_{添意助词} 人类自己的 努力_{处所格助词} 取决于

　　句译：今天人类的智慧毕竟远远高于 6500 万年前的恐龙，人类的未来终究取决于人类自身的努力。

（王思潮《小行星撞击地球的危险性和对策》）

1.2 "어쨌든"在汉语中的对应形式

韩语"어쨌든"在汉语中的对应词常为"毕竟"与"无论怎样/无论如何/不管怎么样/不管"，在"어쨌든"的 173 个例句中，这两种翻译各占总数的 24.3%（42 个）和 23.1%（40 个）；其次为"反正"，占 16.2%（28 个）；再次为"究竟/到底"，占 5.8%（6 个/4 个）。

通过对语料的分析，我们将"어쨌든"的语义分为两项：一是表示说话者认为做某件事或发生某种状况不影响到结果或结果没有什么变化；二是表示某种情况最终还是发生了，不管怎样，结果不变。

"어쨌든"翻译为汉语"无论怎样/无论如何/不管怎么样"等词语，不仅可以表达说话者的语气，而且它们自身也含有客观的理性意义，表示"发生任何事情或状况都不能改变"之意，所以其后往往可以直接加上表示建议、意见或某种决定的句子。例如：

（3）无论如何你不能走。　　　　　　　　　　　　　　　　（巴金《家》）

（3′）어쨌든　　너는　　못간다.

　　词译：无论如何 你_{添意助词} 不能走

"어쨌든"也可以翻译为汉语"反正"。通过对比可以发现"反正"和"毕竟"在语气上的差别。在我们搜集的例句中，将"어쨌든"翻译为"反正"，有时候可以用"毕竟"替换，这时两者都是用来表示对某种事实或特点的强调。虽然可以替换，但是使用

"毕竟"的句子语气会显得更委婉，而两者"反正"表达的语气较强烈。虽然它们都可以用来强调某种事实或特点，但"毕竟"表达的常常是不可否认的事实或不充分的条件、原因，而"反正"往往表达说话者认为事实十分可靠或理由很充分。例如：

（4）<u>反正</u>自己的力气是自己的，自己肯卖力挣钱，吃饭是不成问题的。

（老舍《骆驼祥子》）

（4′）<u>어쨌든</u> 자신의 체력은　　자기　것이니　　힘껏　일해서　　돈을

词译：反正　　自己的　体力_{添意助词}　自己　东西_{因果词尾}　卖力　工作_{方式词尾}　钱_{宾格助词}

　　　벌면　　먹는 것쯤이야　문제가　　되지 않을 것이다.

　　　赚_{假设词尾}　吃的　东西　问题_{主格助词}　成为　不会

在另外的不能被替换的句子中，"反正"也像"无论怎样、无论如何、不管怎么样"一样，往往含有总结性的意思。例如：

（5）<u>反正</u>，叫人厌烦的放疗明天就要拜拜了。　　　　（赵昌仁《刺鱼》）

（5′）<u>어쨌든</u>　지긋지긋한 방사선 치료도 내일로 끝날 테니까요.

词译：反正　　让人厌烦的　放射性　治疗也　明天　　结束

"毕竟"则缺少表达这种总结性语气的功能。

1.3 "毕竟"和"究竟"

我们发现在上面的统计之中，"어쨌든"在表示说话者认为做某件事或发生某种状况不影响到结果或结果没有什么变化时，很少翻译成汉语的"究竟"。这样的句子共有6个，这6个句子中的"究竟"都可以用"毕竟"来代替。例如：

（6）虽然身上的金已经脱落了，甚至一只手也断了，然而神<u>究竟</u>是神啊。（巴金《狗》）

（6′）몸의　　금칠은　　이미 벗겨지고　심지어 한쪽 손마저 잘린채였지만,

词译：身体的　金漆_{添意助词}已经　脱落_{并列词尾}　甚至　一边 手连　断 状态_{转折词尾}

　　　그래도 신은　　<u>어쨌든</u>　신이다.

　　　然而　神_{添意助词}　究竟　　神

在上文的例句中用"毕竟"更合适，有人认为使用"究竟"的话也能理解。这些例句均来自五四时期的文学作品，我们知道在这近百年的语言发展过程中，许多词的用法已经发生了变化。现在"究竟"的第二个义项，即"用于强调事物的本质和特性，表示归根到底的结论"，已经用得比较少了，如今在表达这一义项时我们通常都使用"毕竟"。我们对87个含有"究竟"的例句进行了分析，发现它表示第二个义项的句子仅有10个，占总数的12.3%，这也可以在一定程度上证明我们上述的结论。

2 "究竟"与"도대체"的语义分析

2.1 "究竟"在韩语中的对应形式

通过对语料进行分析，我们可以发现"究竟"在韩语中的对应形式主要有以下几种：

"도대체/대체"(在"究竟"87个例句中占77.3%/67个)、"어쨌든"(占6.8%/6个)、"결국"(占4.5%/4个)。我们将"究竟"的语义分为两项：一是表示对事物的结果做进一步追究，多用于疑问句，有时可用于陈述句，而且句中必须有疑问代词"什么、谁、哪儿、怎么"等，或者含有动词或形容词的正反疑问形式，这时它相当于韩语的"도대체/대체"；二是用于强调事物的本质和特性，表示归根到底结论就是如此，类似于韩语的"어쨌든/결국"。例如：

（7）他不知不觉就跳了上去，不知道究竟为什么要乘电车，也不知道这电车是往什么地方去的。　　　　　　　　　　　　　　　　　　　　（郁达夫《沉沦》）

（7′）그는　　자신도 모르는　　새에　　　　올라탔으나, 도대체 이 전차가
词译：他添意助词自己也 不知道的 时候时间格助词 上去乘坐　究竟　这电车主格助词
　　　어디로　　　가는　　　것인지도　　몰랐다.
　　　哪里处所格助词去的　东西　也　不知道

（8）他究竟热爱着他的妻子，跟从前没有两样。　　　　　　　　（巴金《将军》）
（8′）그는　　어쨌든　전과　　다름없이 아내를　　사랑했다.
词译：他添意助词究竟　以前和　不同没有　妻子宾格助词爱

"究竟"在韩语中对译最多的是"도대체/대체"，占77.3%。它们的语义基本相同，"도대체"的追究语气比"대체"更强，二者在反问句中通常可以互换。"도대체/대체"放在句首或句中，表示追问的语气，强调某种性质或特点，以突出说话人的主观态度，互换后句子上语义没有变化，只是句子语气的强弱程度上有差异。

2.2 "도대체"在汉语中的对应形式

对语料进行分析，我们发现"도대체"在汉语中的对应形式主要有"究竟"与"到底"。其中对译最多的是"究竟"，共有68个（占47.6%），如例（9）。我们将"도대체"的语义分为两项：一是表示说话人对不清楚的情况或事情表示强烈的不满，要求说明真相；二是主要跟否定词一起用，有"完全不"的意思。翻译为"到底"的例句共有32个（占22.4%），其中除了2个句子外，所有的"到底"都可以用"究竟"替换而意思不变。

（9）我很想马上知道他的脸所暗示的风暴究竟是怎么一回事，……（巴金《化雪》）

通过进一步分析，我们发现在这30个句子中，在"究竟"和"到底"表示"对事物的结果做进一步追究"这种意义时，两者是可以互换的，且不影响意思。句子或者是疑问句，或者是含有疑问成分的非疑问句。这样的句子中常常含有"为什么/怎么办/什么时候/什么地方"等，或动词、形容词的肯定否定共现形式，或反义词对举出现。

3 "毕竟"与"어쨌든"的句法分析

3.1 "毕竟"与"어쨌든"所充当的句子成分

在句法成分上，"毕竟"主要充当状语。虽然汉语词类与句法功能不一一对应的特

点已经是语法学界普遍认可的观点,但是副词相对于其他词类来说句法功能很单一,只能充当状语。"毕竟"作为评注性副词,自然也具有所有副词的语法共性。"어쨌든"也不例外,也与"毕竟"相同,作为副词修饰相关命题内容,充当状语。"毕竟"和"어쨌든"以充当状语为主,所占比例分别为95.3%和96.7%,其他成分就只能充当插入语,这时它们仍然表示主观评注。例如:

(10) 除此之外,不是说大话,我还帮了姑妈很多呢,她<u>毕竟</u>是对我有恩的人。

(蔡万植《痴叔》)

(11) <u>毕竟</u>,中国的民族音乐博大精深,资源不可谓不丰富。

(《中国儿童百科全书》)

(12) <u>어쨌든</u>, 여보 이건 분명해.서린이나 서린댁이나 사람다운 사람들은
  词译: 反正 老婆 这个 清楚 西林或者 西林老婆 像人的 人们添意助词
  못돼.
  无法成为
  句译: 反正,老婆这个很清楚,西林或者西林老婆人品都不好。

玄镇健《贫妻》

例(12)里,"어쨌든"位于前一分句,后面的分句表示无论如何结果都如此,向接收者转达新信息,"어쨌든"后用逗号隔开。

3.2 "毕竟"与"어쨌든"的句中位置

"毕竟"与"어쨌든"都可以位于句首,但不能位于句尾。它们位于句首又有两种情况,即位于一个独立单句的句首和位于复句后续句的前头。当它们处在句中位置时,"毕竟"与"어쨌든"一般都位于主语之后,如果出现连词(多为转折连词,如"但、但是、却、然而"等),它们只能位于连词后边。无论处于哪种句子中,它们都既可以用在主语前边,也可以放在后边。"毕竟"的位置虽然灵活,而且可用来表达说话者的语气,但是控制全句的能力不如转折连词强。还需要注意的句子有两种。一种是"A 毕竟是 A"的格式,例句中有10例。例如:

(13) 女人<u>毕竟</u>是女人啊!(玄镇健 《贫妻》)

在此类句子当中,如果将"毕竟"提前,将上例变为"毕竟女人是女人啊!",虽然意思一样,而且听话人也能理解,但是很少有人这样使用。我们认为这不仅是因为后句在听感上会显得啰嗦,还因为这是一个强烈表达说话人语气的句子。根据前面的分析,可以知道这里的"毕竟"是用来强调女人具有的某种特点,而这里女人的特点正是"女人",隐含着说话人和听话人所共知的东西。所以,把主语"女人"放在句首,在凸显主语的同时也凸显了"女人"的特点。这种效果和使用"毕竟"想要表达的语气是一致的。在这种结构当中,第一个主语也可以省略,但是表达的语气相对没有原来强烈。

另外还有一种句子:

(14) 不好说,换了韩国或日本队会如何?<u>毕竟</u>谁也没遇到过挨打根本不还手的对手。

(河瑾灿《受难两代》)

这样的句子虽然在我们的例子中出现的不多,但是很具有代表性,当主语是疑问代词时,"毕竟"只能放在主语的前面。

我们收集到的含有"毕竟"的例句共有 300 例,其最常见的位置是句中;"어쨌든"的例句共有 301 例,其最常见的位置是句首。在"어쨌든"位于句首的 255 个句子里,有 148 个句子是可以将"어쨌든"放到句中的,即可以放在主语的后面;剩下的 107 个"어쨌든"不能移动位置的句子所具有的共同点与"毕竟"一致,那就是它们都没有或者省略了主语。

可知"毕竟"与"어쨌든"能够自由移动位置的句子分别有 159 个和 172 个。如果不考虑关联词的影响,可以移动的句子分别有 268 个与 194 个,分别占总数的 89.3% 与 64.4%。这足以说明"毕竟"与"어쨌든"在句中的位置十分灵活,而这种灵活性主要体现在它们和主语的位置关系上。除了汉语"A 毕竟是 A"格式和疑问代词作主语的情况外,几乎在所有出现主语的句子中,"毕竟"都可以和主语互换位置而不影响句义。

3.3 "毕竟"与"어쨌든"的句类分布

通过句类分布的分析,我们可以发现"어쨌든"的使用范围比"毕竟"更广。例如:

(15) 약을 도리 없이 먹어야 하는 거니까요, 어쨌든 공포의 순간이죠.
词译:药_{宾格助词} 道理 没有 吃 一定要的 东西_{因果词尾} 不管怎样 恐怖的 瞬间
句译:不想吃也得吃东西,<u>不管怎样</u>,真是恐怖的瞬间啊!(感叹句)

(赵昌仁《刺鱼》)

(16) 어쨌든 너는 못 간다.
词译:无论如何 你_{添意助词} 不能 走
句译:<u>无论如何</u>你不能走。(祈使句)

(巴金《家》)

在含有"毕竟"的 300 个例句中,有 294 个是陈述句(还有 6 个是感叹句),其比例达到 98%,占有绝对的优势。含有"어쨌든"的 301 个例句中,有 289 个陈述句、6 个感叹句、4 个祈使句和 2 个疑问句,在各个句类中的分布不同于一般的副词。"어쨌든"主要分布在陈述句中,所占的比例达到 96%,也占有绝对的优势,是带有主观倾向性的表述性成分。

4 "究竟"与"도대체"的句法分析

4.1 "究竟"与"도대체"的句法成分

通过分析,可以发现"究竟"与"도대체"的用法基本相同。在句法成分上,"究竟"、"도대체"在所有的例句中都作为状语出现,但它们不作为插入语。例如:

(17) 有史以来,<u>究竟</u>保留了多少图书,谁也说不出准确的数字。

(《中国儿童百科全书》)

（18）우리에게 "삼국지"란　도대체　무엇인가?　20년간　가장　많은

词译：我们与格助词三国志所谓的　到底　什么　　20年间　最　　多的

　　　독자를　　확보한　인기작가인 이문열 때문인가? 그러나…

　　　读者宾格助词 确保的　人气作家　李文烈　因为　　　　但是

句译：对我们来说所谓的《三国志》到底是什么呢？是因为20年间拥有最多读者的人气作家李文烈吗？但是……　　　　　　（21世纪世宗计划韩语语料库）

上面两个例句里"究竟"与"도대체"都充当状语，没有例外。

4.2 "究竟"与"도대체"的句中位置

"究竟"与"도대체"在句中位置较灵活，可以位于句中、句首，但不能位于句尾，也不能单独使用。在所有含有"究竟"的300个例句中，有250个"究竟"位于句中，50个位于句首。在这250个句子中，有137个句子是可以将"究竟"移至句首的；另外的113个句子中，有104个"究竟"所在的小句充当了句子的句法成分，或者放在了连词和介词后边，这种情况与"毕竟"是一致的。"究竟"不能移动位置的句子有3个，其中有2个是"A究竟是A"的形式，例如：

（19）虽然未庄只有钱赵两姓是大屋，此外十至九都是浅闺，但闺中究竟是闺中，算得一件神异。　　　　　　　　　　　　　　　　　　（鲁迅《阿Q正传》）

在另外一个"究竟"不能移动位置的句子中，主语是含有疑问成分的，例如：

（20）究竟上肢的哪一部分叫作手，并没有一个准确的界线。

在这个句子中，"究竟"是绝对不能放在主语后边的。所以，当主语中含有疑问成分时，"究竟"必须放在主语的前边。

在全部含有"도대체"的303个句子中，有182个"도대체"位于句首，121个位于句中，没有位于句尾或单独使用的情况。在182个位于句首的句子里，有118个句子是不可以将"도대체"移至句中的，这些例句都是后边没有或者省略了主语或带有疑问代词的，"도대체"不能位于疑问代词后边，所以句首的"도대체"不可以移动到句中。

在121个"도대체"位于句中的例句中，有19个是不能把它移至句首的，其中有15个句子是因为"도대체"充当了小句的句法成分，或是因为它放在了连词和介词后边。例如：

（20）그 후 다시는　　그의　성씨를　　들먹이는 사람이　없었다. 그래서

词译：那 后 再次添意助词　他的　姓氏宾格助词 提起的 人主格助词 没有 所以

　　　나는　　끝내 아Q의 성이　　도대체 무엇인지를 알지 못했다.

　　　我添意助词　终究 阿Q的 姓主格助词 到底 什么宾格助词 知道 不

句译：此后便再没有人提起他的氏族来，所以我终于不知道阿Q究竟什么姓。

　　　　　　　　　　　　　　　　　　　　　　　　　（鲁迅 《阿Q正传》）

4.3 "究竟"和"도대체"的句类分布

通过语料考察我们发现,评注性副词"究竟"与"도대체"主要分布在疑问句与陈述句的疑问小句中。在句类分布方面,含有"究竟"的300个句子中,有158个疑问句、141个陈述句和1个感叹句。陈述句中有130个含有疑问成分。如果将疑问句以及陈述句中含有疑问成分的句子统一看作表达疑问的句子,这样的句子就有288个之多,占总数的96%。这说明"究竟"多用来表示疑问。

不含有疑问成分的陈述句一共有11个,我们发现在这11个句子以及唯一的感叹句中的"究竟",都可以用"毕竟"来替换,有的还可以用"到底"替换。例如:

(22)生活<u>究竟</u>是美丽的啊!(巴金《将军》)

(22′)삶은 어쨌든 아름다운 것이다.

词译:生活添意助词究竟　　美丽的　　东西

含有"도대체"的303个例句中,有174个疑问句、123个陈述句和6个感叹句。陈述句中有112个含有疑问成分,有11个句子不含有疑问成分。"도대체"不出现在祈使句中。如果将疑问句以及陈述句中含有疑问成分的句子统一看作表达疑问的句子,那么这样的句子一共有296个,占例句总数的97.6%,也足以说明"도대체"经常用来表达对某种疑问的追进。

5 对"毕竟"与"究竟"的进一步考察

基于前面的分析,我们对汉语"毕竟"和"究竟"进行进一步的概括分析。

"毕竟"的语义有:一是表示对原因或特点的强调,有"不管怎么说结果都是这样"的意思;二是表示某种结果或现象还是发生了。

"究竟"的语义有:一是表示对事物的结果做进一步追究;二是用于强调事物的本质和特性,表示归根到底结论就是如此。

通过分析语料,我们可以发现"毕竟"的第一个义项与"究竟"的第二个义项表达的是相近的意思,此时它们经常可以互换。

(23)虽然身上的金已经脱落了,甚至一只手也断了,然而神<u>究竟</u>是神啊。

(巴金《狗》)

(23′) 몸의 금칠은 이미 벗겨지고 심지어 한쪽 손마저 잘린 채였지만,

词译:身体的 金漆添意助词已经 脱落并列词尾 甚至　　一边 手连　断 状态转折词尾

그래도 신은 어쨌든 신이다.

然而　神添意助词　究竟　　神

如果用"毕竟"来替换"究竟",那么这句话仍然是成立的,而且句义保持不变。

但是,由于语言总是处于不断的发展变化之中,我们发现"究竟"用来强调"事物的本质和特性,表示归根到底的结论"这一语义使用的范围已经越来越小,越来越不符合母语者的语感了。现在一般多用"毕竟"代替"究竟"来表示这一意义。

我们考察了几本中韩词典里的释义，发现"毕竟"对应的韩国词语为"어쨌든"与"결국"，"究竟"对应的韩国词语为"도대체"、"결국"与"어쨌든"。

在《进明中韩词典》里，"毕竟"解释为：

毕竟：【필경】【어쨌든】【결국】

他～是工人。　｜　他的错误～是认识问题。

可见，词典中的解释很粗疏，且对翻译为韩语不同词语的解释不够充分，韩国学生很容易混淆用错。而"毕竟"与"究竟"在语义和用法上有交叉的部分，有着细微的差别，它们有时可以互换，有时不能互换，并且与韩语中词语的对译关系错综复杂，因此成为韩国学生学习汉语的难点。总结前文的分析和研究，以吕叔湘先生《现代汉语八百词》的词典释义为基础，我们在这里试图从对韩国学生教学的角度出发，探讨对"毕竟"和"究竟"的释义，希望由此可以对汉语教学产生一定的帮助，使韩国学生更准确地理解和使用这两个评注性副词。

5.1 "毕竟"

"毕竟"是评注性副词，一般用于陈述句中，在书面语和口语中都可使用，有以下两种语义：

（1）表示对原因或特点的强调，有"不管怎么说结果都是这样"的意思，常常表达出一种"不得不承认或条件、原因不充分"的语气。例如：

他～是个孩子。

他～经验丰富，说的话很有道理。

（2）表示经过较长的时间或过程，强调某一最终结果的出现、发生，连接的前后句之间往往是相反相对的情况，因此常和表示转折的连词一起使用。它可以用于期望发生或不期望发生的结果前，在肯定句与否定句中都可以使用。例如：

不论怎么说，他～还是来了。

环境污染虽重，但～没有马上就毒死人。

另外，"毕竟"一般既可以放在主语前，也可以放在主语后，但是在"A 毕竟是 A"结构中，一般要将"毕竟"放在主语后边，有时可以省略第一个主语，但语气则会减弱。例如：

（女人）～是女人。

当主语含有疑问代词时，"毕竟"只能放在主语前边。例如：

～谁也没遇到过挨打根本不还手的对手。

5.2 "究竟"

"究竟"是评注性副词，表示对事物的结果做进一步追究，多用于书面语中，较为正式。"究竟"一般用在疑问句或者含有疑问成分的陈述句中。例如：

～你去还是他去？

觉慧知道这个时候～在想些什么。　　　　　　　　　　　　　　　　（巴金《家》）

6　结　语

通过统计与语料分析，我们发现汉韩两种语言对译时并不完全是一一对应的。本文结合前人研究的成果，重新归纳了语义特征及汉韩两种语言的差异。具体如下：

（1）"毕竟"与"어쨌든"。"毕竟"表示强调某种事物的性质、特点，有"不管怎么说结果都是这样"的意思，对应的韩语词语为"어쨌든"。它们大多出现在表示结论的句子中，既出现在表因果关系的复句中，也出现在表示转折关系的复句中。分析复杂的对译关系可以发现，"毕竟"作为副词，单独出现时不能表示完整、实在的语义，所以它后边必须出现表示原因、特点或某种结果的句子才能成立。与"어쨌든"对译的"反正"，通过比较可以发现语气上的差别。在强调某种事实或特点的时候，"反正"才能和"毕竟"替换，但是使用"毕竟"语气会显得较委婉，而"反正"表达的语气较强烈；"毕竟"表达的常常是不可否认的事实或不充分的条件、原因，而"反正"往往表达说话者认为事实十分可靠或理由很充分。另外，"无论怎样、无论如何、不管怎么样"与"反正"都可以表达总结性的意义，但是"毕竟"则缺少表达这种总结性语气的功能。

从韩汉对比的角度来认识"毕竟"，我们可以发现"毕竟"的使用范围非常广泛，在书面语和口语、正式场合与非正式场合都可以使用，而且相对于韩语的对应词语，"毕竟"对于前后句的限制要求较少，既可以用于连接前后句相反的内容，也可以用于期望发生或不期望发生的结果前，在肯定句与否定句中都可以使用。

（2）"究竟"与"도대체"。"究竟"出现在问句里，表示深究的意思，对译为"도대체"和"대체"。"도대체"在汉语中的相应形式主要有"究竟"和"到底"。在含有表追究义的句子里，所有使用"究竟"的句子几乎都可以用"到底"替换而句义不变。"到底"与"究竟"虽然经常可以互换，但并不是说它们的用法就完全没有差别。"도대체"和"究竟"的句法位置都很灵活，这也主要体现在它们和主语的位置上。"究竟"放在主语前面的句子，不符合中国人的语感，所以"究竟"一般还是位于主语之后，当"究竟"出现在"A 究竟是 A"结构中时，它必须放在主语后面；而当主语含有疑问成分时，它必须放在主语前边。由于韩语语序的特点，"도대체"还可以放在宾语后边，比"究竟"更自由。在句类分布方面，在表示追究的句子中，它们都可出现在疑问句或含有疑问成分的陈述句中。

参考文献

吕叔湘. 现代汉语八百词[M]. 北京：商务印书馆，1980.
张谊生. 现代汉语副词研究[M]. 上海：学林出版社，2000.
Kang SukJin. 진명중한사전（进明中韩词典）[M]. Seoul：进明出版社，2004.

安槿玲，北京语言大学
makoto1145@126.com

浅议韩汉翻译中"把"字句的选择

车政华

摘 要：在对外汉语教学领域中,"把"字句一直是重点、难点,因此,它也成为语言学界研究的重要课题之一,从结构、语意、语用多个角度进行了大量的研究,反映在对外汉语教学实践中,则是教材和教师重点讲"把字结构"的构成方式和"处置义",而回避在什么语境下用该结构。本文尝试从韩汉对比的角度,将使用"把"字句的规则和条件具体化,以期对对外汉语教学和学汉语的韩国留学生正确使用"把"字句起一定的指导作用。

关键词："把"字句；韩汉翻译；体词性词语

在对外汉语教学中,最令教师感到棘手、学生感到困惑的,莫过于"把"字句了。本人在多年的对外汉语教学中也深有体会。语言学者用各种方法,从不同角度对其进行研究与解说：语法结构形式、语义本质、语用规律……研究在不断深入。但从学生的学习效果看,仍然不得要领。学生在表达中还是频频出现错误：该用"把字结构"表达的,却用一般的主谓宾句；不该用"把字结构"表达的,却用"把字结构"；在用"把字结构"表达时,又忽略了对动词后附加成分的特殊要求,只用一个光杆动词或者是用错补语；把本应该放在"把"前面的副词或能愿动词放在动词前面；等等。出现上述偏误的原因应该是多方面的,如"把"字句本身的限制条件多,语意比较复杂,也有教者和学生等各方面的原因。对于韩国留学生而言,本人认为韩语的干扰,即人们通常所说的"负迁移"是最主要的原因。众所周知,汉语是主题突出的语言,而韩语是主题、主语并重的语言。在句法结构上看,韩语的"主语—宾语—动词"与汉语的"主语—动词—宾语"和"主语—把—宾语—动词"是相对应的。也就是说,汉语里的"把"字句和一般的主谓宾句式所对应的是韩语的同一句式,即"主语—宾语—动词",而且,从结构上看,韩语的这一结构同汉语的"把"字句很相似。所以,很多学生只要韩语里有宾语,即"体词性词语+宾格标志을/를"的形式,就用"把"字句翻译,以致产生偏误。其实,虽然韩语里有与汉语的"把"相对应的"을/를",但用"을/를"的句子在韩语里只是普通句式,无法承担"把"字句的特殊作用,所以不能把韩语里的"体词性宾语+宾格标志을/를"跟汉语里的"把+体词性词语"对应起来,而是应该结合具体的语义和语言环境作具体的分析。

1 必须用"把字结构"

对外汉语教学界在讲授"把"字句的时候,通常会提出"处置意义"。本人在韩汉翻译教学中也根据教材的说明提及"处置说"，说明对某确定的事物（"把"的宾语）进行处置，使之发生位置移动、关系转移和形态变化的意义时必须用"把"字句翻译，而且列举大量的例子反复说明以及进行各种各样的操练。不过本人在教学实践中发现，这样的解释和练习还是不能使韩国留学生明确必须使用"把"字句的条件，而且，学生常常想不到要用"把"字句。如果将韩语的对应结构引进教学，使学生明确如果韩语句子中有两个可作宾语的体词性成分，就有可能是必须用"把"字句的情况；在确认句中有两个体词性成分之后，再根据这两个体词性成分后面的助词来判断是否应该用"把"字句翻译。实践表明这个做法效果很好。

1.1　表示某确定的事物因动作而发生位置的移动

如果韩语句子中有两个体词性成分，其表达形式是"……体词性词语을/를+……体词性词语（处所词居多）로/으로"（에，에게，까지），而且表示的是某确定的事物因动作而发生位置的移动，那么就必须用"把"字句翻译。通常其结构形式为"主语+把+宾语1+动词+在/到/给/趋向补语+宾语2"（宾语2处所词居多）。例如：

（1）어머니는　어린 딸을　품에　껴안았다.

词译：妈妈添意助词 小　女儿宾格助词怀处所格助词抱

句译：妈妈把小女儿抱在了怀里。

（2）우리는　　그녀를　방안으로　옮겨갔다.

词译：我们添意助词她宾格助词 屋里处所格助词抬进

句译：我们把她抬进了屋里。

（3）제가　　할머니를　공항까지 모셔다드렸습니다.

词译：我主格助词 奶奶宾格助词 机场到　　送

句译：我把老奶奶送到机场了。

（4）그는　새로사온　책을　　책상위에　　놓았다.

词译：他添意助词 新 买回的 书宾格助词 桌子上处所格助词 放

句译：他把新买的书放在桌子上了。

（5）나는　중국에서 사온　선물을　어머니에게　드렸다.

词译：我添意助词 中国从　买回的 礼物宾格助词　妈妈与格助词　　递

句译：我把从中国买来的礼物递给了妈妈。

1.2　表示某确定的事物因动作而发生性质的变化或认同为另一种事物

如果韩语句子中有两个体词性成分，其表达形式是"……体词性词语을/를+……体词性词语로/으로"，而且表示某确定的事物因动作而发生性质的变化或将某种确定的事物认同为另一种事物，那么也必须用"把"字句翻译。通常其结构形式为"主语+把+宾语1+动词+作/为/成+宾语2"。例如：

（6）나는   그의 의자를   쏘파로   바꾸었다.

词译：我添意助词 他的 椅子宾格助词 沙发格助词 换

句译：我把他的椅子换成了沙发。

（7）선생님께서는   우리를   자신의 자식으로   생각하신다.

词译：老师主格助词添意助词 我们宾格助词 自己的 孩子格助词   想

句译：老师把我们当作自己的孩子。

（8）그는   예술을   생명으로   간직한다.

词译：他添意助词 艺术宾格助词 生命格助词   视为

句译：他把艺术视为生命。

（9）우리는   아버지의   어머니를   할머니라고 부른다.

词译：我们添意助词   爸爸的   妈妈宾格助词   奶奶   叫作

句译：我们把爸爸的妈妈称作奶奶。

1.3　表示某确定的事物因动作而发生状态的变化

如果韩语句子有两个体词性成分，其表达形式是"……体词性词语을/를+……体词性词语……"，且动词具有"致使"意义，表示某确定的事物因动作而发生状态的变化，那么也必须用"把"字句翻译。其结构形式为"主语+把+宾语1+动词1+动词2+宾语2"。例如：

（10）그는   야채를   짜서   즙이   나오도록 했다.

词译：他添意助词 蔬菜宾格助词 挤方式词尾 汁主格助词 出程度词尾

句译：他把蔬菜挤出了汁儿。

（11）근로자는   철을   눌러서   형태가   변하게 했다.

词译：工人添意助词 铁宾格助词 压方式词尾 形态主格助词 变程度词尾

句译：工人把铁压变了形。

（12）어머니는 감자를   채로   썰었다.

词译：妈妈添意助词 土豆宾格助词 丝格助词 切

句译：妈妈把土豆切成了丝。

（13）어머니는 이 스커트를   바지로   고쳤다.

词译：妈妈添意助词 这 裙子宾格助词   裤子格助词   改

句译：妈妈把这条裙子改成了裤子。

2　不能用"把字结构"

有的时候韩语里即使有与"把+体词性词语"相对应的"体词性宾语+宾格标志을/를"，也不能用"把"字句翻译。通常如果某对象受动作积极影响之后没有什么变化时，不能用"把"字句翻译，而应该选择一般的句式翻译。

2.1 表示人的认知、意愿和心理感受的动词作谓语

如果韩语里的动词谓语表示人的认知、意愿和心理感受，那么，句中即使有"体词性宾语+宾格标志을/를"，也不能用"把"字句翻译，而应该用一般的主谓宾句表达。因为这些动词虽然是及物动词，但不能使宾语发生某种变化，不符合用"把"字句的条件。例如：

（14）장림교수님께서 그 일의 전반 과정을   다 아셨다.
词译：张林教授主格助词 那 事的 全部 经过宾格助词都 知道了
句译：*张林教授把那件事情的全部经过都知道了。
　　　张林教授知道了那件事情的全部经过。

（15）우리는　农民들을　몇번밖에 만나지 못해서　그들의　일상생활에
词译：我们添意助词农民们宾格助词 几次只 见　　没因果词尾 他们的 日常生活与格助词
　　　대해 아는것이　　　별로 없다.
　　　对　 知道的东西主格助词多少 没有
句译：*因为我们把农民只见了几次，所以对他们日常生活不太了解。
　　　因为我们跟农民只见了几次面，所以对他们日常生活不太了解。

（16）중국에　　온후　그는　　어머니와　아버지를　무척　그리워했다.
词译：中国处所格助词来后　他添意助词 妈妈和　　爸爸宾格助词 非常　想念
句译：*来中国以后，他把爸爸、妈妈非常想念。
　　　来中国以后，他非常想念爸爸、妈妈。

2.2 动宾结构的离合词作谓语

如果韩语里的谓语需要用汉语动宾结构的离合词表达，那么即使韩语里有"体词性宾语+宾格标志을/를"，也不能用"把"字句翻译，而应该用一般的主谓宾句。例如：

（17）자네 우리 동생을　 만났나?
词译：你　我们 妹妹宾格助词见
句译：*你把我妹妹见面了没有？
　　　你跟我妹妹见面了没有？/你见我妹妹的面了没有？

（18）우리 오빠가　 축구경기하다가 발을　 상했어.
词译：我们 哥哥主格助词足球比赛做连接词尾脚宾格助词伤
句译：*足球比赛的时候，我哥哥把脚受伤了。
　　　足球比赛的时候，我哥哥脚受伤了。

3 可用"把字结构"，也可用一般的主谓宾句

一般情况下，如果韩语句子里有"体词性宾语+宾格标志을/를"，且谓语动词有"一

定程度的动作性",大都既能用"把"字句翻译,也能用一般的主谓宾句表达。例如:

(19) 더워 죽겠다, 창문을 좀 열아라.

词译: 热 死 窗门宾格助词 一点 打开

句译: 热死了,把窗户打开吧。/热死了,打开窗户吧。

(20) 동생은 숙제를 다 했다.

词译: 弟弟添意助词作业宾格助词 都 做

句译: 弟弟把作业写完了。/弟弟写完作业了。

(21) 나는 그 소설책을 친구에게 빌려주었다.

词译: 我添意助词那 小说宾格助词朋友与格助词借给

句译: 我把那本小说借给朋友了。/我借朋友那小说了。

如果汉语句子中有两个体词性宾语且有宾格标志,同时又有位置的移动等变化意义,如例句(21),需进一步分析宾语是有定的还是无定的,然后再选择句式。如果"宾格标志을/를"前面的宾语是无定的,那么就不能用"把"字句翻译,而应该用双宾语句表达。例如:

(22) 내가 영화표 2장을 너에게 줄테니까 여자친구랑 같이 가 보라.

词译: 我主格助词电影票2张宾格助词你与格助词给会因果词尾女朋友 和 一起 去 看

句译: ＊我把两张电影票给你,你跟你女朋友一起去看吧。

我给你两张电影票,你跟你女朋友一起去看吧。

从上述分析中可以看出,与韩语里的"主语—宾语—动词"相对应的是"把"字句和一般的主谓宾句,所以,仅从翻译的角度来说,两种结构都应该是正确的。那么,究竟该如何选择句式呢?本人认为这个时候可考虑"处置说":需要强调实施的动作对受动对象的处置及处置的结果时,应该选择"把"字句。

试比较下列例句:

(23) 나는 만두를 다 먹었다.

词译: 我添意助词饺子宾格助词 都 吃

句译: 我把饺子吃完了。/我吃完了饺子。

如果听话者所关心的是"对某事做了什么,有何结果",如果问"饺子还有吗?",显然,"把"字句优于一般的主谓宾句。因为在"把"字句里"饺子"这个宾语与被处置的结果很清楚明了,是被强调的对象;一般的主谓宾句则没有这一功能,只是平实地叙述了一种情况,有点答非所问之嫌。

我们再比较一下双宾语句和与之对应的"把"字句,也可以说明这个问题:

(24) 나는 화보를 그에게 주었다.

词译: 我添意助词画报宾格助词他与格助词 给

句译: 我把画报给了他。/我给了他画报。

如果回答的是"画报还在你那儿吗?",显然一般的主谓宾句有文不对题之嫌,且含糊不清;"把"字句则清楚地回答了画报的去向,因为它强调的是"画报"这个宾语和被处置的结果。

4 结　语

　　"把"字句虽然是教者和学者都觉得头疼的一大难点,但是在韩汉翻译中如何选择"把"字句的问题上,如果在使学生正确理解和掌握汉语"把"字句的语法结构、语用的规律的基础上,对与之相似的韩语的"体词性宾语+宾格标志을/를"做具体的比较和分析,就能给韩国学生提供一些减少偏误的理论依据。所以,针对韩国学生讲授何种情况下选择"把"字句时,应该对韩语中的"体词性宾语+宾格标志을/를"与"主语+把+宾语+动词"不对称的对应关系予以足够的重视,同时,可把汉语里必须用"把"字句的几种情况跟韩语的对应结构进行比较分析,将使用"把"字句的条件具体化、明确化,就能有效降低是否选用"把"字句的偏误。

车政华,辽宁师范大学国际教育学院
chezhh@163.com

汉韩语疑问词的非疑指称功能对比研究*
——以"谁"与"누구"为中心

侯文玉

摘　要：表疑问是疑问词最基本的功能。此外，疑问词还有着更为丰富的非疑问功能。非疑问功能中表指称的功能可分为六类：虚指、任指、异指、承指、例指和借指。通过对比分析发现，汉韩语表人疑问词"谁"与"누구"都有虚指、任指、异指功能，但其表现形式各异；此外，"谁"还有承指、例指和借指功能。

关键词：疑问词；谁；누구；非疑指称功能；汉韩对比

疑问词最基本的功能是表疑问，然而在日常生活中，更为常见的是其不表疑问的用法。如汉语"你想怎样就怎样吧"中的"怎样"表承指，"都这个时候了，还什么面子不面子的"中的"什么"表否定；韩语"어딘가 이상한 점이 있다"中的"어디"表虚指等。本文试就汉韩语表人疑问词"谁"与"누구"非疑问功能中的"非疑指称功能"进行对比分析，揭示其相同点及不同之处，并尝试做出一定的解释。汉语语料主要来源于北京大学的"汉语语料库"（http://ccl.pku.edu.cn），韩语语料主要来源于《Daum 국어사전》（http://dic.daum.net）、《NAVER 국어사전》（http://krdic.naver.com）及韩国连续剧《당돌한여자》（2010.7）的第 86～105 集剧本。[1]

1　疑问词的非疑指称功能

最早开始对现代汉语疑问词非疑问功能进行描写的是丁声树等（1961），他们区分了疑问词的任指和虚指。此后，吕叔湘等（1985）、汤廷池（1981）、邵敬敏（1996）等都对这一问题进行了描写。大致说来，前辈们将疑问词非疑问功能分为表反问（或称为"反诘"）、表任指、表虚指、表感叹、表否定、表列举等。对于疑问词非疑问功能的分类，尽管大多按照语法意义这一标准，但仍存在范围界限不定、类别区分不清等问题。

我们认为，疑问词的非疑问功能可以从疑问词是否具有指称性这一角度将其分为两类：一类是不表疑问，但却具有指称的功能，我们称其为疑问词的"非疑指称功能"；另一类是不表疑问，同时也不具有指称的功能，我们将其称为疑问词的"非疑非指功能"。

---

* 本文为国家留学基金管理委员会预科教育专项课题（2013-4482-A4）的部分研究成果，感谢该基金项目的大力支持。
[1] 韩国语语料出处在文中分别标注为（D）、（N）、（여）。

疑问词的"非疑指称功能"主要包括虚指、任指、承指、异指、例指及借指功能。[1]

2 "谁"与"누구"非疑指称功能的对比

2.1 表虚指

虚指指的是疑问词在语义上表示"无定",在功能上表示指代。"谁"与"누구"作虚指用时指代不确定、不肯定的人,有时是不知道、想不起、说不出的,有时则是不愿说出或不必明说的。在意义上通常可以将其理解为"某人、有人"等。

2.1.1 "谁"表虚指

2.1.1.1 用于非特指问句

（1）"你怕谁吗？"一个孩子问。
（2）是你自己写的,还是谁叫你加上的？
（3）有没有谁给您写过信？

汉语中"有疑而问"的疑问句主要有特指问句、是非问句、选择问句和正反问句。"谁"表虚指时可用于除特指问句以外的其他疑问句中。如"谁"在例（1）中是用于是非问句,在例（2）中是用于选择问句,在例（3）中是用于正反问句。

2.1.1.2 用于否定陈述句

"谁"用于否定句表虚指时主要出现在"否定词+疑问词"结构中。例如：

（4）不知谁最后能解开这个谜。
（5）4年过去了,还没有谁破例。

例（4）是"不+知(道)+谁"。"不知（道）"一词的使用,加强了句子的不确定性,所以"不知（道）+谁"可看作"谁"表虚指的句法标记,"谁"在此表示说不出的人,可以说是"什么人"。例（5）"没有+谁"表示不确定的人。

2.1.1.3 用于肯定陈述句

"谁"用于肯定陈述句表虚指时常与某些连词或副词同现。例如：

（6）我们同学中要是有谁看这种书,是很被瞧不起的。
（7）仿佛有谁曾向我问过这本书。
（8）也许有谁比我听的时间更长。

"谁"在例（6）中与表假设的连词"要是"同现,表示的只是说话人的一种假设或愿望,带有揣测或不肯定的语气,并无确切含义。类似连词还有"如果、假如、假若、若是、倘若"等。在例（7）中与表"好像"的副词"仿佛"同现,加强了句子的不确定性。类似副词还有"好像、似乎"等。在例（8）中与表推测副词"也许"同现,表示不肯定、不确定。类似副词还有"恐怕、想必"等。

---

[1] 参考侯文玉（2012）。

2.1.2 "누구"表虚指

2.1.2.1 用于非特指问句

"누구"可用于是非问句中表虚指。例如：

（9）여기 누구 없어요? （여）

词译：这里 谁 没有

句译：这里有人吗?

例（9）的意思是"这里有人吗?"，"누구"在此表示"不确定的人"。

2.1.2.2 用于否定陈述句

疑问词还可与否定词同现表虚指。例如：

（10）원래 옆에 누가 있다가 없으면 빈자리가 더 크잖아. （여）

词译：原来 旁边_{处所格助词}谁 有_{连接词尾}没有_{假设词尾}空座位_{主格助词}更 大

句译：如果一直呆在身边的人突然消失，那不是感觉更空嘛。

"누구"表虚指时主要与否定形容词"없다"同现。

2.1.2.3 用于肯定陈述句

A. 与表"推测、好像"的结构同现。"-ㄹ/을 것같다"、" -ㄴ/은 것 같다"、" -나 보다"、" -는 모양이다"等结构表示推测、猜测，表达的是一种可能性，"누구"与其同现，增加了不确定性。例如：

（11）아침에 눈 뜨면 꼭 누가 옆에 있을 것

词译：早上_{时间格助词} 眼睛 睁开_{假设词尾}一定 谁 旁边_{处所格助词} 有

같고…… （여）

好像

句译：每当早上睁开眼时，总觉得好像有人在身边。

（12）식기들이 떨그럭대는 걸 보니, 부엌에 누가 있나

词译：碗碟们_{主格助词} 碰撞的 东西 看_{因果词尾}厨房_{处所格助词} 谁_{主格助词} 在

보다. (N)

好像

句译：从碗碟碰撞的声音来看，好像有人在厨房。

"누구"在例（11）、（12）中分别与"-ㄹ/ㄴ 것 같다"、"-나 보다"同现，意思是"好像有人在身边"、"好像有人在厨房"。

B. 与词尾"-(이)ㄴ가"同现。在韩语中，疑问词加上词尾"-(이)ㄴ가"是表虚指最典型的形态标志，"누구"亦然。例如：

（13）역 앞에 어린애를 업은 젊은 여자가 누군가를 기다리며

词译：火车站前_{处所格助词}小孩_{宾格助词} 背着 年轻的女子_{主格助词}谁_{宾格助词} 等_{并列词尾}

서 있다. (D)

站着

句译：一个背小孩的年轻女子站在火车站前面，好像在等着谁。

例（13）中的"누군가를 기다리며 서 있다"表示"好像在站着等谁"。

C. 与辅助词"-은/는"同现。"누구"还可与辅助词"-은/는"同现表虚指。例如：

（14）누구는　　하루 세끼를　　　전부 음식점에서　시켜다 먹다.
词译：谁添意助词一天 三顿宾格助词　全部 小吃店处所格助词点　　吃

（일보，2011.9.10）

句译：有人一天三顿都在小吃店吃。

（15）누구는　　신랑이　　더 잘났다고 하고　누구는　신부가　　더 잘났다고
词译：谁添意助词新郎主格助词更 帅　　　说并列词尾 谁添意助词新娘主格助词 更 漂亮
　　　하여 의견이　　부분하였으나 즐거운　말다툼이었다.（N）
　　　说 意见主格助词不同　　　　开心　　吵

句译：大家有说有笑，气氛活跃。有人认为新郎更帅，有人说新娘更漂亮。

（16）누구는　공부도　잘한다고　하던데　너는　　뭐　　하는 거냐?（D）
词译：谁添意助词学习也　好　　说　　提示词尾 你添意助词什么 做的 东西

句译：人家学习那么好，你到底是做什么的啊！

例（14）是单个"누구"与"-은/는"的同现形式，意思是"某人、有人"。例（15）的"누구는……누구는……"意思是"有人……还有人……"。例（16）是"누구"与"-은/는"的同现形式在句中前后呼应，表示对照。

2.2 表任指

疑问词的任指指的是在所涉及的范围之内没有例外。"谁"与"누구"表任指时可表示"任何人"。

2.2.1 "谁"表任指

"谁"表任指意义时，常与"无论、不论、不管、任、任凭"等表示条件关系的连词或表总括、类同义的副词"都、也"搭配，有时也可与二者同时出现。

2.2.1.1 与表条件关系连词"无论、不论、不管、任、任凭"同现

这是只在"谁"前面出现表条件连词的情况。例如：

（17）他们还规定，不管谁来，厂里一律不搞宴请。

（18）无论谁被锁在这样的一间石窟里，唯一能做的事，就只有等死。

以上两例中的"不管/无论+谁"表示的都是"任何人"。

2.2.1.2 与副词"都、也"同现

这是只在"谁"后面出现表总括、类同义副词的情况，说明某种情况无一例外。例如：

（19）国家、集体和个人谁都可以办市场吗？

（20）这种石板目前只剩下25块，上面的文字谁也看不懂。

"谁"和"都、也"同现时同样表示的是"任何人"。副词"都"有总括义，强调一定范围内"全部、无一例外"，多用于肯定句，也可用于否定句；"也"有类同、同样义，常用于否定句。在否定句中的"都"、"也"一般可互换，而肯定句中的"都"很难

换成"也"。

2.2.1.3　同时与"无论、不论、不管、任、任凭"及"也、都、全、总（是）"同现

（21）鹿死谁手，完全取决于陪审员的认定，任凭谁也走不了"后门"。

（22）无论谁看见这孩子，全说这孩子天生的一副福相。

"谁"表任指时最完整的表达方式是前面有表条件连词"无论、不论、不管"或"任、任凭"，后面有副词"都、也"或"全、总（是）"，表示在所涉及的范围之内没有例外。二者同时使用，起到了强调的作用。

2.2.2　"누구"表任指

2.2.2.1　与助词同现

A. "누구"+辅助词。韩语中，能与"누구"同现表任指的辅助词主要为"-(이)나、-(이)든지、-(이)라도，-도"等。例如：

（23）인간은　누구나　평등하다．（N）

　　词译：人添意助词 谁　　平等

　　句译：人都是平等的。

（24）역사의　변천이란　누구도　예측할　수　없다．（N）

　　词译：历史的 变化所谓　谁也　预测　　不了

　　句译：谁也预测不了历史的变迁。

例（23）、（24）分别是"누구"与辅助词"-(이)나"、"-도"同现的形式。"-(이)나、든지、라도"的意思是在前面的任何条件下后面的结果都不变，相当于汉语连词"不管、不论、无论"，因此与"누구"同现时可表任指，相当于"不管、无论、不论谁"。"누구"后加"도"表任指时，有包括义，表示的是"谁都、也"。

B. "누구"+副词格助词。可以和"누구"同现表任指的副词格助词主要为"-보다"。例如：

（25）그는　　내가　　얼마나 경희를　　사랑하고 있는지 누구보다 잘

　　词译：他添意助词 我主格助词 多么　景姬宾格助词 爱　　　正在　谁　比　清楚

　　　　　알고　있었다．（N）

　　　　　知道

　　句译：他比谁都清楚我有多么爱景姬。

"누구"后加"보다"用于陈述句中表任指时，意思是"比谁都……"，如例（25）"누구보다 잘 알고 있었다"表示的是"比谁都清楚"。

C. "누구"+副词格助词+辅助词。"누구"常常同时在后面加上副词格助词和辅助词表任指。例如：

（26）그는　누구에게나　친절하게 대한다．（N）

　　词译：他添意助词谁与格助词　　亲切　　对待

　　句译：他对谁都亲切。

（27）누구한테도　부탁하거나　도움 받을 만한　사람이　없었다．（D）

　　词译：谁与格助词也　拜托 或者　帮助 得到 相当于 人主格助词没有

句译：能帮助我的人一个都没有。

例（26）、（27）分别是"누구+에게+나"、"누구+한테+도"的形式，表示的意思都是"对谁都/也"。

2.2.2.2 与词尾同现

能与"누구"同现表任指的词尾通常为连接词尾"-든지、-아/어도"。但"누구"不能直接与二者同现，需将二者放在与"누구"有直接语义关系的谓词后再与其同现表任指。例如：

（28）우리 마누라는 누가 보든지 뭐 예쁘다고는 안 할 거야. （D）

　　词译：我们 老婆添意助词 谁主格助词 看 什么 漂亮 不 说

　　句译：不管谁看到我老婆，都不会说她漂亮。

（29）누가 들어도 영애의 은은하고 고운 노래는 티가 없다고

　　词译：谁主格助词 听 也 英爱的 悠扬并列词尾 美好 歌曲添意助词 灰尘主格助词 没有

　　 했다. （N）
　　　说

　　句译：不管谁听到英爱的优美歌声，都觉得完美无缺。

以上两例分别是"누구+보다+든지"和"누구+듣다+도"的形式。"-든지、-아/어도"所表示的意思是无论前面怎么样，对后句的内容都没有任何影响，即在前面所表示的任何条件下，后面的结果都不变，因此"누구"与"-든지、-아/어도"同现时，表示的意思都是"不管/无论/不论谁"。

2.2.2.3 与助词和副词同现

"누구"可同时与助词和副词连用后表任指。例如：

（30）그때는 누구나 다 그렇게 산걸. （N）

　　词译：那时添意助词 谁 都 那样 生活

　　句译：那个时候，不管谁都是那么过的吧。

（31）나는 누구보다도 그녀의 발언에 더 의미를 둔다. （N）

　　词译：我添意助词 谁 比也 她的 发言与格助词 更 意义宾格助词 放

　　句译：我比任何人都更留意她的发言。

例（30）中的副词为"다"，例（31）的副词为"더"，助词主要为辅助词"-（이）나/든지/라도"、副词格助词"-보다"。以上各助词及副词具有"全、都、也、再、更"、"无一例外"等义，"누구"与此两种标记同现时，产生了语义叠加现象，起到了强调一定范围内"无一例外"的作用，相当于"谁"同时与表条件关系连词"不管、无论、不论"和副词"都、也"共现的情况。

2.2.2.4 与数词同现

"누구"还可与数词同现表任指。例如：

（32）잘못한 줄 알면서도 누구 하나 티내는 사람이 없었다. （N）

　　词译：做错 以为并列词尾 谁 一个 表现的 人主格助词 没有

　　句译：大家都知道不对，但没有一个人表现出来。

能与"누구"同现表任指的数词仅限于"하나"。"누구"与其同现时的意思为"任何人"或"不管谁都、也",并且只能用于否定句。

2.2.2.5 与其他疑问词同现

"누구"可以和疑问词"어느、어떤"同现后再加"도"表任指。例如:

（33）어느 누구도 선생님께 정답을 내지 못했다. (N)

词译:哪个 谁 也 老师主格助词正确答案宾格助词给 无法

句译:谁也没能对老师的提问给出正确的答案。

（34）나는 어느 누구에게도 죄를 짓고 살기는 싫다. (N)

词译:我添意助词哪个 谁主格助词也 罪宾格助词犯并列词尾生活添意助词不喜欢

句译:我不想对不起任何人。

（35）그 어떤 누구도 나의 삶에 간여할 수 없다. (D)

词译:那 有的 谁也 我的 生活处所格助词干涉 不能

句译:谁也不能干涉我的生活。

例（33）、（34）是"어느"与"누구"、"도"的同现形式,例（35）是"어떤"与"누구"、"도"的同现。"어느"与例（33）的"누구도"、例（34）的"누구에게도"等同现表任指,语义与"누구"与"도"同现时的语义基本相同,"어느"在其中起到了强调"任何一个"的作用,常用于否定句。"어떤"与"누구도"同现的用例较少,同现时所表达的语义与"어느"与"누구도"同现时所表达的语义基本相同。

2.3 表异指

异指是指两个同形疑问词前后相承,指代不同的人、事物等。"谁"与"누구"都有异指用法。

2.3.1 "谁"表异指

"谁"表异指时,可以指代人、事物,也可以指代动物。

2.3.1.1 指代人

"谁"指代"人"时,可以指代两个人也可以指代多个人。例如:

（36）如今南方和我是两清了,谁也不欠谁的了。

（37）五个人平起平坐,不分高低,谁也管不了谁。

（38）当时,屋里坐满了人,谁跟谁都不熟。

例（36）中前后两个"谁"分别指代"我"和"南方",可以是"我不欠南方的",也可以是"南方不欠我的",二者可互相替换;例（37）中的"谁"指代的是"五个人";例（38）的"谁"指代的是"屋里的人",从"坐满"两个词来看,应该不止两个人。

2.3.1.2 指代事物

（39）阿根廷和巴西都是南美足坛劲旅,两队多次对抗互有胜负,谁也不服谁。

（40）各民族长期的迁徙和融合,形成了你中有我,我中有你,"谁也离不开谁"的思想基础。

例（39）中前后两个"谁"分别指代"阿根廷"和"巴西"两个队，如前一个"谁"指"阿根廷"，后一个就指"巴西"，反之亦然；例（40）的"谁"指代的是"各民族"。

2.3.1.3 指代动物

（41）所以白蚁和披发虫谁也离不开谁。

例（41）中的前后两个"谁"分别指代"白蚁"和"披发虫"，指代的对象可前可后。

2.3.2 "누구"表异指

"누구"也有异指用法，但"누구"在句中主要指人。前后两个"누구"中，第一个以"누가"的形式在前面作主语，第二个后加"를"作宾语，或加"에게"作状语。例如：

（42）우리 둘이　　　누가　　누구를 이해 못하는 거야！（D）

词译：我们 两个_{主格助词} 谁_{宾格助词} 谁_{宾格助词} 理解 不能

句译：我们俩谁不了解谁啊！

（43）이　감시란　게 문제라, 같은 조직 속에　　있으면서 누가

词译：这　监视所谓 东西 问题　一样的组织　里面_{处所格助词}在 并列词尾 谁_{主格助词}

　　　누구를　감시한다는 건　아무래도 유쾌하지 못하거든.（N）

　　　谁_{宾格助词} 监视　　东西　不管怎样 愉快　　不能

句译：问题就出在监视上。在同一个组织里，谁监视谁都让人不愉快。

以上两个例句中的"누구"都是后加"를"在句中作宾语，与前面的"누가"构成主宾关系，两句中的"누가"和"누구"分别指代"우리둘"和"같은 조직 속에 있는 사람"中的两个人。

（44）모두가　　같은 인간이므로 누가　　누구에게 떳떳하지 못할 게

词译：全部_{主格助词}一样的 人_{因果词尾}　谁_{主格助词} 谁_{与格助词} 堂堂正正 无法 东西

　　　없다.（D）

　　　没有

句译：大家同样都是人，谁对谁都可以理直气壮。

（45）무기명 투표라고 하여도, 누가　　누구에게 투표를 한 것이

词译：无记名 投票说_{转折词尾}　　 谁_{主格助词} 谁_{与格助词} 投票_{宾格助词} 东西_{主格助词}

　　　나중 가서　죄다 드러나게 마련이 되었느니라고……

　　　以后 去_{方式词尾} 全都 显现　　一定　成为

句译：说是不记名投票，但谁投给谁，以后都会知道的。

例（44）、（45）中的"누구"都是后加副词格助词"에게"在句中作状语。"누가"和"누구"在例（44）中指代"인간"的任意两个人，在例（45）中分别指代投票者和被选者。

可见，在韩语中，前后两个"누구"在句中可构成主宾、主状关系，前一个"누구"主要以"누가"的形式在句中作主语。两个"누구"所指代的人可以是两个也

可以是多个。是两个时，二者前后位置可互换；是多个时，"누구"可指代其中的任意两个。

2.4 表承指

疑问词的承指功能指的是句中前后两个疑问词呼应着使用，前一个表示任指，后一个承指前一个，与前一个的所指相同。语料中我们只发现"谁"的承指用例，未发现"누구"的相关用法。"谁"的承指用法表示前后两个"谁"指代"同一个人"。

2.4.1 典型隔用形式

（46）我的悟性相当高，学谁像谁，甚至比许多著名歌星唱得都好。
（47）谁违规就查出谁。

"谁"表承指时的典型形式是两个"谁"前后分开使用。例（46）中两个"谁"前后呼应，分别作动词"学"和"像"的宾语；例（47）中前后两个"谁"的句法功能不同，在句中分别作主语和宾语。

2.4.2 特殊隔用形式

"特殊隔用"指的是"谁"在形式上是连用，而实际上是隔用的句式。例如：
（48）母亲和姐姐都铁青着脸，问谁谁都说没看见。

例（48）中的"谁谁"形式上是连在一起的，但却在句中分别作前一动词"问"的宾语和后一动词"说"的主语，指代同一个人（母亲或姐姐）。

2.5 表例指

例指也称列举，表示除了已列举项之外，还有一些尚未列举的同类项，具有列举未尽的意思。汉语"谁"的复现形式可表例指。例如：

（49）街头巷尾议论"肯吃"的人也特别多。谁谁背着老婆烧"杠子"吃；谁谁偷玉米吃；谁谁劈柴时把里面的啄木虫拾起来烤着吃……。
（50）尽管有时我也迷恋柴可夫斯基谁谁谁的，可我不喜欢一件乐器的单调声音，除了小号。

例（49）是三个"谁谁"并列使用表例指，例（50）是"谁"的复现形式"谁谁谁"前有列举项，后加"的"表例指的情况。韩语疑问词"누구"未发现相关用例。

2.6 表借指

借指指的是当人们由于避讳、不便或对某一信息一时想不起、说不清抑或是不想直说时，便会临时借用某一疑问词来替代。"谁"表借指时，主要与指示词、人称代词及数字"一"等同现。

2.6.1 与指示词同现

"谁"表借指时可与"这/那（个）"构成"这/那（个）+谁"结构，此结构可替代因自己一时想不起或出于忌讳、不便等原因，说话人不想直接说出的信息。例如：

（51）还有那个谁，张保中，他们在一块儿，他原先也是练把式的。

（52）李：这你都不认识，那不就那谁嘛。

（53）宋建平态度极其诚恳，"就像那谁说的，孩子那还不跟庄稼似的，哪儿水土肥沃，哪儿向阳利于生长就种哪儿。"

（54）墨非不说什么转身走了，出了门又折回身，说："黛二，工作的事你找一找缪一吧，她公公是那个谁谁，那谁谁眨一下眼，缪一的户口就一路绿灯地进了北京。让缪一的公公帮你在本市找个工作还算什么难事。"

在例（51）中，"谁"所指代的人在"谁"说出后便随即出现。这表明说话者对所要说的人因提取障碍一时说不出，便用"谁"来临时替代，随后想起时又马上加以补充。例（52）是说话者认为自己要说的对象对方应该知道，只是自己一时想不起或说不清才用"谁"来替代。例（53）中，说话者要引用的是"那谁"说的一句话，至于"那谁"到底是谁，说话者认为没有必要说出来。例（54）是"谁"的复用形式"谁谁"与指示词"那"的同现情况。从上下文可知，文中的"那个谁谁"和"那谁谁"指代的是同一人，都是"缪一的公公"。

2.6.2 与人称代词同现

人称代词主要指的是"我、你/您、他/她/它"。"谁"可与人称代词同现表借指。例如：

（55）林涵，我知道我未曾是你的谁，也永远不会是你的谁。

（56）然后就讲了，那你帮我看一篇论文吧，我是谁谁谁的研究生。我说那你放这儿吧。……快看。我说放这儿吧。抓紧，二十五号要答辩，必须看完。扭头就要走了……

例（55）是"谁"与"你"的同现情况。对于说话者和听话者来说，二者以前是什么关系都很清楚，"谁"在此指代的应该是"女朋友"，说话者认为反正对方也没把自己看成女朋友，就避开了"女朋友"这个字眼。例（56）是"谁"的复现形式"谁谁谁"的用例。由上下文可知，此"研究生"的言行相当无礼，说话者对其极为不满。在转述这件事时用"谁谁谁"来指代那位研究生导师的名字，可以说是为了避免导师受牵连，是一种保护措施。

2.6.3 与数字"一"同现

"谁"还能与数字"一"同现表借指。例如：

（57）但是我发现她其实心里非常清楚她想要一个谁的孩子。

（58）建国娘看中了村东一个谁谁家的姑娘，遭何建国一口拒绝。

例（57）中的"一个谁"指代"她"喜欢的那个男人的名字，说话者应该知道此"男人"的名字，出于不便用"谁"来代替。例（58）中"谁"的复现形式"谁谁"前加"一个"可指代"姑娘"的父亲。

3 对汉韩语疑问词非疑指称功能异同的分析

3.1 "谁"与"누구"非疑指称功能的异同

通过上述分析可见，汉韩语疑问词"谁"与"누구"都有任指、虚指、异指功能。此外，"谁"还有承指、例指和借指功能。具体分析如下：

（1）"谁"与"누구"都有虚指功能，且都能用于非特指问句、否定陈述句及肯定陈述句表虚指。而"누구"表虚指一个最大的特点是其本身的形态变化，即在"누구"后加词尾"-（이）ㄴ가"。

（2）"谁"与"누구"都有任指功能。"谁"可与表条件关系连词、副词或与二者所构成的关联词同现表任指；韩语中，能与"누구"同现表任指的语法项目更为丰富多见，主要为助词、词尾、副词和数词等。

（3）"谁"与"누구"都有异指功能。"谁"除了可以指代人以外，还可以指事物、动物；"누구"只能指代人。

（4）除任指、虚指、异指功能外，"谁"还可表承指、例指和借指。而"누구"未见相关用例。[1]

3.2 汉韩语疑问词非疑指称功能产生差异的原因

通过对汉韩语疑问词"谁"与"누구"非疑指称功能的对比分析，我们发现汉韩语疑问词的非疑指称功能有相同点也有不同之处。相同点主要是由语言的普遍性和人类的共同认知特点所决定。其差异主要是因为：

（1）汉韩语分属两种不同的语言类型。汉语是分析型语言，词语缺乏形态变化，只能靠虚词或语序等结构变化表示不同的语义；韩语是黏着语，有丰富的词缀和形态变化，因此可以靠其不同的变化来表示各种不同的语法意义。

（2）分析型语言更能体现"语言的经济性原则"，即用较少的形式表达较多的语义；韩语因其形态更为发达，因此同一种非疑问用法往往可以通过多种形式来表达。

（3）"谁"在汉语中属疑问代词，汉语疑问代词是代词类中的一个下位小类，其指代用法更为丰富；"누구"在韩语中属疑问代名词，疑问代名词与疑问数词、疑问动词、疑问形容词、疑问副词、疑问冠形词一起所组成的"疑问词"在韩语中只是一个临时的语法范畴，其指代功能较受限制。

---

[1] 汉语疑问词的某些"非疑指称"功能在韩语中往往可通过其他形式来表现。如"谁准备好谁就发言"，韩语可译为"준비를 마친 사람이 발언을 한다"。即汉语句中表承指的两个"谁"可对应于韩语"사람"，相当于"准备好的人发言"；再如："想什么说什么"可译为"생각하는대로말하다"，汉语前后两个"什么"可对应于韩语依存名词"대로"。

4 结 语

无论在汉语还是韩语中，与疑问功能相比，疑问词更常用于表非疑问。本文从语法形式及语用的角度对汉韩语表人疑问词"谁"与"누구"非疑问功能中的"非疑指称功能"进行了对比分析，揭示了二者的相同点及不同之处，并做出了某种程度的解释。这不仅对汉韩语言的本体研究是一种补充，同时对汉韩语言教学、习得也有一定的参考价值。但由于时间所限，文中还缺乏具体数据的支撑，这在以后的研究中将加以弥补。

参考文献

丁声树，等. 现代汉语语法讲话[M]. 北京：商务印书馆，1961.
侯文玉. 汉韩语疑问词对比研究[D]. 上海：上海外国语大学，2012.
吕叔湘，等. 近代汉语指代词[M]. 上海：学林出版社，1985.
邵敬敏. 现代汉语疑问句研究[M]. 上海：华东师范大学出版社，1996.
汤廷池. 国语语法研究论集[M]. 台北：台湾学生书局，1981.

侯文玉，同济大学国际文化交流学院
Hwy0623@hotmail.com

韩语假设标记"-면"及其在汉语中的相应形式

[韩] 姜至恩

摘　要：本文考察了韩语中假设连接词尾"-면（myeon）"在汉语中的相应形式。本研究选取了汉韩对译小说各4本，并对这8本小说中出现的所有关于假设句的语料进行逐条统计分析。通过分析，发现韩语中的连接词尾"-면"在汉语中对应较多的是"如果、要是、就、……的话"等。

关键词：假设句；连词；汉韩对比

本文主要考察的是韩语假设标记"-면（myeon）"在汉语中的假设连词的对应形式。与"-면"对应的汉语连接词主要有"如果、要是、就、……的话、若、万一、那么、假如、要不然"和无标记形式。

1　"-면"在汉语中的相应形式

本文选取了具有汉韩相应译本的韩国小说和中国小说各4本，共8本。收录了小说中含有假设句的语料，共计424条，并且对这些语料逐条进行了分析，其结果如表1所示。

表1　假设标记"-면"在汉语中的相应形式

如果	单用		92例	176例
	合用	……的话	55例	
		就	20例	
		那么	9例	
要是	单用		44例	84例
	合用	就	37例	
		……的话	3例	
……的话	单用		41例	
就	单用		56例	
万一	单用		16例	19例
	合用	……的话	3例	
若	单用		14例	
那么	单用		12例	

要不然	单用	8例
假如	单用	7例
无标记		7例

从表1可以看出，与用"-면"表达的韩语假设句相对应的汉语假设句主要是通过"如果、要是、就、……的话、万一、那么、要不然"等连词来表达的。其中使用频率最高的是"如果"，其次是"要是"，其他连接词的使用频率相对较低。下面将进行详细说明。

1.1 "-면"与"如果"

与"-면"、"-거든（geodeun）"对应时，汉语的连接词"如果"有单用的形式，也有和其他连接词合用的形式。与其他连接词合用的几种形式是"如果……的话"、"如果……，那么……"、"如果……，就……"。但是在语义上单用和合用所表达的假设意义是大体相同的，所以下面都归结为"如果"来进行分析。

与使用"-면"的韩语假设句对应时，汉语的假设句使用连接词"如果"的频率最高，这说明"如果"是汉语假设句中最常用的连接词。用"如果"表达的假设句包括对可能性、反事实、无可能性和现在性的假设，可以说，基本包括了所有的假设情况。请看以下例子：

（1） 결혼해서　내아이를　　갖게되<u>면</u> 갓난아기때 부터　쭈욱　자라나는

词译： 结婚_{方式词尾} 我的孩子_{宾格助词}有成_{假设词尾}婴儿时候 开始 一直 成长的

　　　 모습을　　찍어두려고해요. 　　　　　　　　　　　　　（《男孩》）

样子_{宾格助词} 照 放下 想

句译： <u>如果</u>结婚有了孩子，我想把他们从小到大成长的模样全部照下来。

（2） 만일 그남자가　　옆에　　　있다<u>면</u>　붙들고　목놓아 울 것

词译： 如果 那男人_{主格助词} 旁边_{处所格助词} 有_{假设词尾} 抓住 放声 哭 东西

　　　같았다.　　　　　　　　　　　　　　　　　　　　　　（《男孩》）

好像

句译： <u>如果</u>他在旁边<u>的话</u>，我一定会抱着他的头痛哭的。

（3） 나라<u>면</u>　그렇게　안해. 　　　　　　　　　　　　　　（《青鱼》）

词译： 我_{假设词尾} 那样　不做

句译： <u>如果</u>是我的话，绝不会这么做。

（4）　마님이　그렇게 직접 읽어버리<u>면</u> 난 할　일이없어지잖아?（《男孩》）

词译： 夫人_{主格助词}那样　直接　读_{假设词尾}　我 要做的事　没有了啊

句译： <u>如果</u>夫人您能直接明白<u>的话</u>，我岂不是没事干了吗?

例（1）从句中"结婚有了孩子"是一种可能性的推测，所以此句是对可能性的一种假设。例（2）中"他在旁边"是一种反事实的情况，实际是"他不在旁边"，因此此句是从反事实的角度进行假设。例（3）的假设是不可能出现的，即用来表达"是我"

这个假设绝不可能发生。例（4）中其实夫人已经直接明白了说话人的话，是一种现在正在发生的事实，而对此进行假设，是现在性的假设。

1.2 "-면"与"要是"

与"-면"对应时，汉语的连接词"要是"也有单用和合用的形式。与其他连接词合用的形式主要是"要是……的话"、"要是……，就……"。

由表 1 的数据可以看出，和韩语中的"-면"相对应时，汉语中除了"如果"以外，使用"要是"的情况也是比较常见的。"要是"在汉语中也是连接假设句的重要关联词。使用"要是"的假设也包括了可能性、反事实、无可能性和现在性的假设这几种情况。例如：

（5）만약 옥란씨가　　하소용에게　　시집가버리**면** 하씨 집안은 대가 끊기는

词译：万一　玉兰主格助词 何小勇与格助词　嫁假设词尾　　　　许家添意助词 带主格助词 断

아니겠어요?　　　　　　　　　　　　　　　　　　（《许三》）

不是吗

句译：许玉兰**要是**嫁给了何小勇，许家不**就**断后了吗?

（6）좀　일찍　왔**더라면**　그래도　좀　나았을텐데.　　　　　（《男孩》）

词译：一点　早　来假设词尾　虽说如此　一点　好

句译：**要是**早几年来，我们还会好一些。

（7）나라**면**　　죽어도　못살거같은데.　　　　　　　　　　（《青鱼》）

词译：我假设词尾 死也　　不能活

句译：**要是**我，恐怕打死也不干。

（8）호랑이 얘기라**면**　이제　그만해라.　　　　　　　　　（《男孩》）

词译：老虎　话假设词尾　现在　到此做

句译：你**要是**还想说老虎这个话题的话，**就**到此为止吧。

例（5）表示的是一种可能性的假设，例（6）是对反事实的假设，例（7）是对不可能发生的事情进行的假设，例（8）是以现在的情况作为假设。

"如果"和"要是"在很大程度上可以替换。如例（1）、（2）、（3）中的"如果"都可以替换为"要是"，而例（6）、（7）、（8）中的"要是"也都可以替换成"如果"，替换之后意义也并没有改变。但是它们的使用仍然有细微的差别，有不能相互替换的情况。在与"-(이)라면(ilamyeon)"相对应时，使用"要是"最为恰当；若要替换成"如果"，则需要在"如果"后面添加"是"。例如：

（9）a. 만약 학질이**면**　　병원에　가봤자　소용이　없지.　　（《许三》）

词译：如果　疟疾是假设词尾 医院格助词 去　　　用处　　没有

句译：b. **要是**冷热病，送医院也没有用。

c. ***如果**冷热病，送医院也没有用。

d. **如果是**冷热病，送医院也没有用。

（10）나라**면** 죽어도　못할거같은데.　　　　　　　　　　（《青鱼》）

词译：我假设词尾 死也　　不能做

句译：要是我，恐怕打死也不干。
　　　*如果我，恐怕打死也不干。
　　　如果是我，恐怕打死也不干。

例（9）中，c 句的"如果"直接替换了 b 句的"要是"，没有在后面加"是"，表达不正确；d 句使用"如果是"替换"要是"，这个句子就成立。这与"要是"和"如果"后面能否直接跟名词有关系。汉语中"要是"后面可以直接加名词或者具有名词性质的人称代词；"如果"后面不能直接搭配名词，通常要在"如果"后面加"是"再跟名词或者具有名词性质的人称代词。

1.3 "-면"与"……的话"

汉语假设句中的"……的话"是一个助词，多跟在"如果、要是、假如、若"等后面，有时可以单独出现（省略前面的假设关联词"如果、要是"等）表示假设，有时也可以省略不用。韩语中使用"-면"的假设句和汉语中使用"……的话"的假设句也有共同的规律，多是表示反事实、现在性事实以及有可能性的非事实假设。例如：

（11）너희가　만약　엄마를　증오한**다면** 나도　마땅히　예외가　　될 수
词译：你们主格助词万一　妈妈宾格助词憎恶假设词尾　我也　应该　　例外主格助词 成为
　　　없다는　　뜻이다.　　　　　　　　　　　　　　　　　　（《许三》）
　　　不能　　意思是

句译：你们要恨她**的话**，也应该恨我。

（12）병이　　있**으면**　열이　　나는법인데……　　　　　　　　（《许三》）
词译：病主格助词有假设词尾热主格助词出　　法提示词尾

句译：（他没有病，）有病**的话**会发烧的。

（13）자네돈으로 살거**면**　뭣하러　내손을　　　거치려고하나.　　（《男孩》）
词译：你钱格助词 买假设词尾 干嘛　我的手宾格助词 经过

句译：用你的钱买**的话**，何必还经我的手？

（14）시장바구니를　들고　나타난**다면**　　그남자가　얼마나　실망할까.《男孩》
词译：菜篮子宾格助词　提并列词尾出现假设词尾 那男人主格助词多么　失望啊

句译：提个菜篮子出现**的话**，那个男人该多失望啊！

（15）만일 은림이　　나타나기 전에 여경이　　이런식으로　　청혼을해
词译：万一　银林主格助词出现　前时间格助词如京主格助词这样的方式使用格助词求婚宾格助词
　　　왔**다면**　그는　　어떻게　했을까.　　　　　　　　　　　（《青鱼》）
　　　来假设词尾　他添意助词怎么样　做

句译：那时要是在银林出现以前，我向你求婚**的话**，你会接受吗？

（16）이렇게 사람을　　찌들게 할 줄 알았**더라면** 결혼 같은 거 안했을거야.
词译：这样　人宾格助词 受折磨　　　知道假设词尾 结婚 一样的事不做

　　　　　　　　　　　　　　　　　　　　　　　　　　　　　（《男孩》）

句译：早知道维持家计这么折磨人**的话**，我就不结婚了。

使用"……的话"的假设句一般都可以用"如果"来替换。"……的话"和"如果"的语义内涵基本上是一致的，但是与"如果"相比，"……的话"具有明显的口语性，多用在对话、谈话等非正式的交际场合。以上的例句都是小说中人物所说的话，所以都使用了口语性很强的"……的话"。

1.4 "-면"与"就"

韩语中的"-면（myeon）"除了可以与汉语的"如果、要是、……的话"等关联词相对应，还有一种情况，即和连词"就"相对应。这种情况又表现为两种形式：一种是紧缩句中的"就"，另一种是省略了偏句中的关联词"如果、要是、假如"等，只在句中保留了"就"的形式。通过对语料进行统计分析，我们发现紧缩句中"就"表示假设的情况较少，只有6条；大多数是第二种省略了从句中的假设关联词"如果、要是、假如"等的形式。例如：

（17）배우**려면**　배우고　　말테면　　말라는 식으로.　　　　　（《青鱼》）

　　词译：学习想假设词尾学习 并列词尾 不想假设词尾不要　　方式使用格助词

　　句译：想学**就**学，不想学拉倒。

（18）싫**으면**　　　관둬.　　　　　　　　　　　　　　　　　　（《青鱼》）

　　词译：不喜欢假设词尾算了

　　句译：不想**就**算了。

（19）가고 싶**으면**　가.　　　　　　　　　　　　　　　　　　（《男孩》）

　　词译：去想假设词尾　去

　　句译：你想走**就**走。

（20）죽**으라면**　죽으라죠.　　　　　　　　　　　　　　　　　（《许三》）

　　词译：死假设词尾　死

　　句译：死**就**死吧。

上例中的汉语都属紧缩句。我们发现，这种紧缩句中的"就"可以用来表达假设。如例（17）、（18）的意思就是："如果你想学，你就学；如果你不想学，那就算了。"但例（18）采用了包含"就"的紧缩句的形式来表达这种假设，在语言上更加凝练。在口语表达中，说话人会用较为简短并省力的方式来传达信息，所以在这里采用了包含"就"的紧缩句的形式，符合语言经济性原则。

下面是省略了从句中关联词的情况：

（21）누군가가　노래를　불러주**면** 끝까지 들어주지요.　　　　（《边城》）

　　词译：有人主格助词歌宾格助词唱给假设词尾尾到　听

　　句译：有人唱歌，我**就**听下去。

（22）잘 부르**면**　저도 3년　6 개월을　　　들어주지요.　　　（《边城》）

　　词译：好 唱假设词尾我也 3 年　6 个月宾格助词听

　　句译：唱得好听，我**就**听三年六个月。

（23）너도 늙어보면 알게될거다. 　　　　　　　　　　　　（《边城》）

词译：你也　老假设词尾　知道会

句译：你老了**就**会懂了。

（24）그를　보면　이렇게　말할거예요. 　　　　　　　　　（《边城》）

词译：他宾格助词看假设词尾这样　　说

句译：见了他我**就**说。

根据上例，我们发现，包含"就"但省略了偏句中关联词的句子也可以表达假设的含义。如例（21），"有人唱歌，我就听下去"，例（22）"唱得好听，我就听三年六个月"，它们所表达的意思可以分别是"如果有人唱歌，我就听下去"，"如果他唱得好听，我就听三年六个月"。但同时，这两个例子也可以分别理解成表示条件关系的"只要有人唱歌，我就听下去"和"只要他唱得好，我就听三年六个月"。在这两条语料所在的小说《边城》中，这两种理解都是可以的。作者通过使用包含"就"但省略了偏句中关联词的句子，给读者提供了一个更广阔的解读空间，读者可以根据自己的体会做出不同的解释。这可以说是包含"就"但省略偏句中其他关联词的一种特殊的功能。

值得注意的是，在使用连词"就"的复句中，"就"表现的意义很多，包括表示条件、假设、顺承、因果等。

1.5　"-면"与"万一"

前面主要探讨的是韩语中的"-면"可以对应汉语中的多种关联词。与上述内容不同的是，汉语的连词"万一"则可以与韩语中多种连接词尾相对应。根据语料的统计结果，"万一"和"만일（manil）……면（myeon）"相对应的例句有11个，和"만약（manyak）……면（myeon）"相对应的例句有3个，和"-면（myeon）"相对应的句子有4个。使用"万一"的假设句与韩语中多个连接词尾表达的假设句之间没有区别，都是表示对不好的事情或者不希望发生的事情的假设。而韩语中"만일……면"、"만약……면"和"-면"的区别主要是假设可能性大小上的差异，其三者可能性由大到小的顺序为"만일……면"、"만약……면"和"-면"。具体例句如下：

（25）**만일** 춘희가　잘못된**다면**　내 책임　일 것 같은 생각이들었다.

　　　　　　　　　　　　　　　　　　　　　　　　　　　　（《男孩》）

词译：万一　春姬主格助词有差错假设词尾我的责任　是　好像　　想

句译：**万一**春姬有个什么差错会变成我的责任。

（26）**만일** 참으로 그런일이　벌어진**다면** 할아버지 어쩌실거예요?（《边城》）

词译：万一　真的　　那种事主格助词展开假设词尾　爷爷　　怎么做

句译：**万一**真有这种事，爷爷你怎么做?

（27）**만약** 병신자식이　나오**면**　그걸 어떻게 떼어 보내냐고.　　（《男孩》）

词译：万一残疾人主格助词　出来假设词尾那个　怎么　　取下　送

句译：**万一**是个残疾人，可怎么狠得下那个心?

（28）제가　　**만약**　도망간**다면**요? 　　　　　　　　　　　（《边城》）

词译：我 主格助词 万一　　逃跑假设词尾

句译：我**万一**跑了呢？

（29）불쑥 왔다가 아무도 없**으면** 얼마나 놀랄꼬.　　　　　　（《男孩》）

词译：突然　来　　谁也　　没有假设词尾多么　　吓

句译：**万一**突然来玩儿，这里一个人也没有，不是该吓坏了？

（30）혼자서　　　하다가　　잘못돼서　죽기라도하**면**　그래서　그야미장수

词译：独自　　　做　　　　错　　　　死假设词尾　　所以　　那地下交易

　　　여의사가　　　언다갖다　　야미로　　　　묻어버리면.　（《男孩》）

　　　女医生主格助词 得带到　　地下交易格助词 埋假设词尾

句译：我怕一个人去**万一**出了什么差错，那个女密医神不知鬼不觉地把我埋了呢？

例（25）和（26）中，"万一"和"만일……면"相对应，例（27）和（28）中，"만一"和"만약……면"相对应，例（29）和（30）中，"万一"和"-면"相对应。

以上所论述的是韩语的"-면"和汉语的"万一"相对应的情况。下面详细探讨汉语使用"万一"的假设句和韩语使用"만일……면"类假设句之间的差异对比。

事实上，并不是所有的假设关系连词都可以表示假设关系。有些假设关系连词只能表示可能性假设关系，我们可以把这样的连词叫作专表可能性假设连词。汉语当中专表可能性假设连词只有"万一"这个词。

"万一"往往因为表示可能性极小而被认为是不可能性假设连词或者反事实的假设连词。陈国华（1988）将其看成假设条件属词，意思就是准反事实假设连词。我们认为，尽管"万一"所假设的情况发生的可能性极小，但并不是不可能发生，相反地，它不能表示与已经发生的事实相反的假设，因此我们可以说"万一"是一个专表可能性假设关系的连词。

"万一"既是副词也是连词，表示假设，这种假设可能性最小，同时也是说话者多数情况下最不愿意发生的，可以说是消极的假设。例如：

（31）**万一**她没有感动，我还可以再试试。　　　　　　（北京大学CCL语料库）

而在韩语中，"만일……면"、"만약……면"虽然表示假设，且这种假设可能性也很小，但说话者在任何情况下都能使用，不必一定是消极的假设才行。例如：

（32）**만일**　내가　　유니레버코리아　맡**으면**　　　3년내에　　매출을

词译：万一　我主格助词 Uniever Korea　负责假设词尾 3年内　　销售量宾格助词

　　　두배로 늘리고…　　　　　　　　　　　（21世纪世宗计划韩语语料库）

　　　两倍格助词增加

句译：***万一**我来担任 Uniever Korea 的负责人，公司的销售量在三年内会增长两倍。

假设关系连词"万一"在韩语中的对应形式主要有"만일……면"以及"만약……면"。汉语中"万一"只表达可能性的假设关系，而在韩语中"면"、"만일……면"既可以表达有可能性假设关系，还能表达反事实假设关系。例如：

（33）**만일**　그남자를　　못　만났더라면　　그　시절을　　어떻게　넘겼을까.

词译：万一　那男人宾格助词 不能见面假设词尾 那 岁月宾格助词 怎样 　度过

句译：如果没有和他相逢，战争期间将会怎么度过？　　　　　　（《男孩》）

从以上例句可以看出，汉语里用"万一"表达的可能性假设句既可以对应于韩语中的有可能性的假设句，又可以对应于它的反事实假设句，但以可能性假设为主。

另外值得一提的是，一般都认为假设关系连词"万一"在韩语中的对应形式是"만일"，且在汉韩词典中"万一"释为"만약（manyak）……면（myeon）"、"만일（manil）……면（myeon）"、"만에하나라도（manehanalado）……면（myeon）"。不过韩语假设句如果只有"-면"这一连接词尾的话，就能构成假设句，而"만약"、"만일"、"만에하나라도"在韩语中是副词，并不是专门表示假设的连词，虽然我们在韩汉词典上能查到"만약"解释为"要、只要、要是、如果、假如、假若"等假设连词，"만약"也被普遍认为是与汉语假设连词相对应的韩语。在本文选材的语料库中发现，出现了"만약"的句子，在中文版语料中并没有译为"万一"；同时在中文版语料中出现了"万一"的句子，也不一定都译为"만약"。例如：

(34) 명색이 거기가 안방이라 시어머니가 섭섭해하면 어쩌나?
词译：名义_主格助词_那里_主格助词_里屋 婆婆_主格助词_不是滋味_假设词尾_怎么办
句译：可那房间是正房，**万一**婆婆不满意怎么办？   （《男孩》）

(35) **만약** 몸뚱이 가부실하면 피 팔러갔다가 목숨까지 팔게 되는
词译：万一 身体_主格助词_不实_假设词尾_ 血 去卖   生命 卖 成为
    수도있으니까 말이야.
    可能_因果词尾   说   （《许三》）
句译：身子要是不结实，去卖血会把命也卖掉。

(36) **만약** 옥란씨가 하소용에게 시집을   가버리**면** 하씨 집안은
词译：万一 玉兰_主格助词_何小勇_与格助词_婆婆家_宾格助词_去_假设词尾_许氏 家_添意助词
    대가   끊기는거 아니겠어요.
    带_主格助词_ 断   不是吗   （《许三》）
句译：许玉兰要是嫁给了何小勇，许家就断后了。

(37) 그런 말을 잘못 전했다가 뺨이라도 한대 맞으면 어쩔건데?
词译：那种 话_宾格助词_错 转达 脸 一下 挨_假设词尾_怎么办
句译：话说出口收不回，**万一**老的一巴掌打来呢？   （《男孩》）

(38) **만일**, 죽고나면 죽어서 저세상이 있다**면** 누군가 물을거라고 생각해.
词译：万一 死_假设词尾_死_因果词尾_那世界_主格助词_有_假设词尾_谁_主格助词_问 觉得
句译：**万一**，死了以后，如果有另一个世界的话，也许有人会这样问我。
                                                    （《青鱼》）

(39) 불쑥 왔다가 아무도 없**으면** 얼마나 놀랄꼬.
词译：突然 来 谁也 没有_假设词尾_多么 吓
句译：**万一**突然来玩儿的话，这里一个人也没有，不是该吓坏了？ （《男孩》）

可见，韩语中的"만일"不一定总与"-면"搭配。本文使用的语料库证明了这一点。

其实，这些副词不能单独在句中充当假设连词，只起到构成假设句的作用。这些句子有时候即使加了"-면"也不能表达假设意义，因为这些句子一旦加了"-면"就会成

为病句。例如：

（40）a. 추석이나 설날**이면** 민족의 대이동이 나타난다.

词译： 中秋选择词尾 春节是假设词尾 民族的 大移动主格助词 出现

　　　b. *<u>**만약**</u> 추석이나 설날이 민족의 대이동이 나타난다.

词译： 万一 中秋选择词尾 春节是假设词尾 民族的 大移动主格助词 出现

句译： c. 如果到了中秋节或春节，人口流动就会较大。

（41）a. 그는 집에 오**면** 잠만 잔다.

词译： 他添意助词 家处所格助词 来假设词尾 觉只 睡

　　　b.*<u>**만약**</u> 그는 집에 오**면** 잠만 잔다.

词译： 万一 他添意助词 家处所格助词 来假设词尾 觉只 睡

句译： c. 要是他回了家，就只会睡觉。

在很少的情况下，有时与条件句和让步句呼应。例如：

（42）**만약** 당신이 나를 용서하지않**더라도**, 나는 결코 당신을 원망하

词译：万一 你主格助词 我宾格助词 原谅 不 我添意助词 一定 你宾格助词 埋怨不

지않겠어요.　　　　　　　　　　　　　　（21世纪世宗计划韩语语料库）

不

句译：**即使**你不原谅我，我**也**不埋怨你。

因为"만약"与假设句和条件句有一定的关系，副词"만약"大多数情况下与句子中的假设连词一起使用。尽管"만약"经常与连接词尾一起发挥它的假设意义，不过它本身也有一定的独特意义。韩语副词"만약"不可以使用在正在发生和失去了可能性意义的假设句中，也就是说从句提出来的假设内容是正确的并且具有事实性时，不可以使用"만약"。例如：

（43）（对站在车道上的人）

　　a. 거기 서계시면 위험합니다.

词译： 那里 站假设词尾 危险

　　b. *<u>**만약**</u> 거기 서계시면 위험합니다.

词译： 万一 那里 站假设词尾 危险

句译：你如果站在车道上，就很容易发生危险。

例（43）说明尽管现在危险有可能不发生，但是如果你继续站在那里的话，就可能会发生危险。但是，在这里不能将"-면"和"만약"同时使用，因为这是一种表示现在关系的事实假设句。

另外，"만약"还不能用在表示时间性和规则性的假设句。一般情况下，时间和规则的关系较为密切。例如时间性关系复句中，从句和主句表示事情发生时间的前后，所以这个时间性关系经常会让人们觉得遵循了某种自然规则。即一旦前者发生，后者就会连带发生，导致某种结果。例如：

（44）*<u>**만약**</u> 하교종이 울릴때면 학교문이 닫힌다.

词译： 万一 下课铃 响假设词尾 校门主格助词 关

句译：如果下课铃响了，学校就要关门了。

（45）***만약** 봄이 오면 꽃이 핀다.

词译：万一 春天_主格助词_来_假设词尾_花_主格助词_开

句译：春天到了，花就开了。

（46）***만약** 비가 오면 땅이 젖는다.

词译：万一 雨_主格助词_来_假设词尾_地_主格助词_湿

句译：下雨了，地就湿了。

从以上例子可以看出韩语"만약"的意义功能。当"만약"使用在假设句中时，一定是说话者能够推测主句的事情是即将发生的事实。在这种情况下，这个副词可使用在非事实假设句当中的有可能性关系或无可能性关系当中。而不能使用在反事实关系中，也不能使用在事实假设句当中。这一点与汉语"万一"在使用意义上有相同点。另外，表示假设副词"만약"不能和表示因果关系"니（ni）"呼应，不能和表示时间关系的词语相互搭配使用。因果关系也是从句和主句有一定的关系，或主句所表示的结果可以预测的，所以"만약"也不能与表因果关系的词语相互搭配使用。

1.6 "-면"与"若"

（47）만일 이 일이 참으로 내가 좌우할 수 있는 일**이라면** 나 당장이라도

词译：万一 这 事_主格助词_真的 我_主格助词_左右 能 事_假设词尾_ 我 马上

좋다고할걸세. 　　　　　　　　　　　　　　　　　　　　（《边城》）

好 说

句译：我**若**捏得定这件事，我马上就答应。

（48）만일 저를 위하신**다면** 좀 깊이 생각해보겠어요. （《边城》）

词译：万一 我_宾格助词_为_假设词尾_ 一点 深 想

句译：**若**是为的是我，我要好好去想一下。

（49）이때 만일 강건너에서 누군가 노래 부르고 이쪽에서 누군가

词译：这时候 万一 江对面_处所助词_谁 歌 唱_并列词尾_这边_处所助词_谁

화답을 **한다면** 실로 아름다운 밤이 될것이다.（《边城》）

回答_宾格助词_做_假设词尾_真的 美丽的 夜晚_主格助词_成为

句译：这个时节对溪**若**有人唱歌，隔溪应和，实在太美丽了。

（50）이런 기회가 제게 주어진**다면** 저는 방앗간을 가지겠어요.（《边城》）

词译：这种 机会_主格助词_我与格助词给_假设词尾_ 我_添意助词_碾坊_宾格助词_拿

句译：二老**若**是把这件事派给我，我要那座碾坊。

（51）만일 노래를 불러 취취의 마음을 움직일 수 있**다면** 저라도 당장

词译：万一 歌_宾格助词_唱 翠翠的 心_宾格助词_动 能_假设词尾_ 我 马上

내일 부터 노래를 부르겠어요. 　　　　　　　　　　　（《边城》）

明天 开始 歌_宾格助词_唱

句译：**若**唱三年六个月的歌打动得了翠翠的心，我明天就自己来唱歌。

（52）안전벨트를 매지않았**다면** 텡겨져 나갈듯한 자세였다. （《青鱼》）

词译：安全带_{宾格助词}系没有_{假设词尾} 弹　　出去好像　姿势

句译：若不是系着安全带的话，一定会被弹出去。

本文搜集的语料除了例（52）以外都是可能性假设，此时"-면"通常与"만일"共现。

1.7 "-면"与"要不然"

根据语料统计我们发现，在韩语中，表达假设关系的连接词尾"-면（myeon）"的否定形式"-지않으면（jianeumyeon）、아니면（ainimyeon）"对译为汉语时，主要会采用两种表达形式：一种是借助"如果不是……"来表达，另一种是使用"要不然"。例如：

（53）하지만 이렇게 하지 **않으면** 이 고생을 어떻게 견디나. 　　（《许三》）

词译：但是　这样　　不做_{假设词尾}　这　苦_{宾格助词}怎么　　坚持

句译：（他又去卖血了，他说往后还要去卖血，）**要不然**这苦日子过不下去。

（54）그렇게 하지**않으면** 아버지가　날　허삼관한테　줘버릴거예요.（《许三》）

词译：那样　不做_{假设词尾}爸爸_{主格助词} 我　许三观_{与格助词}　给

句译：（你就到我家来做倒插门女婿吧，）**要不然**我爹就把我给许三观了。

（55）그러는게 편하지 **안그러면**　더 복잡해져요. 　　　　　　（《青鱼》）

词译：那样　　方便　　不那样_{假设词尾}更　复杂

句译：那么做才方便啊。**要不然**更麻烦了。

（56）혹시 나 정말로 꿈을　꾸고 있는 것은 아닐까.　그도　**아니면**

词译：难道 我　真的　　梦_{宾格助词}梦 正在　　　不是　　那也　不是_{假设词尾}

착각일까. 　　　　　　　　　　　　　　　　　　　　　　（《青鱼》）

错觉 是

句译：难道是在做梦吗？**要不然**是错觉？

根据对语料的分析我们发现，当韩语中的"-지않으면"、"아니면"对译成汉语的"要不然"时，要求"要不然"之前的从句信息对听话者来说是一种新信息，是听话者还不知道的，是说话者要告知听话者的。如在例（53）中，"他又去卖血了，他说以后还要去卖血"对听话者来说肯定是新信息，是说话者要向听话者传达的信息。这时，主句中要使用"要不然"，不能使用"如果不是……"，因为"如果不是……"所在的分句的信息应该是旧信息，是听说者已经知道的事情。如果例（53）想换成"如果不是……"来表达，应该改为"他又去卖血了，他说他往后还要去卖血，如果不去卖血，这苦日子就过不下去"。"如果不是……"是从反面对前面的信息进行否定，然后以此为出发点进行假设，所以要求从句中的信息一定为旧信息。因此，在以上的例句中，韩语中的"-지않으면、아니면"只能对译成汉语中的"要不然"。

除此之外，我们还发现，"-지않으면、아니면"对译成汉语时，没有选择"否则"，而只用了"要不然"。这可能是因为小说的口语性比较强，而"否则"要比"要不然"更正式、更书面语化，所以我们在小说中没有发现"否则"用例。

143

1.8 "-면"与"假如"

在本文所选的语料范围内我们发现,当韩语中的"-면"和汉语中的"假如"对应时,"假如"可以自由地换成其他假设连词,并无太大的限制。同样的,在否定句中也是如此。例如:

(57) 취취가   자기엄마 같은   신세가   된다면   사공노인의 나이
   词译: 翠翠主格助词自己妈妈 一样的 命运主格助词成为假设词尾老船夫的   年龄
       에   어찌 또 작은 핏덩이를 하나 더 키워낼 수 있을까?
       时间格助词 怎能 还小的 孩子宾格助词 一个 更 养育 能
                                      (《边城》)
   句译: 如今假如翠翠同妈妈一样,以老船夫的年龄,怎么还能把小雏儿再抚育下去!

(58) 만일 은림이   나타나기 전에   여경이   이런   식으로
   词译: 万一 银林主格助词 出现 前时间格助词 如京主格助词 这样的 方式使用格助词
       청혼을해 왔다면   그는   어떻게 했을까.   (《青鱼》)
       求婚宾格助词 来假设词尾 他添意助词 怎么样 做
   句译: 假如在银林出现以前,我向你求婚,你会接受吗?

(59) 할아버지가   돌아가셨다면?   (《边城》)
   词译: 爷爷主格助词 去世假设词尾
   句译: 假如爷爷死了呢?

(60) 만약 내가 이 방앗간을   마다하고 그나룻배를 넘본다면 그리고 이런
   词译: 万一 我主格助词这 碾坊宾格助词 嫌弃并列词尾那渡船宾格助词贪假设词尾 并且 这种
       생각을   나도 진작 이태전 부터 해왔다면 형은   믿겠어?
       想法宾格助词我也 早就 二年前 开始 做假设词尾 哥哥添意助词相信(《边城》)
   句译: 假如我不想得到这座碾坊,却打量要那只渡船,而且这念头也是两年前的事,你信不信?

例(57)是用"假如"表达的肯定句,句中的"假如"可以自由地换成"要是、如果、……的话"。例(58)、(59)也同样如此。例(60)是用"假如"来表达的否定句,句中的"假如"也可以与其他假设连词互换,可见"假如"在假设句中的限制较少。

1.9 "-면"与假设无标记

(61) 할   말   있으면   빨리 하란말이오.(《许三》)
   词译: 想说的 话   有假设词尾 快 说
   句译: 有话快说。

(62) 악을   쌓으면   악을   받고   선을   쌓으면   선을
   词译: 恶宾格助词 堆假设词尾恶宾格助词 受并列词尾 善宾格助词 堆假设词尾 善宾格助词

벋는거라구요.　　　　　　　　　　　　　　　　　　　　　（《许三》）
　　受
句译：恶有恶报，善有善报。

（63）집안에　　부끄러운　일이　　있으면　숨겨야지.　　　　（《许三》）
词译：家里处所格助词丑的　　事主格助词有假设词尾　应该藏
句译：家丑不外扬。

通过对语料的统计分析，我们发现，在汉语中有些时候假设连词省略了，但假设意义并没有消失。有的时候主从句非常简练，甚至一个简单句就表达了假设关系，如例（61）、（62）、（63）。在这些例句中，并没有出现假设连词，但是这些句子仍包含假设的意思。但是在韩语中，表示假设意义的连接词尾一定要置于从句的谓语之后，如果去掉连接词尾，假设意义就消失了。可以说，韩语中表达假设意义的连接词尾是强制使用的。

汉韩两种语言的这种差异主要是因为汉语是一种意合性的语言，无标记假设句主要靠意合法来表达，即前后分句的语义关系——从句表条件，主句表结果，其句法实现主要通过句型来完成。而韩语属于黏着语，需要通过添加词尾来表达语法意义。

2　小　结

通过对语料的统计分析我们发现，"-면"对译为汉语时，可以有九种形式，分别是"如果、要是、……的话、就、万一、若、要不然、假如"和无标记形式。大多数情况下，"-면"对应于汉语中的"如果、要是、……的话"。但当假设句中从句部分是一个名词时，只能对应于"要是"。"-면"的否定形式对应于汉语时，可以用"如果不是……、要不然"，但"如果不是……"所在从句的信息要为旧信息，而"要不然"前的主句信息应该为新信息。在所选语料中，我们没有发现"否则"的用例，其主要原因是本文所用的语料口语性比较强，而"否则"相比于"要不然"，较为正式且倾向于书面语。

除此之外，在汉语中可以省略关联词，只通过意合的方式来表达假设关系；但是在韩语中则不可省略表达假设关系的连接词尾"-면"。这体现了两种语言类型的差异。

参考文献

陈国华. 英汉假设句条件句比较[J]. 外语教学与研究，1988（1）.

姜至恩，北京语言大学汉语学院
pusanyj@hotmail.com

话语标记"我说什么来着"
与"내가뭐라고했어"的对比分析

李光华

摘　要： "我说什么来着"和"내가뭐라고했어"在形式上非常接近，而且二者都已从疑问句主观化为话语标记，都具有责怪功能和信息功能。然而，二者之间还有一些差异。例如，作为疑问句时，二者却并不完全对应；词汇化方面，前者在形式上没有发生任何变化，后者则发生了一些变化；变体形式方面，前者几乎没有变体形式，后者则由于受礼貌原则存在一些变体形式；在语用功能上，二者虽然都具有责怪功能和信息功能，但是其程度却有所差异。

关键词： "我说什么来着"；"내가뭐라고했어"；话语标记

现代汉语中，"我说什么来着"已经从一个疑问句主观化为话语标记，通过重复自己说过的话来表达对听话人行为的不满和抱怨。吕为光（2011）认为，发生主观化的诱因是语用推理。当说话人完全不记得自己说过的内容时，该结构就是一个真正的问句，向听话人提问。而当说话人知道自己说过什么，却还要提问，就违反了合作原则，产生会话含义。随着这一用法使用频率的增加，这一会话含义固化在该结构上。例如：

（1）我刚才怎么一点儿都想不起来，我，<u>我说什么来着</u>？（电视剧《编辑部的故事》）

（2）起明：<u>我说什么来着</u>，你就是一学医的，想象力贫乏。（电视剧《北京人在纽约》）

同样，在韩语中，与之相应的"내가뭐라고했어"也从一个简单的疑问句主观化为话语标记，表示说话人对听话人的不满和抱怨。例如：

（3）<u>내가 뭐라고 했어</u>? 아무소리 안 했는데……？　　　　（이소《곤룡유기》）

（4）<u>내가 뭐라그랬냐</u>? 그렇게 무르게굴다가 결국 결혼할 거라고 하지 않았냐?
（최은영《오래된거짓말》）

然而，通过对比分析我们发现，该类格式在两种语言中所经历的词汇化过程及其表现却有所不同。本文就词汇化、话语标记和信息标记等问题，对比分析汉语"我说什么来着"[1]和与之相应的韩语"내가뭐라고했어"[2]之间的关系。

---

[1] 汉语方面，与"我说什么来着"相似的还有"我怎么说来着"。经考察，"我怎么说来着"在话语标记方面也有类似的用法，但二者之间具体有何种关系，其中"来着"起何种作用，本文暂不讨论。

[2] "내가뭐라고했어"的变体形式还有"내가뭐라그랬니、내가뭐랬니、내가뭐랬는데"等。本文之所以选择"내가뭐라고했어"，是因为在我们的语料中，与其他的变体形式相比，"내가뭐라고했어"的出现频率相对较高。为行文方便，我们以"내가뭐라고했어"来泛指此类用法。此外，需要说明的是，"내가뭐랬는데"虽然也有话语标记的功能，但其词尾"-는데"表示说话人要求听话人做出回答，所以其词汇化程度不及"내가뭐라고했어"。有关变体形式，我们将在第三部分继续展开。

1 "我说什么来着"与"내가뭐라고했어"的性质

吕为光（2011）认为，"我说什么来着"表示说话人完全不记得自己先前说过的内容时向听话人提问，如例（1）。然而，此时"我说什么来着"与"내가뭐라고했어"不是一一对应的关系。也就是说，例（3）与例（1）并不属于同一种情况。例（3）中，说话人并不是因为不记得自己先前说过的内容而提问，而是想告诉听话人自己没说过任何相关的话。试比较：

（1）a. 뭐라고 했던지 하나도 기억이 안 나, 나, 나 뭐라고 했더라/했지?
词译： 什么 说 一点也 记忆_主格助词_ 不 出来 我 我 什么 说
句译： b. 我刚才怎么一点儿都想不起来，我，我说什么来着？
　　　?c. 뭐라고 했던지 하나도 기억이 안 나, 나, 나 뭐라고 했어?
（3）a. 내가 뭐라고했어? 아무 소리 안 했는데……?
词译： 我_主格助词_ 什么 说 什么 声音 没 说
句译： b. 我说什么了？我什么也没说……？
　　　? c. 我说什么来着？我什么也没说……？

例（1）中"我说什么来着"在韩语中对应"나뭐라고했더라/했지"，而不是本文所要谈论的"나뭐라고했어"，即例（1）c 接受度较低；例（3）中"내가뭐라고했어"在汉语中对应"我说什么了"，而不是本文要谈论的"我说什么来着"，即例（3）c 接受度较低。这要对"我说什么来着"的结构进行分析。在汉语中，"来着"是时间助词或时制助词，即表过去的时间。宋玉柱（1981）、张谊生（2000）将其看作"时"（tense）的标记。例如，"他刚才还在这儿来着，怎么一转眼就不见了"。然而，在"我说什么来着"中"来着"并不仅仅表示过去，还有其他的相关功能。

对于"来着"的功能，陈前瑞（2005）从"来着"小句的角度对其进行分析，认为其现实相关性可以概括为：①涉及原因或结果；②前后对比或正反对比；③引出后面的话语；④以反问的方式指责；⑤想不起来或提醒；⑥报道新情况。我们认为，"我说什么来着"中"来着"的功能便是陈文提到的第五种类型，即表示"想不起来或提醒"。因此，在韩语中也应以表示确认的词尾"-더라"或"-지"[1]来与之对应。例（3）中，"나 뭐라고 했어"只是一种提问，并不表示"想不起来或提醒"，所以在汉语中对应"我说什么了"。

由此可见，作为疑问句，"我说什么来着"和"내가뭐라고했어"并不是完全对应的。[2] 前者有"+过去；+确认"义，而后者有"+过去；-确认"义。但是，作为话语标记，"我说什么来着"和"내가뭐라고했어"均表示说话人对听话人行为的不满和抱怨。例

---

[1] -더라：表示回忆自己所说过的话，一般"누구、무엇、언제、어디"等表示疑问的词与之共现。例如：
　(1) 그사람 이름이 뭐더라？
-지：对于某事，说话人认为听话人有所知道，从而对其进行提问，以便确认。例如：
　(2) 요건 몰랐지？（외국인을 위한 한국어 문법 2-용법 편.국립국어원. 서울：커뮤니케이션북스，2005）
[2] 另外，当说话人自言自语时，汉语可以用"我说什么来着"表示，韩语则无法用"내가 뭐라고 했어"表示。例如：
　a. 昨天我说什么来着？
　b. *어제 내가 뭐라고 했어？
　c. 어제 내가 뭐라고 했더라/했지？
这跟正文中例（1）的情况一样，此时"我说什么来着"在韩语中对应"나뭐라고했더라/했지"。

如:

(2) a. 내가 뭐라고 했어. 넌 의학을 전공하는 놈이라 상상력이
词译: 我主格助词什么 说了　你 医学宾格助词学习的　家伙是　想象力主格助词
결핍하단 말이야.
缺乏

句译: b. 我说什么来着，你就是一学医的，想象力贫乏。

(4) a. 내가 뭐라 그랬냐? 그렇게무르게굴다가 결국 결혼할거 라고
词译: 我主格助词什么 说了　那样　弄　结果 结婚将来时 说
하지 않았냐?
没有吗

句译: b. 我说什么来着，老是那么拖拖拉拉，终会跟他结婚。

2 "我说什么来着"与"내가뭐라고했어"的词汇化

前面提到，"我说什么来着"和"내가뭐라고했어"已经从一个疑问句主观化为话语标记。然而，值得注意的是，"我说什么来着"和"내가뭐라고했어"中的谓词并不相同。前者的谓词为"说"，后者的谓词则为"하다"。按说，后者的谓词应为"말하다"。其实，在韩语中也有此类用法，即"내가 뭐라고 말했어"。例如：

(5) 그러니까 내가　뭐라고 말했어? 진작에 내가　경고 했을 때
词译: 所以　我主格助词什么　说　真的　我主格助词警告时候
떠나면서로 좋았을 거아니야?　　　　　　　　(무풍《무림서생》)
离开　　　好　　不是

句译: 所以我说什么来着，真的在我警告的时候离开不就好了吗？

从意义上讲，"내가뭐라고말했어"和"내가뭐라고했어"没有任何区别。不过，在我们的语料中，"내가뭐라고했어"出现的频率远远高于"내가뭐라고말했어"。究其原因，在韩语中动词"하다"有"말하다"之义项，如"교주는 곧 인류의 종말이 멀지 않았다고 했다"。因此，以"하다"来代替"말하다"也不影响其概念意义（参看《标准国语大词典》）。至于"하다"何时有"말하다"义，本文暂不讨论。

"我说什么来着"和"내가뭐라고했어"或者出现在单句的环境中，或者以分句的形式出现在复句中，但它们都是自足的，并且该语言单位的意义就是其自身的命题义，不需要额外的语用推理。然而，当这些语言单位用于句际之间，并且后续言谈与其自身带有的表主观色彩的言说类谓词相匹配时，此类语言单位已不再是独立的语篇句了，它和后面的话语成分有更多人际功能方面的关联，并已习语化，成为一种起人际作用的表达说话人主观意义的话语标记（乐耀，2011）。例如：

(6) 我说什么来着，我说什么来着？我就知道，这里边儿准有问题。
（电视剧《编辑部的故事》）

(7) 내가　뭐라 했니? 으응, 저 가을이란 시, 우리도 배웠었지 왜?

(루이제《백수선화》)

词译：我_{主格助词}什么　说　嗯　那　秋天叫　诗　我们也　学过　不是吗
句译：我说什么来着，嗯，那首叫秋天的诗我们也学过不是吗？

例（6）中，"我说什么来着"作为话语标记，表示说话人通过反问句的形式来说明"这里边儿准有问题"，表示对某一件事的强烈不满。同样在例（7）中，"내가뭐라고했어"作为话语标记，表示说话人重复自己所说过的话，认为听话人的行为是错误的，对听话人行为不满。

这样，"我说什么来着"和"내가뭐라고했어"已经习语化，成为一种话语标记。然而，习语化是词汇化[1]的初级阶段，所以严格来说还不能视之为词。因此，在形式上，该格式允许出现其他成分，以强调其语用意义。[2]例如：

（8）金枝，我[刚才]说什么来着？只要玩艺儿好，不怕没人认。

(陈建功、赵大年《皇城根》)

（9）내가　[처음부터]　뭐라고　했나.　그런　소문은　아예　믿을 게
词译：我_{主格助词}开始从　　什么　说　那种　传闻_{添意助词}　干脆　相信 东西
　　　못되니　문제　삼지　말라고　하지　않았나.（김학준《혁명가들의항일회상》）
　　　无法_{因果助词}问题　当作　不要　　说　没有
句译：我（开始）说什么来着，那种传闻干脆不要信，不要当作问题。

例（8）、（9）中，"刚才"和"처음부터"只起到一种强调作用，省略之后丝毫不影响其话语标记功能。

3 "我说什么来着"与"내가뭐라고했어"的变体形式

如上所述，该格式还没有最终词汇化，还处于词汇化的初级阶段习语化。从语言形式上看，该格式与习语相似，而且允许变体形式（乐耀，2011）。然而，在汉语中，"我说什么来着"的变体形式非常有限，至多在其结构中插入其他成分，如"我刚才说什么来着"。不过，在韩语中，由于存在表示尊敬的表达方法，所以"내가뭐라고했어"又可以替换成其他形式。例如：

（10）거봐요, 제가뭐라고했어요. 쾌활씨가금방아가씨를포기할거라고했죠?이젠보나마나아가씨에대해이러쿵저러쿵나쁜소문을퍼뜨리고다닐걸요.

(존비니언《천로 역정》)

（11）그래요?역시그렇군요. 내가뭐라했습니까?백번도더얘기했잖습니까?그런데

---

[1] 一些学者解释为这是"语用化"的结果。对此，董秀芳（2010）认为，词汇化可以和语用化相容。语用化是从形式的表达功能着眼的，从实质来看，由于从话语标记的形式不能推知意义，因而话语标记具有一定的特异性，可以看作习语，话语标记的形成就可以看作自由短语或小句习语化的过程，而习语化是词汇化的初级阶段。
[2] 当然，"我说什么来着"作为一般的疑问句，也允许其他成分插入。例如：
　　a. 我怎么一点儿都想不起来，我，我[刚才]说什么来着？
但是，此时强调的不是其语用意义，而是其概念意义。

결국그렇게되고말았군요. （토마스만《마의산》）

在韩语中，说话人一般通过谦语或敬语来表示对听话人的尊敬，以遵守礼节。例如，例（10）中说话人通过谦语"저"和敬语"-했어요"表示对听话人的尊敬；例（11）中说话人通过敬语"-ㅂ니까"表示对听话人的尊敬。然而，上面我们提到，"我说什么来着"和"내가뭐라고했어"作为话语标记，表示说话人对听话人行为的不满和抱怨，即具有责怪义。但是，例（10）、（11）中说话人通过谦语或敬语来表示对听话人的尊敬，以遵守礼节。不难发现，在遵守礼节的前提下责怪对方，违背礼貌原则。正因为如此，在我们的语料中，此类用法的出现频率远不及"내가뭐라고했어"。

此外，在韩语中为了强调责怪义，"내가뭐라고했어"中的代词"我"有时可以替换成其他指称。例如：

（12）아빠：어제도하고그제도하고，오늘도하고，내일도하고！하루만하고안하면 그건운동도아니야!**아빠**가뭐라그랬니. 팔굽혀펴기，하루에서른 개씩하 라고했지？하라고했어，안했어？

아들：네，했어요……　　　　　　　（박수현《아름다운아이세진이》）

例（12）中，说话人通过直接使用"아빠"一词来强调其责怪义。从谈话效果来看，"아빠가뭐라그랬니"的责怪语气比"내가뭐라그랬니"更强一些。此类变体形式还有"선생님이뭐라고했어"、"엄마가뭐라고했어"等。同样的道理，汉语中也应有类似的表达法，可在我们的语料中尚未发现此类变体形式。[1]

4 "我说什么来着"与"내가뭐라고했어"的语用功能

根据吕为光（2011）的说法，"我说什么来着"作为话题标记，有责怪功能和信息功能。经考察发现，韩语"내가뭐라고했어"也有相应的功能。有关责怪功能上面已经提及，在此我们只考虑它们的信息功能[2]。

至于"我说什么来着"的信息功能，吕文认为，说话人之所以重复自己说过的话，是因为听话人没有听取说话人的劝告，而出现了说话人预期的结果，所以含有该结构的语句表达的信息是预期信息。例如：

（13）老实和尚却叹了口气，道："<u>我说什么来着</u>，你霉气直透华盖，一定要倒霉的！现在应验了吧。"　　　　　　　　　（转引自吕为光，2011）

（14）어머나，무지아프겠네~거봐，<u>내가뭐라고했어</u>?그냥가면안된다고<u>했지</u>? 아마 계속그냥가려고하면더뜨거운맛을보게될거다.　（박신애《선애야선애야》）

---

[1] "我说什么来着"主观化之前，人称代词是多样的，也可以是普通人名。为什么却只有"我"固定下来？王洪君（2009）认为，在对话语境中说话人可以转述别人的话语传递给听话人信息，也可以直接向听话人传递信息，但后者是主要的、优选的。所以在人称上以第一人称"我"为主，讲述者营造一个"讲述者一受众"同在的"讲述时空"，听说双方的互动性非常强。如果主语是第二、三人称或其他人物名词，说话人就要通过间接转述的方式将信息传递给听话人。由于这种语体的要求，代词"我"最终胜出，固定在结构中。

[2] 从言谈事件参与者的预期这个角度说，话语中语言成分所传达的信息可以分为预期信息、反预期信息和中性信息三类（吴福祥，2004）。

例（13）中，说话人"和尚"的预期是听话人会倒霉，事件的最终结果验证了和尚的预期，听话人真的倒霉了，"应验"一词体现了说话人预期信息与新信息的一致性。同样在例（14）中，说话人的预期是听话人会吃苦头，词尾"-지"体现了说话人预期信息与新信息的一致性。

值得注意的是，在韩语中，除了"내가뭐라고했어"作为话语标记具有信息功能外，还有一个话语标记与之共现。例如：

（15）그러게내가뭐라고했니. 그인간, 조심하라고했잖아. 그인간은양의탈을 쓴 이리라니까. 벌써몇번째야 ……　　　　　　　　　　　　　（노가원《환향녀》）

前面提到，"내가뭐라고했어"作为话语标记，这是无可争论的。可在例（15）中还有一个话语标记起到信息功能，即"-잖-"。황성희（2007）认为，"-잖-"具有一种确认功能，即说话人向听话人确认自己所知道的事，而其前提是说话人认为听话人也应该对此事有所了解。例如：

（16）갑：오빠는집에서해주지않아요?
　　　을：우리집분위기는중학교때부터배고픈놈이해먹는거였어.
　　　갑：그래? 대단하다.
　　　을：알아서해먹어야돼. 배고프면. 귀찮지. 하루세끼먹으려면.
　　　갑：아니, 저기아들밖에없잖아요. 오빠. 그런데도그래요?엄마가뭐일하세요?　　　　　　　　　　　　　　　　　　　　（转引自황성희，2007）

例（16）中，说话人说"아니, 저기아들밖에없잖아요"意思是"你家只有你这一个儿子，为什么你妈不给你做饭"，即听话人的"妈妈"应该给听话人做饭，而此时听话人也明白说话人的意思。

由此可见，与汉语"我说什么来着"相比，"내가뭐라고했어"句由于其后又有预期信息标记"-잖-"与之共现，其整个句子的预期信息功能更强。[1]

5　结　论

通过以上对比分析，我们发现，"我说什么来着"和"내가뭐라고했어"都是从疑问句主观化为话语标记，同样具有责怪功能和信息功能。但是，二者之间也有一些差异，具体表现在以下几个方面：

第一，从性质上看，"我说什么来着"和"내가뭐라고했어"作为疑问句并不完全对应。作为疑问句，"我说什么来着"在韩语中对应"내가 뭐라고 했지"，而"내가 뭐라고 했어"在汉语中对应"我说什么了"。

---

[1] 那么，汉语有没有其他预期信息标记与之共现？我们将例（15）翻译成汉语进行比较。
　　a. 所以我说什么来着，防着点那个人……
　?b. 所以我说什么来着，[不是说]防着点那个人[吗]……
　　b句无论在语法上还是在语感上均没有任何问题，但是在汉语中类似的例子极其有限，至少在北京大学CCL语料库中检索不到相关的例句。

第二，从词汇化角度看，"我说什么来着"在词汇化过程中没有发生任何形态变化，"내가뭐라고했어"则是从"내가 뭐라고 말했어"发展过来的。

第三，从变体形式上看，韩语中由于存在表示尊敬的表达方法，所以"내가뭐라고했어"小句中的主语"내"和谓语"했어"有时可以替换成相应的谦语或敬语来表示对听话人的尊敬，以遵守礼节。

第四，在语用功能上，"我说什么来着"和"내가뭐라고했어"虽然同样具有责怪功能和信息功能，但在韩语中"내가뭐라고했어"常与表示预期信息功能的标记词"-잖"共现，所以其信息功能更强。

参考文献

陈前瑞. "来着"的发展与主观化[J]. 中国语文，2005（4）.

董秀芳. 来源于完整小句的话语标记"我告诉你" [J]. 语言科学，2010（3）.

乐耀. 从"不是我说你"类话语标记的形成看会话中主观性范畴与语用原则的互动[J]. 世界汉语教学，2011（1）.

吕为光. 责怪义话语标记"我说什么来着" [J]. 汉语学报，2011（3）.

宋玉柱. 关于时间副词"的"和"来着" [J]. 中国语文，1981（4）.

王洪君. "了$_2$"与话主显身的主观近距交互式语体[M]//语言学论丛（四十）. 北京：商务印书馆，2009.

吴福祥. 试说"X不比Y·Z"的语用功能[J]. 中国语文，2004（3）.

张谊生. 略论时制助词"来着"——兼论"来着$_1$"与"的$_2$"以及"来着$_2$"的区别[J]. 大理师专学报，2000（4）.

황성희. 형태소 "-잖-"의의미기능연구[M]. 서울：이화여자대학교석사학위논문，2007.

李光华，延边大学汉语言文化学院
liguanghua@ybu.edu.cn

状态补语和结果补语结构的语用对比研究

[韩] 李娜贤

摘　要：状态补语和结果补语在韩语中表现形式相同。本文对比了状态补语和结果补语在语义、语用上的区别，从与上下文有关无关、主观化与客观化以及两种补语形成的祈使句三种角度做出了分析，以期有助于对韩汉语教学。

关键词：状态补语；结果补语；祈使

状态补语和结果补语除了结构的不同，还有功能上的差异，但在韩语中两者形式相同。这容易导致韩国学生误认为两个结构表示相同的语法意义。例如：

（1）我吃饱了。
　　我吃得很饱。
→ 저는　　배부르게　　먹었어요.
词译：我添意助词肚子饱程度词尾　吃
句译：我吃饱了。
（2）你今天来早了。
　　你今天来得很早。
→ 너 오늘 일찍 왔네.
词译：你 今天 早　到
句译：你今天来得很早。

例（1）和例（2）的韩语翻译分别为"저는　배부르게　먹었어요"和"너 오늘 일찍 왔네"，并没有区分出状态和结果的不同。认知语法学主张不同的句子表达不同的意义或情况，即不同的句子结构表示说话人对客观世界的不同看法。因此，状态补语结构和结果补语结构肯定有功能上的差异。现存的语法书给两个结构的定义解释如下：情态补语（又称"状态补语"）主要指动词后用"得"连接的表示动作的结果状态的补语，某些形容词后也可以用状态补语。当要对动作或动作的结果进行描写时，状态补语往往是必须采用的。结果补语主要表示动作或状态的结果，引起动作者或动作受事的状态发生变化。（刘月华　等，2001）

从中可见，两个结构都表示动作的结果，容易让人误认为两者等同。然而，两者却的确有不同的语法功能。之前的研究，只针对静态的句子进行分析，导致学习者认为两个结构相同的现象发生。因此，本文拟以实际使用的语料为基础，分析两个结构在功能上的差异。研究范围仅限于述语为动词、补语为形容词的情况。

1 上下文有关和上下文无关之差异

上下文有关（context sensitive）是指一个结构因为外部情况或上下文而产生新的功能或语法意义。上下文无关（context-free）是指在没有外部情况或上下文的支持下，结构本身包括某种功能。例如：

（3）a. [+结束]： 我<u>今天</u>起得很早。
　　　b. [-结束]： 我<u>天天</u>起得很早。

例3的a和b都是状态补语结构，a句因时间副词"今天"而体现了结束体的意义；与此相反，b句与"天天"搭配却没有结束体的语法意义。可见，状态补语结构根据搭配成分，有时表达结束体的语法意义，有时则表示结束体。与此同时，状态补语结构在没有时间副词的情况下也能因上下文而表示[+结束]或[-结束]。例如：

（4）[+结束]： 我<u>回家回得很晚</u>，没来得及给你打电话。
（5）[-结束]： 妈妈，你不用等我了，<u>我回家回得很晚</u>，您先吃饭吧。

例（4）和（5）的状态补语结构"回家回得很晚"不是结构本身所表达的语法意义，而是因上下文语境而暂时具有了[+结束]或[-结束]的语法意义功能。与此相反，结果补语结构跟上下文无关，本身具有[+结束]的意义。例如：

（6）A： 明天我们得早点动身，千万别睡懒觉啊！
　　　B1：（？）你放心，我天天<u>起早了</u>。
　　　B2： 你放心，我天天<u>起得很早</u>。

从中可以看出，状态补语结构可以表示习惯性的事件，还可以对某种动作结束后的状态进行叙述。状态补语结构本身不包括"结束体"的（即过去式）概念，而是因为外部因素或者上下文语境下暂时产生"体"的概念。

2 主观化和客观化的差异

说话人即事件命题的观察者，也是命题的陈述者。对同样的命题，根据不同的观察角度会有不同的陈述。有时说话人在说出一段话的同时表明自己对这段话的立场或态度，而有时说话人在排除自己立场的情况下叙述命题。结果补语表示对动作是否达到结束点进行判断，而状态补语不是对行为本身，而是对行为主体或客体的现在状态进行描写。一般说话人要把自己的观点或态度加在句子中，应该有句法标记。在状态补语结构中使用的程度副词就扮演该角色。说话人通过程度副词，对事件表达观点或评价，可以对这种描写赋予程度性。与此相反，结果补语结构只是客观地叙述动作是否达到目的，因此结构上不能与程度副词搭配。总而言之，状态补语结构和结果补语结构有语用上的差异，即状态补语结构表示说话人对命题的立场和观点，结果补语结构则客观地叙述命题。因此，应该按主观判断或客观叙述选择结构。例如：

（7）a. 外面雨<u>下大了</u>。
　　　b. 外面雨<u>下得很大</u>。

例（7a）中，说话人只是客观地叙述外面下雨的量变大了；例（7b）中，说话人对外面下雨的量判断为很大，表示自己的观点。

（8）a. 挖深了。
　　　b. 挖得太深。

再看例（8a），结果补语结构会产生歧义。一方面说话人在客观地叙述动作"挖"的结果是"深"；另一方面，在特殊的语境中说话人可以表示结果的偏离。与此相反，例（8b）状态补语结构则没有像结果补语结构那样的歧义，就表示说话人的立场和观点。换句话说，结果补语结构因上下文才能表示说话人的主观介入；状态补语结构跟上下文无关，结构本身可以认可说话人的介入。

3　状态补语结构和结果补语结构的祈使句对比

现有的语法书认为，在结果补语结构和状态补语结构上加"一点儿"就可以构成祈使句。刘月华（2001：824）认为状态补语结构中的"得"可以删除。例如：

（9）你说得太快了，说得慢一点儿！
　　　明天起得早点儿！
（10）你说得太快，说慢一点儿！
　　　明天起早点儿！

从句法上看结果补语结构和状态补语结构都能构成祈使句。但是，汉语母语者不太能接受状态结构的祈使句。下面通过两个结构构成的祈使句的对比，分析其原因。

状态补语祈使句不同于结果补语祈使句，有时没有"给我"标记，祈使句就不能成立，特别是状态形容词充当补语时更是如此。例如：

（11）a. *站得好好儿的！
　　　　 *洗得干干净净的！
　　　 b. 给我站得好好儿的！
　　　　 给我洗得干干净净的！

例（11）的 a 不能成立，强调式 b 句可以成立。a 不能成立的原因，可用构式语法（construction grammar）来进行分析。根据陆俭明（2008）的观点，构式语法主张构式本身有独立的意义，不同的构式就有不同的意义。例如：

（12）a. 他父亲死了。
　　　 b. 他死了父亲。

上面这两个句式，前一句只是表明父亲去世这一事实，后一句则强调他父亲去世给他带来巨大的悲痛和损失（李勇忠，2005）。这就意味着相同词语的组合并不等于相同的结构意义，而不同的构式会产生不同的构式意义。以这样的构式语法的观点来对结果补语和状态补语祈使句进行比较。"VA+一点儿"的结果补语构式本身就是要求调整动作程度的祈使句，"V 得 A+一点儿"的构式意义则是在描写动作。例如，"写得大一点儿！"会产生歧义：一种意思是字写得有点儿大，另一种是祈使句。由状态形容词充当补语时更是如此，如"擦得干干净净"。状态形容词有较强的描写性质，这样的状态形容词用在状态补语构式，其描写性更强。当然有语境可以构成祈使句，但是没有语境就会产生歧义。于是为了使状态补语结构构成祈使句，需要"给我"、"请"和能愿动词等的祈使标记的搭配，才能更加突出祈使句的意义。从中可以看出，状态补语结构本身具有的描写功能导致了汉语母语者对"说得慢一点儿！"持模糊态度。

（13）a. *把衣服洗得干干净净的！

   *把字写得整整齐齐的！

   b. 要把衣服洗得干干净净的！

   要把字写得整整齐齐的！ （刘月华，2001）

例（13a）不能构成祈使句，但是加上能愿动词"要"就可表达祈使义。从中我们再次发现了状态补语构式的意义为描写动作。

4 结 论

本文讨论了结果补语和状态补语结构的差异，通过分析得出以下结论：

第一，状态补语结构可以表示习惯性的事件，还可以对某种动作结束后的状态进行叙述。其原因就是状态补语结构本身不包括"结束体"的概念，而是因为外部因素或者上下文语境下暂时产生"体"的概念。

第二，状态补语结构和结果补语结构有语用上的差异，即状态补语结构表示说话人对命题的立场和观点，结果补语结构则客观地叙述命题。因此，应该按主观判断或客观叙述选择使用结构。

第三，中国人之所以不能接受状态补语祈使句，是因为状态补语结构本身描写动作，容易导致歧义。因此，状态补语构成祈使句时，常常要跟能愿动词、"给我"或"请"等其他成分搭配。

参考文献

李勇忠. 祈使句语法构式的转喻阐释[J]. 外语教学，2005（2）.

刘月华. 实用现代汉语语法[M]. 北京：商务印书馆，2001.

陆俭明. 构式语法理论的价值与局限[J]. 南京师范大学学报，2008（1）.

李娜贤，韩国外国语大学

naxian@hanmail.net

词汇教学中的对应和等值

[韩] 孟柱亿

摘　要：第二语言学习者在词汇学习过程中，常常误将目的语词汇与母语中的对应词视为等值物，从而产生偏误。本文根据翻译时两种语言的词汇能指与所指的对应关系，以汉语与韩语为例，指出从能指出发寻找对应词的不合理性；建议从所指出发寻找对应词，并注意所指之间的细微语义、语用及文化差异。

关键词：语际干扰；词汇教学；对应；等值；能指；所指

在二语学习过程中，学习者容易将母语和目的语之间的对应词当作等值关系，从而产生偏误。例如，韩语中"많다"在大多数语境下和汉语"多"对应，如"시간이많다（时间很多）"，但两者却不等值。韩国学习者在汉语学习过程中常常出现以下偏误：

（1）*他的年纪很多。（많다，多）（应为"他的年纪很大"）

从例（1）可知，在韩语里"많다（多）"可以和"나이（年纪）"搭配，但汉语里的"多"不能和"年纪"搭配（孟柱亿，2004）。韩国学生出现该类偏误的原因是误将"많다"与"多"的部分对应视为完全等值。

由于韩语和汉语在历史上曾互相影响，两种语言词汇之间的联系紧密，韩国学生在学习汉语词汇时更容易受到语际干扰（interlingual interference），产生偏误。为了有效防止或减少偏误，在教学过程中应做好韩语与汉语语际词汇对比分析。

本文拟通过对两种语言词汇间对应和等值关系的阐述，来探讨对韩汉语教学中词汇对比需要注意的问题。

1　对应和等值

《现代汉语词典》（2012）中，将"对应"定义成：一个系统中某一项在性质、作用、位置或数量上跟另一系统中某一项相当。"等值"则是"相同、相等"之义。

两种语言中的词汇部分重叠的情况，属于对应关系，而非等值关系。但二语学习者往往将对应词当成等值物，这与人的认知过程有关。人们在接触新事物时，常常会进行模式识别（pattern recognition），即先按规律找到一个模板，然后以该模板来识别、匹配别的事物。如孩子将比爸爸年纪大的男性都称为爷爷，将猫称为狗等。因此，人们容易忽略事物之间的细小差异，将对应词当成等值物。例如，教材生词表中一般用学习者的母语词汇来解释目的语词。由于仅需给出该词出现在课文中的语义，因此所选的释义母语词和目的语词仅为部分对应关系,二语学习者却常常将其当等值词使用,从而产生偏误。

因此,在二语教学中进行词汇对比时,应抓住两种语言对应词之间的细微差别,辅以详尽的解释说明,避免学习者误会二者完全等值。

2　Seleskovich 的三种翻译理论

索绪尔(1949)曾指出,语言符号连接的是能指(signifiant)和所指(signifié)。其中,能指是语言符号的外壳,所指则是它的内涵,是其语义或功能。每种语言能指和所指的联结关系不完全一致。词汇学习就是掌握符号能指和所指的联结关系。Seleskovich(2002)在翻译层面上将词汇的对应关系分为三种:①语源性翻译(etymological translation),即根据目的语的能指形式、语源来寻找简单的对应词。如将英语中的 president 翻译成西班牙语的 presidente。[1]②惯用性翻译(conventional translation),是指在某个专业领域使用约定俗称的术语翻译。如汉语的"高山反应"在韩语中翻译为"고산증(高山症)","货币政策"翻译为"통화정책(通貨政策)"。虽然韩语中也有"반응(反应)"或"화폐(货币)"等词,但在翻译术语时无法对应翻译。③语境性翻译(contextual translation),即根据语境,重新创造出在特定语境中意义的等值物。语境性翻译需要更多思考和创意。

语源性翻译根据词汇的能指寻找简单对应词,惯用性翻译根据所指寻找特定领域的等值词,语境性翻译根据所指寻找每个特定场合的等值词。Seleskovitch 提出的三种翻译方式的概念,对两种语言词汇所指的对比分析颇有裨益。

3　能指的对应和所指的等值

3.1　按能指来源的匹配情况选择对比项

韩语有一部分词和汉语能指来源一致,常被称为同源词(cognate)。由于这种关系很像孪生兄弟,孟柱亿(2007)称之为"孪生词",指韩语词汇中由跟汉字词相同的汉字按照相同的语序组成的汉字词。虽然韩语中有不少词源自汉语,但随着时间的迁移,词义逐渐发生变化;或者韩语保持汉语原有语义,而汉语词义发生了历时演变。例如:

(2)【호구(户口)和户口】

汉语:中国特有的人口管理方法,是一种限制居住地的制度,虽然可因入学、就业等事由而迁移,但有时也会被有关行政单位管制。

韩语:国家行政机关所记录的文件上的家庭数量和成员人数。

"户口"一词产生于古代,现在汉语中"户口"是指一个人居住在某个地区的权利和身份。该词在韩语中词义没有发生变化,在汉语中发生了变化。

---

[1] president 和 presidente 一样,都有"总统"之意。但 president 还有的"校长"之意,在西语中只能和 rector 相对应。

孪生词所指对应关系多种多样，大致可分为：

Ⅰ．不对应，如：

（3）【운동원（运动员）和运动员】

汉语：选手。

韩语：帮助政治活动的人。

Ⅱ．部分对应，如：

（4）【선배（先辈）和先辈】

重叠义：行辈在先的人。

区别义：汉语还指已去世的令人钦佩值得学习的人。韩语：A. 在同一个领域中地位、学问、技艺高或年长的人；B. 比自己早进同一个学校的人。

（5）【손자（孙子）和孙子】

重叠义：儿子的儿子。

区别：汉语中"孙子"还有"向上司或有权势的人奉承的人"、"可怜的人"之意，韩语没有。

（6）【작자（作者）和作者】

重叠义：A. 写文章的人；B. 进行文学、艺术或科学创作的人。

区别：韩语中작자还有"要买或租东西（多指房子或土地）的人"、"对他人的蔑称"之意，汉语没有。

（7）【교장（校长）和校长】

重叠义：校长、学校的首长。

区别：高等教育机关的首长在汉语中仍称为"校长"，而韩语中称为"총장（总长）"。

（8）【교사（教师）和教师】【교수（教授）和教授】

重叠义：担任教学工作的人员。

区别：韩语中"교사"主要指在中小学担任教学工作的人，称呼范围比汉语小。高校教师韩语称为"교원（教员）"，习惯性也被称呼为"교수（教授）"，并不区分职称级别。汉语中"教授"则专指正高级别。

Ⅲ．难以发现差异的，如：

（9）【미인（美人）和美人】

重叠义：美貌的女子。

区别：韩语中用得过于频繁，不管相貌是否真正美貌，类似于汉语中"美女"的称呼。

（10）【숭배（崇拜）和崇拜】

重叠义：尊敬、佩服，常用于英雄人物。

区别：韩语中"숭배"的使用严格限于极少数的英雄人物，如创建韩文字母、在韩国历史上有崇高地位的世宗大王。汉语中"崇拜"使用过于频繁，不限于英雄人物，如"你猜我最崇拜的歌手是谁？"。

孪生词不论语义重叠部分的多少，都容易引发学习者的"模式识别"认知模式。学习者易被其能指（语音形式、汉字书写形式）的相近乃至相同误导，忽视所指的种种差异，把该区别对待的词语的所指等同起来。由此可见，按能指来源的匹配情况来选择对比项是不科学的，寻找韩语词的对应汉语孪生词的做法不可取。

3.2 按所指来源的匹配情况选择对比项

根据能指的来源来寻找对应项为语源性翻译，在二语学习中存在诸多弊端。因此，词汇对比应按所指的匹配情况选择对比项，即主要采用惯用性翻译和语境性翻译手段。惯用性翻译大都约定俗成，比较固定。而采用语境翻译手段进行对比没有现成的答案，需要根据具体语境来选择对应词，是词汇对比的重点和难点。需要注意的是，两种语言的对应词所指也不是完全等值的，存在着一些细微的差异。例如：

（11）【바지和裤子】
重叠义：穿在下半身的衣服的一种，有裤腰、裤裆和两条裤腿。
区别：바지仅指穿在外面的裤子；汉语裤子包括穿在内里的，如内裤。
二者在语义范围上存在差异，在澡堂的语境中，韩语的翻译可能会产生一些误会：
你脱裤子进来吧。(=光着身子进来。)
바지를 벗고 들어와. (=你脱外裤进来吧。)
韩语惯用语中的"바지사장"，意为名义上的老板，由"바지"引申意而来。此时汉语无法对译成"裤子老板"。同理，汉语中的惯用语"脱裤子放屁"中的"裤子"也无法直译成"바지"，因为这里的裤子还包括了内裤。

(12)【친구（親舊）和朋友】
重叠义：关系近的，彼此有交情的人。
区别："친구"仅指年龄相仿或年纪小的人，"朋友"没有年龄限制。"朋友"可指"恋爱的对象"，如"谈朋友"，"친구"不行。

(13)【학우（學友）和同学】
重叠义：在同一学校一起学习的人。
区别："同学"可以用于称呼学生，"학우"不行。"同学"常用于口语，"학우"在口语中几乎不用。

由以上三例可见，根据所指选择了母语中的对应词还应该详细说明二者在引申义、语义范围或是语用上的细微区别。

4 词汇对比要兼顾语义和文化两方面

从以上例子可以看出，两种语言对应词的细微区别实际反映的是两国文化的差异。如与中国相比，韩国社会更加重视年龄辈分的文化差异就直接反映到词汇中，造成了如例（4）"선배"和"先辈"、例（12）"친구"和"朋友"的差异。

以"国庆"为例，韩语常常翻译成"국경절（國慶节）"或"국경일（國慶日）"，但最准确的翻译应为"건국기념일（建國紀念日）"。这不仅应该考虑到两种语言之间的语义差异，还有韩国社会特殊的历史背景。

先看语义差异。汉语：仅指建国纪念日；韩语：국경（國慶）意为"国家的喜庆"。"국경일（國慶日）"指为纪念国家的喜庆，国家制定法律规定的庆祝日，

如三一节、制宪节、光复节、开天节、韩文节。"国庆"与"국경"所指的节日并不一致。

要把两者之间的差异阐述清楚，单纯的语义对比还不够，还要考虑两国历史、社会心理等因素。汉语"国庆"本指国家喜庆之事，最早见于西晋。现代已演化成一个节日，专指"建国纪念日"，纪念"新中国"的成立，与"旧社会"区别开来。而韩国虽然也有建国日，但在韩国社会里却几乎没有"建国纪念日"的概念。大韩民国政府成立于1948年8月15日。为了纪念祖国的光复而将每年的8月15日命名为"光复节"。因此，韩国的建国纪念日为"光复节"所取代，逐渐被人们遗忘。

我们再来看看"你把我当朋友吗？"这句话的韩汉对比。这句话在两种语言中都表达了说话人对对方的不满，但语义却完全不同。

汉语：（小王和小张是好朋友，小王最近遇到困难，没有和小张说。后来小张知道了。）小张对小王说："你把我当朋友吗？"，意为"遇到困难你应该找我帮忙"。

韩语：（京一和敏秀是一个社团的成员，分别是大三和大一学生。敏秀最近动辄拍拍京一的肩膀，京一实在无法再忍受。）京一对敏秀不耐烦地说："니가 나를 친구로 아냐？"（你把我当朋友吗？），其实是"你以为我是你的'朋友'吗？"意为"你想平起平坐吗？/你要耍我吗？"

联系例（12），可知这源于两国对"朋友"定义的不同。汉语中"朋友"没有年龄的限制，关注点在两人关系的亲密程度；韩语中"친구"有年龄限制，关注点在两人年龄相同。

5 结 论

语际词汇的关系可以分为"对应"和"等值"。二语使用者、学习者常受到"模式识别"的影响，依靠母语对应词理解二语词语的意义，将"对应词"误认为"等值词"。教学中如涉及到跨语言对应词时，应帮助学生克服能指来源一致的孪生词所引起的负迁移，寻找适合语境的对应词。对比时不仅要对两者词义差异进行详细对比和说明，同时也要积极探索词汇背后蕴含的韩中文化差异，这不仅牵涉到习得效率，也会影响到整个教学效果。

参考文献

索绪尔. 普通语言学教程[M]. 高名凯，译. 北京：商务印书馆，1980.
孟柱亿. 韩国人汉语词语偏误分析[M]//陆俭明. 第七届国际汉语教学讨论会论文选. 北京：北京大学出版社，2004.
孟柱亿. 韩汉孪生词对汉语学习的影响[M]//第八届国际汉语教学讨论会论文选编委会. 第八届国际汉语教学讨论会论文选. 北京：高等教育出版社，2007.
中国社会科学院语言研究所词典编辑室. 现代汉语词典[M]. 6版. 北京：商务印书馆，2012.
Seleskovitch D. Interpreting for International Conferences[M]. 정호정，译. 국문화사，2002.

孟柱亿，韩国外国语大学
mzy99@hanmail.net

类型学视野下的反义复合词

张金竹

摘　要：反义复合词由反义并列式短语词化而来。并列式短语作为基本的短语类型之一，在各种语言中都很普遍，但并非所有的语言中都有并列式复合词。反义复合词在汉语中有其独特的地位，作为并列式复合词的一类，在构词方面也具有类型学的意义和价值。

关键词：反义复合词；类型学；语言距离；词类地位

反义复合词是指由两个意义相反或相对的单音节语素构成的并列式复合词，如"利害、长短、动静、大小、来往"等，在整个现代汉语词汇体系中自成一体，是一个封闭的类。基于对不同语言的调查，现代汉语反义复合词属于显赫（prominent）度较高的词汇类型。反义复合词属并列构词。并列式短语在各种语言中都很普遍，但并非所有的语言中都有并列式复合词（coordinate compound words）。

1　反义复合词在汉语中的词类地位

本文从《现汉汉语词典》中共收集到 232 个反义复合词，从构词成分的语法属性来看，反义复合词及构词成分语法属性的分布情况如表 1 所示。

表 1　反义复合词与构词成分的语法属性分布

构词成分		名词（N）		动词（V）		形容词（A）		代词（P）		副词（Adv）	
		例词	个数	例词	个数	例词	个数	例词	个数	例词	个数
N+N	79	利害	77	矛盾	1	规矩	3			朝夕	5
V+V	88	出入	25	操纵	66	生死	1			死活	2
A+A	61	粗细	54	寒暄	2	纵横	2	多少	1	好歹	10
A+N	1	高下	1								
A+V	1			明灭	1						
V+A	1	动静	1								
P+P	1							彼此	1		
合计	232		158		70		6		2		17

说明："个数"列的数据主要基于反义复合词义项的语法属性。

从表 1 可以看出：构词成分的语法属性主要集中在名、动、形三大类。其中，V+V 类反义复合词最多，占 37.93%；其次是 N+N 类，占 34.05%；A+A 类词最少，占 26.29%。从整词的词性来看，名词性反义复合词最多，占 68.1%；动词性的有 30.17%；副词性的占 7.33%；形容词性的最少，为 2.59%。

1.1 反义复合词的词类地位

根据对反义复合词句法功能的调查来看[1]，三类不同语法属性的构词成分构成的反义复合词呈现出一致性倾向，即非典型的名词性倾向。我们可以用图 1 表示。

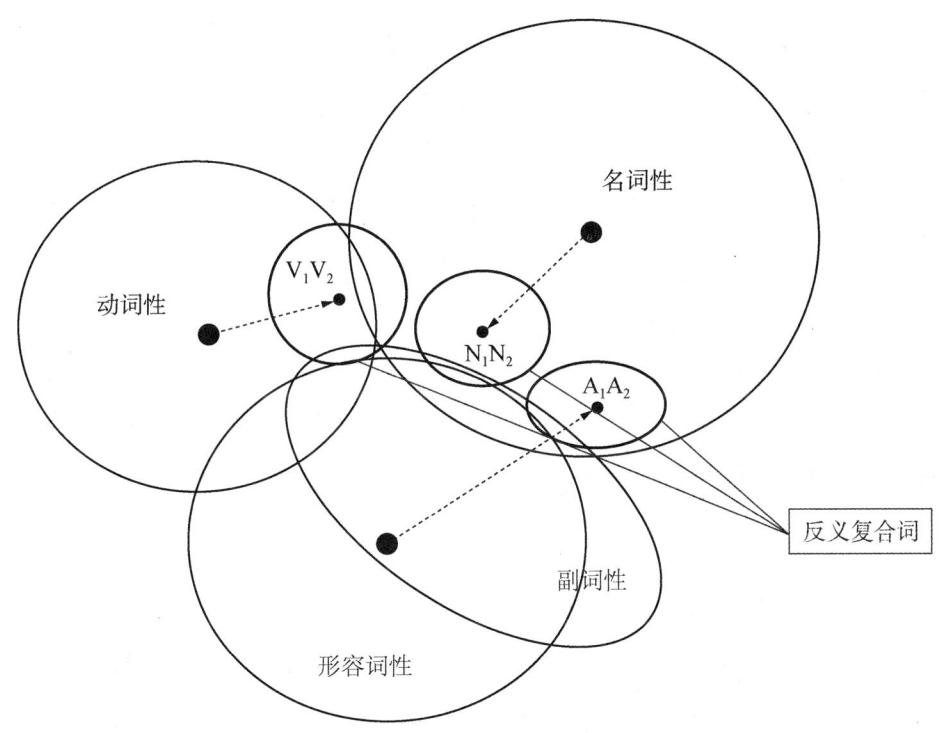

图 1　反义复合词的非典型名词性倾向图式

从图 1 可以看出，不同语法属性的构词成分，伴随着词汇化的进程，逐渐由"名、动、形"的典型成员，向边缘和非典型成员游移。

1.2 反义复合词的语法特性

我们的语法研究中很少注意典型成分和非典型成分的区别，也很少注意基本用法和游移用法的区别。事实上，汉语里一些词类虽然可以充当不同的句法成分，但几种功能之间未必是等量齐观的。朱德熙（1985）指出："在印欧语里，词类和句法成分之间有一

---

[1] 反义复合词的句法功能调查另作他文讨论。

种简单的一一对应关系。汉语词类和句法成分的关系是错综复杂的。"

反义复合词的语法性质也是错综复杂的。词类功能游移的观点是基于这样一种认识：典型的词类有其基本的意义和形式表现，如：名词—空间性—前加名量词，动词—时间性—后加时体成分，凡是偏离基本用法的，都可以看作功能的游移。虽然反义复合词从整体来看，具有一定的名词倾向性，但却属于词类的偏移用法，即不能受名量词修饰，空间性特征较弱。动词性反义复合词时间性特征较弱，不能加时体成分。我们可以用图2来表示反义复合词在汉语词类系统中的过渡性和连续性。

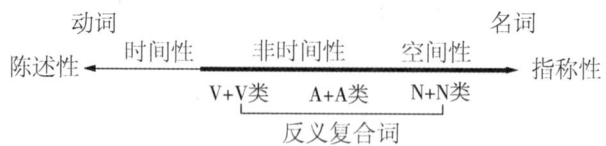

图 2　反义复合词的词类定位

由此看出，在汉语词类的系统性结构中，反义复合词既不是动词的典型成员，也不具有名词的原型特征，而是处在动/名连续统的过渡地带，且偏向于名词一端的一类特殊的非典型的词汇形式（用加粗的黑线表示）。反义复合词的这一词汇类型及其句法表现，一定程度上契合了汉语的类型由普遍动词型向普遍名词型漂移的倾向（陈宁萍，1987）。

汉语的反义复合词作为并列式复合词的一类，在构词方面具有类型学的意义和价值。

2　反义复合词的类型学地位

2.1　反义复合词在民族语中的分布情况

从构词来看，中国境内使用的 60 种语言中[1]，有些语言存在并列式复合词，但并不是其主要的构词手段，数量较少；有些语言则不存在反义复合词（具体分布情况如表2所示）。

表 2　反义复合词在民族语中的分布情况

语言的数量	反义复合词	隶属的语系
33	+	汉藏语系
18	+	阿尔泰语系
4	+	南亚语系
3	-	南岛语系
1	-	印欧语系
1	+	朝鲜语

---

[1] 主要基于对《中国少数民族语言简志》、《中国的语言》等资料的考察。

汉藏语系（Sino-Tibetan language phylum）的词汇具有相当一致的共同特征，即构词以语音上的单音节性为基础。从词法上考虑所有词都可以分为单纯词和合成词，合成词又分为复合词和派生词。复合词以单音节实语素与实语素加合而成。从表2来看，隶属汉藏语系的33种语言中，都存在一定数量的反义复合词（表3）。

表3 汉藏语系中的反义复合词

汉藏语系	反义复合词	汉语意思
藏语（藏缅语族藏语支）	□o¹³² tshoŋ⁵⁵（买卖）	生意
	maŋ¹⁴□ uŋ¹⁴（多少）	多少
	saŋ¹⁴ ŋɛ~¹⁴（善恶）	善恶
景颇语（藏缅语族景颇语支）	lă¹mu³¹ka⁵⁵（天地）	大地
阿昌语（藏缅语族景缅语支）	mau³¹m̥i⁵⁵（天地）	天地
	tɕhot³⁵ni-□³¹（夜日）	昼夜
	tɕa□³¹phɔ□³¹（母父）	父母
苗语（苗瑶语族苗语支）	zu⁵³tɕɑ⁴⁴（好坏）	无论如何
	nɛ⁴⁴ ɕu¹³（多少）	多少
	ku⁵⁵ ti³¹（弟弟哥哥）	弟兄
壮语（壮侗语族壮傣语支）	hɯn³ɣoŋ²（上下）	往来
布依语（侗台语族壮傣语支）	ka:i³ tsɯ⁴（卖买）	生意
水语（侗台语族水语支）	□na³lən²（前后）	反正
	tai¹ɕu³（死活）	无论

阿尔泰语系（Altaic language phylum）从结构类型上来看，有黏着语的特点，其构词法有派生、复合和谐音。大量使用在词干后面以加词缀（后缀）的方式构成新词，反义复合词的数量相对较少。与汉语的反义复合词不同，阿尔泰语系诸语言中反义复合词的两个词干中间大都有连字符"-"连接（表4）。

表4 阿尔泰语系中的反义复合词

阿尔泰语系	反义复合词	汉语意思
维吾尔语（突厥语族）	ujun-qisqa（长—短）	长短
	aldi-arqisi（前—后）	前后
	bardi-kɛldi（去—来）	来往
乌孜别克族（突厥语族）	ketʃæ-kyndyz（晚上—白天）	昼夜
	kirim-tʃiqim（收入—支出）	收支
	jeygiʃ-jeygiliʃ（胜—负）	胜负
	pæst-bælænd（低—高）	高低
	ʌstin-ystin（下—上）	颠倒

达斡尔语（蒙古语族）	xar-tʃigaan（黑—白）	是非
	galj-os（火—水）	水火
保安语（蒙古语族）	fgo-dʑiga（大—小）	老少
	aɢə-dəu（兄—弟）	弟兄
满语（满—通古斯语族满语支）	oxon do（兄—弟）	兄弟
	udame untṣame（买—卖）	买卖

以维吾尔语为例，维吾尔语中称复合词为"双部词"，其中反义双部词有 75 个，两个词干中间用连字符"-"连接。维吾尔语中反义双部词的构词成分在名词、动词、形容词中都有分布，代词也有，但极少。乌斯满江、王朝中（1992）指出双部词是富于词汇语义特点、语法特点和语音特点的一个范畴。张世才（1999）也指出由意义相反的两部分组成的对偶词，往往表示一种扩大了的泛指意义。这与汉语反义复合词的"典型遍指"义有相似之处。

南岛语系（Austronesian language phylum）也属黏着语。词根加词缀是构词和构形的重要手段，该语系中没有发现反义复合的词汇形式。

南亚语系（Austro-Asiatic language phylum）的 4 种语言中，也有少量的反义复合词存在（表 5）。

表 5　南亚语系中的反义复合词

南亚语系	反义复合词	汉语意思
布朗语（孟高棉语族）	hɣl¹ iŋ¹（去回）	来往
	iŋ¹ huik¹（回到）	回来
	lɛik² lih²（进去出来）	进出
	□ om¹ mɣl²（好坏）	好坏
	hɣn¹ leiŋ²（多少）	多少
	ma□² m̥iŋ¹（母公）	公母
	laŋ¹ŋeiŋ¹（长短）	长短
	hɔn¹ɛt¹（大小）	大小
佤语（孟高棉语族佤语支）	me□moiŋ（丈夫妻子）	夫妻
德昂语（孟高棉语族佤德昂语支）	vai va（兄弟）	兄弟
	kun mɛ（父母）	父母
京语（孟高棉语族）	□ a²² nɯək⁴⁵（家水）	国家

印欧语系（Indo-European language phylum）从结构类型看，属于屈折语，其构词主要以派生和复合为主，并列式复合词也很少。即使像德语那样较多使用复合词的语言，并列式复合词也很罕见（Bauer，1978）；英语中的反义并列式复合词，仅发现了 bittersweet（又苦又甜）一例。表反义并列的结构多以短语的形式呈现。如：

up and down（上和下）　　　right and left（左和右）
sooner or later（迟早）　　　right or wrong（对与错）
rich and poor（富与贫）　　　high and low（高和低）
winorlose（赢或输）　　　　give and take（给予和接受）

至于系属不明的日语、朝鲜语、越南语等，一方面存在少量的并列式固有复合词（表6）；另一方面在与汉语的频繁接触中，从汉语借入很多反义并列汉字词。

表6　日语、朝鲜语、越南语中的反义复合词

语言	反义复合词	汉语意思
韩语	안위	安危
	장단	长短
	대소	大小
	감고	甘苦
	성패	成败
	출몰	出没
	왕래	往来
	잘잘못（固有词）	好赖
	높낮이（固有词）	高矮
日语	好き不好き	好恶
	進退	进退
	長短ちょうたん	长短
	難易	难易
	先後	先后
	当たりはずれ（固有词）	成败
	売り買い（固有词）	买卖
	あるなし（固有词）	有无
越南语	gần xa（近远）	远近
	trên dưới（上下）	所有的人
	ẩn hiện（隐现）	隐现
	sống chết（活死）	死活
	chìm nổi（沉浮）	沉浮

2.2　反义复合词的类型特点

汉语的反义复合词以量大、语言形式距离的短小，与其他语言形成了鲜明的对比。形态学和句法领域里大量研究证实，距离动因的确是人类语言结构的一种主要的象似动因，并为不少语言共性规律提供了合理的解释。Greenberg（1963）提出的语言普遍特征

中的第 28 条特征是：若派生词缀和屈折词缀都出现在词根的同一侧，那么派生词缀一定比屈折词缀离词根更近，即派生词缀一定比屈折词缀离词根更近。Haiman（1983）将这种距离动因表述为：语言成分之间的距离反映了表达的概念的成分之间的距离。Haiman（1985）进一步将两个语言成分 X 和 Y 的形式距离表示为（距离依次减小）：

    a. X#A#B#Y

    b. X#A#Y

    c. X+A#Y

    d. X#Y

    e. X+Y

    f. Z

"#"代表独立的词之间的界线；"+"代表胶着在一起的语素之间的界线；"Z"代表由 X 和 Y 融合产生的语法成分，可以是一个新的语素，也可以是 X 或 Y。X 和 Y 及其间的成分独立性越强，语言距离就越大；X 和 Y 之间的组合方式越松散，语言距离就越大；X 和 Y 在结构树上跨越的节点越多，语言距离就越大。Givón（1990）称之为"相邻原则（the proximity principle）"，定义为"在功能上、概念上或认知上更接近的实体在语码的层面也放得更近"。概念整合的压缩和隐退会引起语言形式的压缩或隐退，这就是概念结构和语言结构之间的"象似性"（沈家煊，2011：189）。

邓云华（2005）曾用图 3 来表示汉语中联合短语的语义距离、形式距离与标记性之间的关系。

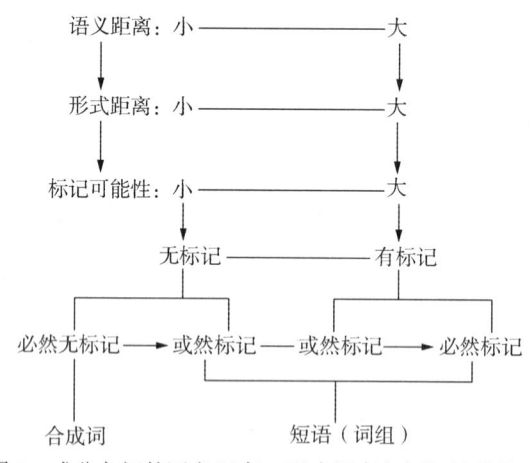

图 3 成分之间的语义距离、形式距离与标记性的关系

成分之间的语义距离对应于不同的形式标记距离：联合成分之间语义距离越小，成分之间的形式标记越弱；联合成分之间语义距离越大，成分之间的形式标记就越强。即标记的强弱完全对应于语义距离的大小。汉语联合短语中语义、形式和标记这三者之间存在完全对应。

仅就单音的反义并列结构而言，汉藏语系（以汉语为例）以独特的复合词的形式出现，语言形式距离较短；阿尔泰语系（以维吾尔语例）虽也以词汇的形式出现，但带有形式标记"-"，形式距离较长；印欧语系（以英语为例）中则表现为带标记的联合短语，语言形式距离最长（表7）。

表7　单音的反义并列结构在语言中的实现形式

语言	语言类型	语言形式	构词成分的独立性	语法属性
汉语（汉藏语系）	孤立语	XY	弱	词
维吾尔语（阿尔泰语系）	黏着语	X-Y	中	词
英语（印欧语系）	屈折语	X and/or Y	强	短语

从表7可以看出，汉语的反义复合词是不带标记的并列结构；英语中的并列结构只有一种可能性，即带标记，且形式距离大；维吾尔语处在两者之间，虽然带标记，但形式距离较短。

汉语反义复合词的无标记性、强象似性和连接词的低频使用性都有力地说明了汉语的意合性语言类型，其象似性程度要大于强标记性语言，如维吾尔语、英语等。

从语言类型学的角度来看，单音的反义并列结构在不同语言间形式距离的长短、标记性的大小，是否也意味着构词成分之间语义距离的远近？Croft（1990）曾提出一个蕴含性普遍特征：如果某个语言有两个语义相近的构造，其结构在语言距离上有所区别，则它们在概念距离上也有平行的语义区别。那么如果不同语言中语义相近的构造，其结构在语言距离上有所区别，它们在概念距离上是否也有平行的语义区别呢？答案应该是肯定的。但这是否可以作为一个蕴含性语言普遍特征，还有待我们对更多语言进行调查。

另外，从构词类型的角度看，对同一概念的命名，汉藏语倾向于用典型、高频的实语素与实语素的复合，这是比较经济的构词手段。但构词成分与整词句法功能不一致的现象是否会阻碍整词的习得，还需要进一步论证。

印欧语系则采取直接命名的方式，即创造一个新词。汉语中的反义复合词，在英语中有时对译为一个单纯词，如"大小"对译为"size, dimension, bulk, volume, magnitude"，"涨落"对译为"fluctuation"。例如：

（1）It is equal in size to a turkey.
　　它的大小和火鸡一样。
（2）What are the dimensions of the box?
　　这个盒子的大小是多少？
（3）The fluctuations of prices is normal phenomenon.
　　价格的涨落是正常现象。

在句法层面，有时对译为反义并列短语。例如：

（4）The residents of this building get in and out through this door.
　　楼里的住户都从这个门进出。
（5）Success or failure hinges on this one action.
　　胜败在此一举。
（6）No matter what the status is high or low, all communists are the servants of the people.

无论地位高低，所有党员都是人民的公仆。

值得一提的是汉语中的量度类词，在英语中，一般是无标记形容词的派生形式[1]表达，如"tightness（松紧）、length（长短）、safety（安危）、depth（深浅）、height（高低）、fineness（粗细）、earliness（迟早）、tureness（真伪）、easiness（难易）、priority（主次）、advantageousness（利弊）、intimacy（亲疏）、urgency（缓急）、similarity（异同）"。日语中也有类似的现象，日语可以在形容词词干后面附加接尾词"sa"，以构成相当于汉语"～度"的名词。大量新词的出现是否会增加记忆的负担？

阿尔泰语系中反义复合词数量相对较少，且有形式标记，复合与直接命名并存，这是否更有利于词汇的习得还需要进一步研究。

3 结　语

反义复合词之所以会呈现出整词不可推知的形义规约性，是由其特殊的构词方式决定的，这种特殊的构词方式具有"构式"的特点和功能，成就了反义复合词在现代汉语词汇层面的特殊地位——非典型性名词。这不仅深化了我们对反义复合词在构词、词汇语义和句法层面的认识；在与其他语言的比较中，也更加凸显了汉语词汇的类型学地位和价值。

参考文献

陈宁萍. 现代汉语名词类的扩大[J]. 中国语文，1987（5）.

邓云华. 英汉联合短语的类型研究[J]. 外语教学，2005（1）.

沈家煊. 语法六讲[M]. 北京：商务印书馆，2011.

乌斯满江，王朝中. 维吾尔语对偶词的构成性致和表意功能[J]. 新疆师范大学学报：哲学社会科学版，1992（1）.

张世才. 浅谈维吾尔语对偶词[J]. 新疆工学院学报，1999（4）.

朱德熙. 语法答问[M]. 北京：商务印书馆，1985.

Bauer L. The Grammar of National Compounding[M]. Odence University Press，1978.

Croft W. Typology and Universals[M]. 北京：外语教学与研究出版社，1990.

Givón T. Syntax：A Functional-typological Introduction：Vol 2[M]. Amsterdam：John Benjamins，1990.

Greenberg J H. Universals of Language[M]. Cambridge MA：MIT Press，1963.

Haiman J. Iconic and economic motivation[J]. Language，1983：59.

Haiman J. Natural Syntax[M]. Cambridge：Cambridge University Press，1985.

张金竹，解放军外国语学院
sadiebeijing@yahoo.com.cn

---

[1] 英语中很多形容词都可以加上"-ness, -th, -ty, -ity, -bility, -ability, -ibility"等后缀，构成相关的属性名词。

韩国学生汉语习得研究

韩国学生汉语表致使义"得字句"偏误溯因

邓小宁　　[韩]金松姬

摘　要：表致使义的"得字句"（N_1+V_1（$+O+V_1$）$+得+N_2+V_2P$）对于韩国学习者来说，是一种语义和形式的对应不是十分清晰的复杂句式。通过汉韩对比可知，"N_1+V_1（$+O+V_1$）$+得+N_2+V_2P$"句式在韩语中主要有四种对应形式，但韩语这四种句式又可以和汉语的多种句式对应。因此我们预测，这种错综复杂的交叉对应关系会使学习者有意无意回避复杂句式，而选用语义与形式对应清晰，但句法结构相对简单的句式。本文考察学习者的自然语料和两次韩译汉测试语料结果表明，韩国学习者表致使义的"得字句"产出率和正确率都很低，其原因主要不在母语负迁移，而是"得字句"自然度低、难度大，而教材大多没有专门的注释和练习，学习者受汉语主流句式的强势影响所致。本文呼吁教材应加强与"得字句"相关的有针对性的训练。

关键词："得字句"；汉韩对比；偏误分析

1　引　言

1.1　研究缘起

先来看看韩国学习者产出的几个句子：
（1）? 看了那个电影，她很怕，有很多汗了。
（2）? 因为风很大，所以我流了很多眼泪。
（3）*大家被他的解释笑了。
例（1）和（2）无任何句法错误，只是本族人也许会觉得句子有点不自然。例（3）虽然不符合汉语的语法，但是本族人也能猜到说话者的意思，一般也都不会纠正学习者的偏误。

我们认为，例（1）和（2）的产出者采取了回避策略，他们用简单常用的句式代替复杂句式。例（3）的产出者不了解汉语"被"字句的主要动词应该和"被"的宾语有施动关系这一规则。这三个句子更简洁、更地道的汉语表达应该是：
（1′）a. 那个电影吓得她出了一身冷汗。　　b. 她看电影出了一身冷汗。
（2′）a. 风吹得我直流眼泪。　　　　　　　b. 风很大，我眼泪都流出来了。
（3′）a. 他解释得大家都笑了。　　　　　　b. 大家被他的解释逗乐了。
a 式更强调"N_1+V_1"是致力，是致使出现"N_2+V_2"的原因；b 式没有强调原因，焦点在后面的结果。

每一种语言形式都可以是丰富多样的，能否准确运用句式表达出自己真实的想法，便是语言水平高下的表现。学习者若仅满足于能够与人沟通，不关注语言表达是否准确流畅，其语言水平很可能就一直停留在中介语水平，难以逾越高原期[1]。

类似例（1）、（2）、（3）那些不自然的表达来源是什么？属于语际迁移还是语内迁移？又或者是其他？为何学习者不用"得字句"？这些问题引起了我们的研究兴趣。

1.2 范围与意义

本文研究的是表致使义的"得字句"（$N_1+V_1(+O+V_1)+得+N_2+V_2P$，如"风吹得我直流泪"）的习得情况。为了行文的方便，我们把它称为"表致使义'得'字句"（简称"得字句"）。

前人研究外国学习者"得"字补语句习得的成果不多，主要有曹秀玲（2000）、孙德金（2002）、邓小宁（2012）等，而研究韩国人表致使义"得字句"习得的成果尚未发现。根据宛新政的《现代汉语致使句研究》（2005），此类句式的特点有：①"得"后一般是主谓短语（排除"我等得你好着急"类）；②N_1+V_1 构成的主谓短语在语义上支配或影响了 N_2+V_2，前者是致力，后者是结果；③V_1 的语义指向有的是 N_1，也有的是 N_2。

韩汉两种语言在语法方面存在着很大的差异。按照 C. Prator 的难度等级划分标准（盛炎，1990），汉语表致使义的"得字句"对于韩国学习者来说属于 4 级——超差异，即第二语言中的某个语言项目，在第一语言中没有相应的项目，学习者学习起来会觉得十分困难。此外，由于汉语的表达形式十分丰富细腻，意义相近而形式相异的表达很多，学习者通常会选择其中最简单的句式，有意无意地回避复杂句式，类似例（1）、（2）。本族语者的习焉不察与容忍又进一步强化了二语学习者使用替代句式的习惯，进而这种表达方式便会固化，出现化石化现象[2]，以至于独具汉语特色的表致使义的"得字句"句便被学习者弃之不用。

为了进一步了解韩国人"得字句"偏误的成因，将汉语的"得字句"与韩语意义对应的表达形式进行对比研究是十分必要的。对比的目的是为了了解语言迁移对该句式的习得起了多大的作用，进而从多个角度挖掘出偏误的成因，力图更全面地剖析出韩国学习者"得字句"的习得现状，以期对韩国学习者的汉语学习提供一些参考，为对韩汉语教学尽一份绵力。

1.3 研究方法及语料来源

本文首先通过韩汉对比分析，寻找语际迁移的轨迹，再通过考察自然语料和两次测试语料了解韩国学习者"得字句"的习得情况，最后运用对比分析和偏误分析理论探讨偏误的成因。

自然语料的来源是中山大学韩国进修生的作文，约 10 万字。

---

[1] 高原期指学习者在学习初期能力曲线直线上升，到了某一阶段停滞不前，在能力曲线上呈现近于平坦甚至下降趋势的现象（朱曼殊，1990：47）。

[2] 化石化（fossilization）是中介语稳定性的一个表现：一方面指的是中介语在总体上达不到与目的语完全一样的水平，另一方面也指某些学习者在语言的某些具体形式上学到了一定程度就停滞不前了（王建勤，1997）。

测试对象为 20 名韩国湖南大学中文系二年级的学生，已有一年以上的汉语学习经验。参与两次测试的被试为同一批学生，题目完全相同，只是要求不同。测试一可自由选择句式，结束后回收测试卷，接着进行测试二。测试二试卷中提供样例，明确要求被试使用"得"。测试均当场完成并回收。

测试题由汉语达到高级水平的，正在中山大学就读汉语国际教育硕士的韩国研究生金松姬翻译并实施测试。

2 与"得字句"对应的韩语句式比较

表致使义的"得字句"中"得"的前后分别是致力和结果，以单句的形式出现，可与韩语四种句式意义对应：

A. $N_1 + V_1/A_1 +$ 아/어서 $+ （N_2） + V_2P$

B. $N_1 + V_1 +$ 느라고 $+ N_2 + V_2P$

C. $V_1 + N_1 +$ 에 $+ N_2 + V_2P$（$=N_2+V_1+N_1+$에$+V_2P$）

D. $N_1 + N_2 + V_2P+$ 도록 $+V_1$ ($O+V_1$)

上述四种句式与汉语"得字句"，表示因果关系的"因为……所以……"，表致使义的"……让……"、"……被/让/叫……"、"……把……"、"……使……"等都有对应关系。韩语的前三类句式与"得字句"一样，原因和结果分别放在"아/어서"、"느라고"、"에"的前面和后面，语序基本对应。例如：

汉语：　　$N_1 + V_1 + O + V_1 +$ **得**$+ (N_2+)$　V_2P

韩语：A. $N_1 +$　V_1/A_1　아/어서　$+ (N_2) + V_2P$
　　　B. $N_1 +$　V_1　$+$ 느라고　　　　$+ V_2P$
　　　C. $V_1 +$　N_1　$+$ 에　$+$　N_2　$+ V_2P$

D 式语序相反，结果和原因分别在"도록"前面和后面。直译为：做某事达到……程度/地步（详见 2.4）。

汉语：　　$N_1 + V_1 (+ O + V_1) +$ **得**$+ (N_2+)$　V_2P

韩语：D. $N_1+ N_2 +V_2P+$　도록　$+V_1$ ($O+V_1$)

2.1　与韩语 A 式的对比

韩语"아/어서"是连接词尾，其前后有因果关系。连接词尾"아/어서"有多种语义功能，其中"表示原因、根据"这一意义与"得字句"对应。

"아/어서"前一分句表示原因，随后是由于该原因所产生的结果。因此，"아/어서"

的前句是已然或是正在发生的客观事件，随之而产生的结果就会出现在"아/어서"的后一分句中。即使不设定另外的情况或作出推论，后句内容也是由于前句内容自然而然诱发的情况下出现的（김종록，2008）。例如：

（4）나는　그　영화에　감동받아서　울었다.
词译：我_{添意助词} 那　电影_{格助词}　感动_{连接词尾}　哭了
句译：a. 那个电影感动得我哭了。/ b. 我被（让、叫）那个电影感动得哭了。/ c. 那个电影把我感动得哭了。/ d. 我因为被那个电影感动了，所以哭了。/ e. 那个电影使我感动哭了。

由于在韩语中"나는（我）"置于句首，"感动"和"哭"的施事都是"我"，韩国学习者通常会更接受施事在句首的这种主流句式，因此汉语 a、c、e 式对于二语者来说，要比 b、d 更难与其原有语言知识储备相匹配，因而产出率会很低。

2.2　与韩语 B 式的对比

"느라고"表示目的性原因，即动作的主体是以人为主的活动体，因表示的是正在进行的具体动作，所以前面不能加过去时制词尾，也不能用于祈使句。"느라고"前后句的主语要一致，表示前一句中所花费的时间和努力对后一句产生一定的影响，汉语"风吹得我直流泪"这种前后主语不一致的句子就不能用 B 式。如果"느라고"后面带"조차/도（连……也）"，有强调或夸张的意思。

"느라고"与"아/어서"不同之处是形容词不能接"느라고"，只有动词才能接"느라고"。例如：

（5）나는　책을　보느라고　밥 먹는 것 조차　잊어버렸다.
词译：我_{添意助词} 书_{宾格助词}　看_{连接词尾} 饭　吃的　连　忘了
句译：我看书看得饭都忘了吃。

（6）나는　TV를　보느라고　숙제를　못했다.
词译：我_{添意助词} 电视_{宾格助词}　看_{连接词尾}　作业_{宾格助词}　没有做
句译：我看电视看得作业都没做。

上面的两个句子中"느라고"前后的主语要一致才能使用，主语都是"나（我）"，"느라고"放在动词"보다（看）"的词干"보"后。

2.3　与韩语 C 式的对比

C 句式中的"에"是用法比较广泛、语法意义也很多的格助词。它可以表示因由或被动句中的施动主体，这时可以和表致使义的"得字句"对应。例如：

（7）부는　바람에　나는　눈물만　흘렸다.
词译：吹的　风_{格助词}　我_{添意助词}　直流泪
（直译：因为吹的风，我直流泪。）
句译：我被（吹来的）风吹得直流泪。/风吹得我直流泪。

汉语被动句属于施动者的动词是一定不能缺少的，韩语则更强调结果，可以只出现属于受事的动作（柳英绿，2000），表示施动主体所关涉的动词却以定语形式出现在施事前。因此汉语学习者很容易出现遗漏动词的偏误，有可能把（7）翻译成"我被吹的风直流泪"。

2.4 与韩语 D 式的对比

D 式中的"도록"用于谓词词干后，表示行为的方式或程度、状态，带有对"도록"后面动作行为的结果表示夸张的语气。例如：

（8） 그는　　손이　　아프도록　　글을　　썼다.
词译：他添意助词　手主格助词　疼连接词尾　字宾格助词　写了
（直译：他直到手疼地写字。）
句译：他写字写得手都疼了。

（9） 그는　　목이　　쉬도록　　소리쳤다.
词译：他添意助词　嗓子主格助词　哑连接词尾　喊了
（直译：他直到嗓子都发哑地喊。）
句译：他喊得嗓子都发哑了。

（8）和（9）意思和汉语一样，有可能真的是手疼了或嗓子哑了；也有可能是说话人夸张，强调写字写得太累了、喊得太久了。

韩语 D 式的语序和汉语"得字句"不一样，但语义对应指数反倒是最高的，尤其是当表示夸张的语气时，只能译成"得字句"了。因此测试中第 10 题准确率最高，有 7 句；第 12 句因为用词太难，影响了准确率。不过并非所有"得字句"都能译成韩语的 D 式。

3 表致使义"得字句"的偏误考察

3.1 偏误概述

自然语料中"$N_1+V_1（+O+V_1）+得+N_2+V_2P$"句式的偏误率并不高。笔者认为原因是该句式难度高，已经掌握得比较好的学生才会使用，完全没掌握或者没有把握的学习者则会回避，通常用简单、有把握的句式代替，因而"得字句"的偏误率不高，回避的情况也不易被发现。因此只有通过语法测试，才能了解学习者是否存在回避现象。

本文偏误分析的语料主要来源于两次测试。测试题共 18 题，其中 4、5、6、7、8、10、12 题是与"$N_1+（V_1+O）+V_1+得+（N_2）+V_2P$"句式相关的（见附录）。以下我们仅统计这 7 题的偏误。

被试造出的句子即使不含"得"，但只要符合汉语语法，尽管有些不自然，或者和韩文原文不太一致，也计入正确句中。例如"我为了看书连饭都忘记吃了"、"因为吹风所以我直流泪"。其中若使用了表致使义的"得字句"，又是正确的句子，我们称之为"准确句",以区别于正确句。

将所有含"得"的句子、放弃不做的句子、正确句、偏误句、不含"得"的正确句、准确句分别统计出来,并计算出在所有生成的 140 句(20 人×7)中所占的比例(表1)。由表1数据可知,韩国学习者表致使义的"得字句"习得很不理想,即使在强制使用"得"的测试二中,准确率也只有 11.4%。

表1 两次测试结果统计　　　　　　　　　　　单位:句、%

测试序号	含"得"的句数/比例	放弃句/比例	正确句/比例	偏误句/比例	不含"得"字正确句/比例	准确句/比例
测试一	27/19.3	12/8.6	63/45	65/46.4	44/31.4	0/0
测试二	92/65.7	33/23.6	29/20.7	78/55.7	5/3.6	16/11.4

从使用率上看,测试一中,使用"得"的句子只有 27 句,占 19.3%,这其中还包括非表致使义的含"得"的句子,如"他唱得很好听,观众都入神了",也包括和结构助词"的、地"混淆的句子,如"吹过来得风,我就直流泪"。测试二虽要求被试使用"得",且测试卷中有例句"他说汉语说得很流利"[1],但使用了"得"的句子也只有 92 个,占 65.7%。这其中除同样包含和测试一同类的非表致使义的含"得"的句子外,还有带程度补语的句子,如"*听他的说明,大家都笑得不得了",以及误用了助动词"得"的,如"因为我得看书,所以没有吃饭",等等。

测试一正确率大大高于测试二,但准确率为 0,正确的句子中大部分是不含"得"的句子,说明学习者对该句式可表致使义这一用法比较陌生,不清楚此种情景下可以使用该句式。测试二偏误率和放弃的比例都上升了,两项相加高达 79.3%,正确率下降,但是准确率却高了。这说明限定使用"得"句式后,唤起了一部分学习者大脑中储存的信息地址,被试按照地址提取出最佳的匹配项,便可准确输出,但尚未达到自动化的程度。而大部分被试由于经验中的内容和记忆中相似的内容不匹配,在被提示需使用"得"的情况下仍无法从大脑中提取出有关"得字句"的信息,可见这部分学习者尚未建立起语义和句法之间的联系,无法输出准确的句子。

由于测试都是韩译汉,可以排除学习者不理解语义的情况,偏误可以说都是句法结构方面的问题。

究竟学习者产出了什么样的偏误句?我们将偏误分为遗漏、误加、误代、错序、其他五类,将兼属两类的偏误一一分别统计。例如:"他唱得歌观众入神(测试二)",我们分别计入错序和遗漏中,同一句有可能算作两个偏误,因此各项相加总数比表 1 的偏误句数稍多。依此法计算得出表 2。

---

[1] 测试卷中没有给出表致使义的"得字句"作例句,是因为笔者在同一次测试中还要考察含结构助词"得"的其他句式的习得情况。而且考虑到如果给出表致使义的"得字句"作例句,那么被试会模仿句子造句,习得现状的真实性就会受到影响。

表2　测试中各类偏误句数和比例统计　　　单位：句、%

偏误类型	测试一	测试二
遗漏	17/12.1	29/20.7
误加	8/5.7	15/10.7
误代	6/4.3	9/6.4
错序	1/0.7	9/6.4
其他	39/27.9	28/20

由表2可知，测试一的偏误一共有71个，测试二的偏误一共有91个，"其他"为难以归类的偏误类型，如："*小明听聊天儿连忙了吃。（测试一）""*吹吹得风我只直流泪。（测试二）"此类偏误句测试一明显比测试二多，是因为学习者不知道该用何种句式，于是便随意翻译，生成五花八门的句子。而测试二经过例句提示，有一部分被试从大脑中提取出已学过的"得字句"，生成的句式相对集中一些。

3.2　偏误分析

3.2.1　遗漏

根据表2的统计结果，韩国学生两次测试中偏误率最高的都是遗漏。

3.2.1.1　遗漏"V得"

（10）*他唱歌观众都入神。（测试一）（正：他唱歌唱得观众都入神了。）

（11）*我被吹来的风流了眼泪。（测试一）（正：我被风吹得直流泪。）

例（10）、（11）遗漏了"V得"。例（10）本应用表致使义的"得字句"，但是被试却使用了复句来表达，前后既没有标点，又没有承接，因此句子不符合汉语的习惯。例（11）则由于学习者受母语影响，遗漏了被动句受事所指向的动词（见2.3）。这两句都是在自由选择句式的情况下产出的，学习者根本想不到要用"得字句"，只是按照母语的习惯组织汉语句子顺序。例（10）的韩语原文如下：

（10′）그가　　부르는　노래에　관중들이　　빠져들었다.
　　　他主格助词　唱　的　歌助词　观众主格助词　入神　了

例（10′）中的"에"前是一个定中结构，句子直译为"观众因他唱的歌入神了"。例（11）的韩语原文见例（7）。韩语没有重动句，也没有类似"得字句"的句式，受母语的影响，韩国学习者便很容易遗漏了"V得"。

3.2.1.2　遗漏"V"

（12）*他文章写得手都疼了。（测试二）

（13）*小明故事听得吃饭也忘了。（测试二）

（14）*小明听故事得连吃饭都忘了。（测试二）

测试二是强制使用"得字句"，学生没有很好掌握该句式结构的问题便暴露了。当动词带宾语时，汉语要求使用重动句，这一复杂结构学习者掌握起来还是有点难度，他们常会忘记重动词。又因为汉语有时还可把受事前置于动词前，如："他汉字写得真漂亮！"

但条件是施事或当事需为生命体,但又不能和受事均为生命体,补语语义一般不指向施事(邓小宁,2012)。这些句法条件过于复杂,因此学习者既有遗漏"前V"的情况,如例(12)、(13),也有遗漏重动词V的情况,如例(14)。这种情况在自由选择句式的测试一没发现,可能是因为学习者知道自己没有掌握好该句式,便回避使用了。

3.2.1.3 遗漏"得"

(15)*他写手疼。(测试一)

这种偏误也一般只出现在自由选择句式和动词不带宾语的情况下,因为强制使用"得"时,学习者一般都不会遗漏"得";而如果动词带宾语,要重复动词,学习者就有可能连"前V"或"后V"一起遗漏(参看3.2.1.2),而不大可能只遗漏"得"。因为重复动词和"得"都只是结构上的需要,经过意义层面上编码的东西比表面层面上编码的东西更容易记忆(桂诗春,2000),因此重复动词和"得"这些没有实在意义、只有语法意义的语法形式便很容易被忽略。

3.2.2 误加

误加偏误数量仅次于遗漏。

3.2.2.1 误加动词或动语素

当谓语动词是一般的双音节动词时,学习者容易和离合词混淆,以为都要重复前一语素;又或者重动句受训过多,且学生不明就里,在不带宾语或非离合词时也重复动词或动语素,于是出现误加。例如:

(16)*他叫喊叫得发哑。(测试一)

(17)*他在解释解释得大家都笑了。(测试二)

例(16)的"叫喊"是误加。汉语的"得字句"通常用在口语中,一般优先选择单音节动词(李临定,1963)。例(17)的"解释"没有带宾语,没必要重复动词。

3.2.2.2 误加"到"

(18)*我写文章到写得手痛。(测试二)

(19)*喊到喊得嗓子发哑。(测试二)

韩文中的"도록"用于谓词词干后,表示行为的方式或程度、状态,很多时候可以对译为汉语的"到"。例如:

(20) 나는　밤이　되<u>도록</u>　책을　봤다.

词译:我添义助词　深夜　到连接词尾　书宾格助词　看。

句译:我看书看到深夜。

因此学习者就把"도록"与"到"对应起来了,即使测试中要求使用"得",但被试不知道"得"与"到"不相容,仍认定"도록"是和"到"对应的,于是便造成"到"的误加了。

3.2.2.3 误加其他虚词

(21)*风吹得把我直流泪。(测试一)(正:风吹得我直流泪。)

(22)*他的说明得大家笑了。(测试二)(正:他解释得大家都笑了。)

例(21)误加了"把",估计是学习者学了表示致使义的"把",但不知道该句式要求谓语动词需是主语发出的动作,或是致使"把"的宾语出现某种结果的原因。例(21)如果要用"把"字句,就得说"风把我吹得直流泪"。学习者未掌握"把"字句和"得字句",于是误加了"把"。例(22)误加了"的","说明"的误用是直接把韩语的汉源词直译过来,根据韩文原义,应该是"解释"更准确。误加"的"是受母语影响,因为韩语此处要使用定中结构,而非主谓结构(参看例10′)。

3.2.3 误代

3.2.3.1 用"因为……所以……"代替"得字句"

测试一的结果显示,有13人次用关联词"因为……所以……"代替"得字句"。原因在于"因为……所以……"的自然度比"得字句"要高,认知难度小。当然这13句并不能都算偏误。

(23)？因为吹风所以我直流泪。(测试一)
  (正:风吹得我直流泪。)

例(23)用"得字句"更自然。"得字句"的"得"的前后分别表示原因和结果,原因对结果的影响是直接的,连接十分紧密,因此由原因引起的结果最终限制在"达到某种状态或情况"的范围内。

"因为……,所以……"是因果关系复句,原因对结果的影响比较间接,所以它们之间的连接并不像"得字句"的结构那么紧密,这也是语言的象似性原则决定的。如果将"得字句"与"因为……,所以……"相比,可以发现前者更强调致力的作用大。例(23)"风吹"直接导致"我直流泪"这样的结果。而"我因为吹了风,所以直流泪",强调"流泪"的原因是"吹了风",而非其他,因为"流泪"的原因可以有很多,可以是伤心、惊惧、痛苦,也可以是高兴、感动。"得字句"和"因为……,所以……"之间只有细微的区别,不易察觉,学习者难以辨别。

"得字句"强调事情发生的时间先后关系,这是固定的语序,不能逆序。反之,"因为……,所以……"更着重强调逻辑上的因果关系,其语序并不是固定的,只以"因为"、"所以"分别决定原因与结果的逻辑关系,语序可以颠倒,如"我所以哭了,是因为感动",语序不同,强调的侧重点虽有所不同,但语义大致相同。

由于"得字句"比"因为……所以……"难度高,因此有些学生自然就避难就易了。而这样的误代有时是很难发现的,我们得根据上下文才能知道作者想要表达什么。

很多汉语教材[1]都没有专门讲授表致使义的"得字句",学习者没有得到过专门的训练,按照一般的习得规律,意义凸显而用法简单的"因为……所以……"便成了首选句式,难度高的或者学习者没有把握的句式就被弃之不用了。

3.2.3.2 用表致使义的"让字句"代替"得字句"

(24)？风让我哭得很痛心。(测试二)
  (正:风吹得我直流泪。)
(25)？他的歌让观众入神得很。(测试二)

---

[1] 本文调查的教材主要有《中国语入门》、《初级大学中国语》、《301句》(翻译本)、《다락원중국어회화(中国语会话)》(见参考文献)。

（正：他唱歌唱得观众都入神了。）

"让"是表示显性致使义的，而"得字句"由于不是由某个词，而是由整个句式表示致使义，是隐性的，不易为学习者察觉、记忆、模仿，习得难度大大高于显性义的"让"字句，因此学习者更喜用"让字句"。例（24）之所以不被接受，是因为缺少表示致力的"吹"，让人感觉很突然；而"哭"一般是伤心或者激动等感情因素引发的，可是"流泪"却不一定和感情有关。例（25）也是缺少表示致力的"唱歌"，因而表意不清。

3.2.3.3 用"到、了"代替"得"

测试中发现还有用"到、了"代替"得"的偏误。例如：

（26）？他写字写到手疼。（测试一）

（正：他写字写得手都疼了。）

（27）*他喊了嗓子发哑。（测试一）

（正：他喊得嗓子都发哑了。）

例（26）中用"到"表示达到某一种程度才停止某动作，这是因为原韩文中有"도록"，学习者已经习惯把"도록"和汉语的"到"对应起来（参见3.2.2.2）。例（27）中的"了"表示动作完成，与"得"字句通常表示已然的时态义一致，学习者容易误用。但因为"嗓子发哑"是"喊"导致的结果，所以应该作补语接在"得"后。

3.2.4 错序

3.2.4.1 宾语置于"得"后

（28）*他唱得歌观众入神。（测试二）

（正：他唱歌唱得观众都入神了。）

（29）*小明听得故事忘记了吃饭。（测试二）

（正：小明听故事听得饭都忘记吃了。）

汉语中，当动词带宾语又带补语时，动词一般需重复后再带"得"。这个句法规则太复杂，学习者掌握得不好就很容易出现上述偏误。

出现上述错序偏误可能还有两个原因：①汉语表示致使义时，受事有时也可以置于"得"后，如"你打得他到处乱跑"，这时的受事也是"得"后主谓短语的施事或主事。另外，汉语中还有不表致使义的类似"我等得你好苦"这样的句子，"得"后出现的受事并不是补语的主事。学习者也许接触过这类句子，但是不知道这其中的使用条件，以为受事都可以置于"得"后。②在近代汉语中也曾经有过"你们作事瞒得我风雨不透"（《儿女英雄传》）。这说明中介语的发展与语言的发展呈现相同的轨迹，二语习得是遵循语言发展规律的。

3.2.4.2 "V"的错序

如前所述，由于汉语的"得字句"确实太复杂，有的学习者总是记不住"'得'必须用在动词后"这一规则，因而常发生动词错位现象。例如：

（30）*我被吹风得直流泪。（测试一、二）

（正：风吹得我直流泪。）

例（30）也可以改成"我被风吹得直流泪"，但这样更强调"我"是受害者，这与韩文原文不太一致。"风吹得我直流泪"则更强调"风吹"的致力作用。

3.2.4.3 其他错序

（31）*我直流泪吹得风。（测试二）

（32）*他唱得入神观众。（测试二）

汉语的典型顺序是 SVO，这种定式思维是学习者一开始接触汉语便已形成的。在学习者未掌握"得字句"之前，已经惯了将人称代词"我、你、他"等置于句首，而且（31）句的韩语原文开头就是"나（我）"，因此学习者自然就会将"我"置于句首，接下来他们就会想到和"我"相关的动作就是"流泪"，而非"吹"，"吹"和"风"有关，测试要求使用"得"，被试也知道"得"应该置于动词后，于是随便堆砌出一个不成形的句子。例（32）则是由于被试受典型顺序 SVO 影响所致，学习者不知道"入神"是[-及物、-可控]动词，是不能带宾语的，因此把"入神"和"观众"的词序颠倒了。

4 结　语

通过韩汉对比以及偏误分析可知，"得字句"习得效果不理想，母语负迁移并不是最主要的原因。"得字句"可以与韩语的四种句式对应，却又并非这四种句式唯一可对应的句式，即韩语的四种句式可以和汉语包括"得字句"在内的多种句式对应。这种错综复杂的对应关系使得学习者难以找到匹配的路径，加上"得字句"的自然度低，更是加大了习得难度。

参与测试的学生都有着一年以上的汉语学习经验，汉语水平达中级以上，动词后带"得"字的补语句、"因为……，所以……"句、被动句都应该学习过，但未必都系统地学过表致使义的"得字句"，即使接触过"得字句"，由于这几个句式的语义相近，学习者无法区分，加上平时使用"因为……所以……"并不影响交际，便认为"得字句"可学可不学。学习者本身不重视，是"得字句"习得效果欠佳的原因之一。

表示致使义的"得字句"偏误率高，其根本原因是训练不足所致。教材缺乏系统的注释和有针对性的练习，教师又囿于教材这根指挥棒，没能给学习者提供清晰足够的指导，也是导致"得字句"习得不理想的原因。

参考文献

曹秀玲. 对朝鲜语为母语的学生汉语宾补共现句习得的研究[J]. 延边大学学报：社会科学版，2000（3）.

邓小宁. 汉语作为二语的"得"字句习得研究[M]. 北京：世界图书出版公司，2012.

桂诗春. 新编心理语言学. [M] 上海：上海外语教育出版社，2000.

康玉华，来思平. 301 句（翻译本）[M]. 首尔：韩国다락원，1999.

李临定. 带"得"字的补语句[J]. 中国语文，1963（5）.

柳英绿. 韩汉语被动句对比——韩国留学生"被"动句偏误分析[J]. 汉语学习，2000（6）.

盛炎. 语言教学原理[M]. 重庆：重庆出版社，1990.

宋乐永. 다락원중국어회화（中国语会话）-초급편（初级）[M]. 다락원，2004.

孙德金. 外国留学生汉语"得"字补语句习得情况考察[J]. 语言教学与研究，2002（6）

宛新政. 现代汉语致使句研究[M]. 杭州：浙江大学出版社，2005.
王建勤. 汉语作为第二语言的习得研究[M]. 北京：北京语言文化大学出版社，1997.
朱曼殊. 心理语言学[M]. 上海：华东师范大学出版社，1990.
김종록. 외국인을 위한 표준 한국어 문법[M]. 도서출판 박이정，2008.
조성화 이우철. 중국어입문（中国语入门）[M]. 백산출판사，2003.
중국어교재편찬위원회. 초급대학중국어（初级大学中国语）[M]. 연세대학교출판부，1999.

附录
    测试试卷（测试一因为和测试二相同，受篇幅所限，故只列出测试二，汉语译文是后加的。）
测试二：정태보어를 사용하여 작문하세요.（要使用"得字句"）
    例：他说汉语说得很流利。

1. 나는 감동 받아서 운다.
   我感动得哭了。
2. 명명은 기뻐서 날뛴다.（날뛰다：上蹿下跳）
   明明高兴得上蹿下跳。
3. 그의 말이 재미있어서 우리는 하하하고 크게 웃었다.（하하하고 크게 웃었다：哈哈大笑）
   她说得很有意思，我们哈哈大笑了。
4. 나는 부는（불어오는）바람에 눈물만 흘렸다.（눈물만 흘렸다：直流泪불다：吹）
   风吹得我直流泪。
5. 그의 설명에 모두 웃었다.
   他解释得大家都笑了。
6. 그의 노래에 관중이 모두 빠져들었다.（관중：观众　빠져들다：入神）
   他唱歌唱得观众都入神了。
7. 나는 책을 보느라（고）밥 먹는것조차 잊어버렸다.
   我看书看得连饭都忘了吃。
8. 소명은 이야기를 듣느라（고）밥 먹는것도 잊었다.
   小明听故事听得连饭都忘了吃。
9. 논문을 쓰느라고 정신이 없다.（정신이 없다：不可开交）
   写论文忙得不可开交。
10. 그는 손이 아프도록 글을 썼다.
    他写字写得手疼。
11. 이 길을 그는 온 몸이 땀투성이가 되도록 뛰었다.（땀투성이가 되다/이다：满身大汗）
    这条路，他跑得满身大汗。
12. 그는 목이 쉬도록 소리쳤다.（쉬다发哑）
    他喊得嗓子都发哑了。
13. 그가 매우 정확하게 번역해서 우리는 모두 이해했다.
    他翻译得很准确，我们都明白了。

14. 수업 준비를 위해 이 (李) 선생님은 매일 늦게 잔다.
    为了备课，李老师每天睡得很晚。
15. 책상 위에 놓인 책은 어머니가 깔끔하게 정리했다. (깔끔하다：干净)
    放在桌子上的书被妈妈收拾得干干净净。
16. 이 꼬마 아가씨는 정말 예쁘다
    这个小姑娘长得真漂亮。
17. 노인이 찻잔을 높이 든다.
    老人举杯子举得很高。
18. 이 남자 아이는 겨우 열 살이지만, 매일 남동생을 잘 돌본다.
    这个男孩子刚十几岁，每天把弟弟照顾得很好。

邓小宁、金松姬，广州中山大学国际汉语学院
dengxiaoning@126.com，winterhai@naver.com

韩语汉字词与汉语学习者汉语能力提高的策略

金立鑫

摘　要：韩语中存在大量汉字词。这些汉字词在语义和语音方面至今还与汉语存在明显的相关性。认知功能教学法提倡在教材编写中利用这种相关性有计划有设计地向学生逐渐展示这些汉字词，这有助于学生在短时间内迅速扩展词汇量，同时也能迅速提高学生对两种语言音系的类推能力。实践证明，这是一种高效的教学策略。

关键词：汉字文化圈；汉字词；对外汉语教材编写；语言教学法理论；认知功能教学法

因材施教是中国传统教育的基本理念。针对不同的受教育者施行不同的教学策略或教学方法，甚至采用不同的教材。这一理念不仅符合教育的人文关怀，同时也体现了现代社会的效率原则。针对性的教育在效率上具有明显的优势。而衡量一种教学方法或教学策略的一个重要指标就是，就同样的教学内容，在学习时间上投入较少而获得效果较高的教学方法或教学策略是更好的。在外语教学中，无视学生的母语差别，无视学生母语对目的语学习的干扰或帮助无疑是不合适的。

众所周知，韩语中存在大量汉字词（主要是实词，保守估计有 70%以上），这些汉字词在语音和词义上与汉语词具有对应性和相通性。本文讨论如何利用这些韩语中的汉字词提高韩语为母语的学生学习汉语的能力（或提高母语为汉语的学生学习韩语的能力），以期获得最高的教学效率。

1　利用韩汉语实词语音上的对应性帮助学生提高汉语语音的类推能力

韩民族从公元前就开始从汉语中借用汉字（金基石，2003：1；李得春，2003：94），同时就不可避免地吸取了大量汉字词，这些汉字词至今依然留存于韩语日常生活中，成为韩语词汇中的基本词汇。由于成书于朝鲜端宗三年（1455）的《洪武正韵译训》在韩民族中的崇高地位，朝鲜学者们把中国的《洪武正韵》（成书于洪武八年，即 1375 年）看成"天下万国所宗"的一部韵书，并且它"在一定程度上反映了当时北方官话的实际情况"（李得春，1990：80）。因此，《洪武正韵译训》也可以理解为较为真实地反映了 14 世纪中国北方官话的语音特征。

由于半岛文化的相对封闭性以及韩民族对教育的崇尚和维护，这些汉字词至今还保留着 14 世纪时期的汉语语音特征，大致上还与《洪武正韵》所记载的语音系统相符。现代汉语普通话的语音系统也是从《洪武正韵》所记载的系统演变而来的，现代普通话音系与《洪武正韵》的音系之间具有对应关系。因此,韩语中的汉字词的语音系统与现代汉语普通话的音系之间也同样存在对应性。

基于以上认识,我们能够将韩语实词的发音与现代汉语普通话中的实词发音联系起来,借此帮助学生在韩语音系和汉语普通话音系之间建立联系,帮助学生尝试通过韩语词汇的发音去对应汉语中可能存在的词汇的发音,使学生能在短时间内大幅度增强听说汉语普通话的信心,同时也能在短时间内大幅度提高学生在语音学习和应用上的能力。

下面我们简单地展示一下汉语传统韵书上的"字母字"的声母与现代韩语汉字词中的声母之间的对应性:

"见"母字基本上对应于韩语的ㄱ(k)
"群"母字基本对应于韩语的ㄲ(g)
"溪"母字基本对应于韩语的ㅋ(k')
"疑"母字基本对应于韩语的ㅇ(N)
"端"母字基本对应于韩语的ㄷ(t)
"定"母字基本对应于韩语的ㄸ(d)
"泥"母字基本对应于韩语的ㄴ(n)
"帮"母字基本对应于韩语的ㅂ(p)
"滂"母字基本对应于韩语的ㅍ(p')
"并"母字基本对应于韩语的ㅃ(b)
"明"母字基本对应于韩语的ㅁ(m)

韵母之间也同样有类似的大致对应关系,如:

"东"韵大致对应于韩语的우或유(-u,-iu)
"支"韵大致对应于韩语的으或이(-i,-i_)
"灰"韵大致对应于韩语的위(-ui)
"鱼"韵大致对应于韩语的유(-i&u) (参见金基石,2003:26-37)

其他的不再赘述。有鉴于此,我们(金立鑫,孟柱亿,2007)在《汉语新视界》第一册中就开始尝试利用这一对应规则培养韩国学生形成韩语和汉语之间的语音对应语感。在该册第一课有"好、大学、老师、汉语"这样的生词,在第一课的最后我们设立了一个"语音对应、词汇扩展参考词",以课文中出现的生词中的语素作为索引,将韩语中包含这些构词语素的词检索出来提供给学生。我们挑选出一些以"好、大、学、老、师"所构成的韩语汉字词作为教材附录给学生参考:

好感、好汉、好评、好人好事、好言、好意、好转、良好、友好
大师、恩师、法师、教师、讲师、乐师、魔术师、师弟、师范、师母、药剂师
汉学、汉字、标语、成语、口语、流行语、英语、语法、语句、语音、主语
大学校、大学生、学费、学期、学生、学术、学位、学习、留学
数学、法学、文学、化学、科学

所有这些所谓的"扩展参考词"都是韩语中的汉字词,而且也是学生们生活中常用的使用频率较高的词,加上有韩语拼音的注音,学生一看就能明白。在新生入学的第一课上,教师用汉语发音,让学生跟读,然后让学生比较汉语发音与韩语发音的异同。很

多学生感觉很新奇,甚至有很多学生感觉非常有意思,有让教师提供更多参考词的意愿。

在连续进行了四课的扩展词教学之后,在第五课上出现了下面的扩展词:

电池

生菜

淡水 山水 水产 水份 水管 水路 水面

污水 下水道 香水 药水

分明 分母 分歧 分散 分析 四分五裂

春季 夏季 秋季 冬季

路程 路线 水路 道路 电路 公路 小路

出入 加入 进入 入队 入门

入选 入学 收入 输入 投入

口号 口粮 口令 口腔

口述 口味

包容 容许 容忍

前一组由一位韩国学生先说汉语,其他同学说对应的韩语词语;后一组由另一位韩国同学先说韩语词语的发音,其他同学说对应的汉语发音。课堂气氛和教学效果相当好。

通过一个学期的教学,很多同学都已经能够自觉推测韩语中的汉字词在汉语中的发音,在韩语和汉语的语音之间建立起了大致的对应关系。这正是我们所期待的结果。

2 利用韩语中的实词帮助学生扩展汉语/韩语词汇量

韩语中至今还保存着大量汉字词,这些汉字词不仅沿用至今,而且其中的某些汉字语素还有构词能力。例如,用"病"作为词根构成的新词有"公主病、王子病"等。汉语中有"×盲"类的构词形式(如"法盲、舞盲"),韩语中也有类似的构词方式,甚至韩语中有一阵子流行用英文单词的部分音节加上汉字词词根构造的新词,如"康盲"(com(puter)+盲)表示对计算机一窍不通的人。因此,韩国人学汉语在词汇学习方面远比学其他外语要容易得多。

为了充分利用韩语中的汉字词进行学生的词汇扩展,我们在编写对韩学生使用的国别教材《汉语新视界》时,检索了韩语词典中所收录的所有汉字词,共检得汉字词及短语7342个,其中不包括同词根组成的短语,例如,"座谈"以及"座谈会"只记录一次;由"最"构成的短语也只记录一次,如"最+高价"构成的"最高价"以及"最"与下面这些语素构成的短语:~级、~纪录、~高峰、~潮、~学府、~贵、~近、~急、~短、~大、~大限度、~晚、~先、~善、~小、~少、~新、~新式、~甚、~深、~爱、~长、~低、~低价、~终、~初、~亲、~好、~后,这些在我们的统计中只计算一次。因此实际出现的汉字词远远超过7342个。下面仅举以"自"为前语素构成的汉字词为例:自爱、自暴自弃、自备、自称、自成一家、自传、自大、自动、自发、自费、自负、自高自大、自给、自给自足、自古以来、自己、自尽、自力更生、自律、自满、自强不息、自然(界、科学、淘汰、美、人)、自杀、自身、自省、自卫、自问自答、自我、自习、自信、自修、自由（主义）、自由放任、自由自在、自愿、自在、自责、自制、自治、自重、自主、自助、自足、自尊、自作自受，共计45个。

现在的问题是，我们如何将韩语中的汉字词引入课文中？《汉语新视界》的做法是，选择最常用的汉字词，根据课文中出现的新词中的语素，将韩语中汉字词中相同语素构成的词作为课文的扩展参考词列出。例如在第二册第7课中出现生词及短语28个：

（1）演出、（2）文艺、（3）表演、（4）因为、（5）全部、（6）地点、（7）光明、（8）剧院、（9）马马虎虎、（10）晚饭、（11）着、（12）漂漂亮亮、（13）整整齐齐、（14）高高兴兴、（15）地、（16）抽屉、（17）锁、（18）心急、（19）师傅（20）麻烦、（21）司机、（22）高架、（23）道路、（24）堵车、（25）排、（26）结束、（27）离开、（28）不见不散

根据这些生词和短语，我们在这一课中安排了下列韩语中的汉字词作为扩展参考词：

（1）因果
（2）手艺、艺术、园艺、工艺品、曲艺
（3）讲演、上演、演出、演技、演说、演习、演奏、主演
（4）安全、百科全书、保全、完全、健全、全国、全局、全军、全力、全面、全能、全然、全身、全胜、全文、全校、全心、本部、部队、部门、部位、部下、部分、东部、腹部、局部、俱乐部、内部、南部、西部、胸部、支部
（5）产地、地带、地方、地理、地面、地名、地区、地势、地图、地位、地下水、地形、地震、地质、各地、基地、惊天动地、居住地、目的地
（6）平地、所在地、天地、土地、外地、点火、观点、论点、起点、缺点、弱点、特点、指点、终点
（7）发光、观光、光彩、光景、光临、光明、光明正大
（8）光线、光泽、日光、曙光、阳光、月光
（9）悲剧、歌剧、剧场、剧烈、剧痛、剧团、喜剧、戏剧
（10）兵马、河马、骏马、马车、马力、马匹、牛马、骑马、千军万马、千里马、塞翁失马、指鹿为马、竹马、走马灯、走马看花、狐假虎威、虎视眈眈、猛虎
（11）晚餐、晚年
（12）出版、出兵、出家、出口、出力、出没、出品、出勤、出身、出题、出现、出血、杰出、进出、露出、青出于蓝、日出、神出鬼没、输出、提出、突出、外出、演出、支出、爆发、假发、理发、头发、银发、自发
（13）发病、发布、发电、发动、发光、发挥、发火、发觉、发明、发热、发生、发行、发言、发音、发育、发展、发电、挥发、激发
（14）麻痹、麻袋、麻醉
（15）三脚架、书架
（16）封锁、连锁店
（17）安心、背心、变心、操心、诚心、民心、内心、人心、多心、恶心、放

心、好奇心、黑心、灰心、尽心、决心、良心、伤心、私心、贪心、同心协力

（18）细心、小心、心理、心灵、心情、心神不安、心事、心痛、心血、虚心、野心、疑心、真心、中心、专心

（19）急、急救、急事、急用、急诊、紧急、救急、轻重缓急、性急

（20）冻结、归结、结冰、结构、结果、结合、结核、结婚、结晶、结局、结论、结实、结尾、团结、终结

（21）拘束、束手无策、约束

（22）分散、魂飞魄散、集散地、解散、离散、散布、散漫

课文生词表中的其他一些语素构成的韩语中的汉字词在其他课文中已经出现的，在本课中没有出现。因此，课文中28个生词短语共计53个语素，只对应出现了22组韩语汉字词，共计248个汉字扩展参考词。

我们可以想象一下这是一个什么概念？一篇课文可以安排200多个扩展参考词，假定一册教材，保守一点的以12篇课文来计算，一个学年24篇课文，学生可能接触到的扩展参考词将达到4800多个。加上课文本身的生词和短语，以每篇课文20个生词的保守估计，接近500个生词，二者相加总数超过5000个词汇量。

一个学年可以使学生的词汇量达到5000左右，这种方法是否值得我们借鉴？

当然，我们也不能盲目乐观，以为韩语中的汉字词可以直接对应于汉语中的词语。实际上韩语中的汉字词有许多虽然与汉语词在语素及构词上完全相同，但词汇意义可能大相径庭。笔者在采用这种方法扩展学生词汇量后，曾经就有一个韩国学生对我说："老师您很多情。"令我吃惊不小。因为说这话的恰恰又是一位女同学，我的脸立刻就红了，但反省自己的言行并无任何不妥呀。我立刻要过了该同学手中捧着的一本大部头韩汉词典，查到了"多情"这个词，原来在韩语中就是汉语的"热情"、"热心"的意思。孟柱亿（2005a，2005b）曾经讨论过这个问题，称称这些词为"蝙蝠词"，像老鼠，但却不是老鼠。孟柱亿（2005c，2007）列举过下面的例子说明中韩两种语言中相同词形而内涵不同的现象：

汉语词	韩语汉字词意义
暗算	心算
清楚	清秀
操心	小心
送信	发射电波
彩色	着色/上色
勤务	工作/值班/执勤
参见	干预/过问
竞走	赛跑
洗手	洗脸
寂寞	寂静
当面	面对/临头/当头

颜色	脸色
点心	午饭
新闻	报纸
合同	联合/联席
结束	团结/集结/集中
客气	血性/意气
汽车	火车
招待	邀请

可以看出，其中很多词在韩语中的意义与在日语中的意义接近。这些都需要我们在教材编写中加以关注，对这些词有必要加以特别提醒，以尽早避免类似的误读和误解。

3 利用语言接触中的借词现象进行词汇教学的语言教学法理论基础

汉字文化圈国家，至少包括中国、韩国、日本、越南，半圈区域包括蒙古、新加坡、马来西亚等。这些国家的语言在词汇尤其是实词词汇上有相当多的共同性，在语素层次上的共同性更为明显。利用这些相同的语素进行教学有语言教学法理论的依据。

笔者曾经在一篇文章中（金立鑫，2001）讨论过语言教学法理论与语言学理论、语言观以及与教材编写之间的关系。总体上，任何语言学理论背后都有一种哲学意义上的语言观，某一特定的语言观决定了与其适应的特定的语言学理论，如刺激反应学说对应的结构主义语言学、语言机制学说对应的生成语言学、社会和认知学说对应的功能语言学等。

任何语言教学法背后都有对应的语言学理论，换句话说，任何语言学理论都会有与之对应的语言教学法理论，如传统语言学所对应的翻译法、背诵法，结构主义语言学所对应的沉浸法、听说法，生成语言学所对应的认知法，功能主义语言学所对应的功能意念法，等等。

任何语言教学理论都有其所对应的语言教学模式与教材。如结构主义语言学听说法教学理论的口语教材，如《英语九百句》；结构主义所强调的句型结构，在语言教材中典型的就是"许国璋英语"；功能主义语言学的功能意念教学法教材，如《新概念英语》和《3L 英语》。

所有这些教学法都是外国学者提出并推广使用的。国内学者至今除了"认知功能教学法"（邵菁、金立鑫，2007）之外，还没有公开声明有中国人自己研发的教学法理论。认知功能教学法是建立在生成语言学和功能主义语言学理论基础上的一种教学法，综合了貌似对立的两种语言学理论和语言观。它将生成语言学的认知理论和功能主义的语境决定语言单位的理论融合起来，充分利用学习者先天的语言认知能力，在典型的语言结构中认知新词，在典型的语言交际环境中认知小句的表意功能、修辞功能或语篇功能。

在认知功能教学法中，教师的主要任务便是向学生提供有效语料。学生通过观察由教师精心准备的背后隐藏语言规则的有效语料，主动发现语言规则（语音规则、词汇使用规则、句法组合规则,以及句子与句子构成语篇的规则等)。

在利用韩语中的汉字词扩展韩国学生汉语词汇量或中国学生扩展韩语词汇量的同时,认知功能教学法告诉我们,在教师向学生提供这些相关韩汉语对应词的背后,已经同时向学生提供了这两种语言的汉字词在语音上的必然联系。这一点韩语和汉语之间的联系更为典型,比日语中的汉字词与现代汉语词在发音上要整齐得多。日语中的汉字词有不同的历史来源(如汉音、唐音、吴音等),而韩语中的汉字词由于当时政府的规范化效果,基本上都集中于《洪武正韵》系统,相对整齐对应。

因此,无论是对韩国学生进行的汉语教学,还是对中国学生进行的韩语教学,列举两种语言中共有的"汉字词",不仅是一种极为有效的词汇扩展手段,更是一种极为有效的语音类推学习手段。这是由学习者先天的语言认知能力决定的。因此,根据认知功能教学法的理论,在这种教学法理论指导下编写的语言教材中列举这两种语言中的汉字词,由学生自己主动地从中发现并掌握其间的语音对应规则,也是认知功能教学法的核心理念。《汉语新视界》就是遵循认知功能教学法的基本精神,在课文中编入了韩语中的汉字词。这一方法获得了很好的教学效果。希望这种方法能够为其他教材的编写提供参考。

国内对外汉语教材编写出版了不少,但开宗明义声明教材是依照某一特定教学法理论来编写的,尚不多见。《汉语新视界》是一个值得鼓励的尝试,虽然这一尝试还存在一些不足,但毕竟让对外汉语教材编写方面有了一个按照特定语言教学法理论编写教材的一个先例,或提供借鉴,或提供教训,都是值得关注的。

4 结　语

韩语有数量不小的汉字词。这些汉字词无论在语义还是在语音方面都和汉语之间存在相当的相关性。利用这种相关性有利于两种语言分别为对方的第二语言或外语的学习,尤其是在词汇扩展和语音类推方面有显著效率。当然,有计划地呈现这种相关的词汇以及它们之间的语音对应性,还需要语言教学工作者来设计。认知功能教学法提倡教师根据教材中出现的生词去连带显示母语语言中的汉字词,以生词中的汉字词语素为核心展开更多同语素汉字词。希望本文能为汉语地区的对外汉语教材编写工作带来一些借鉴和启发。

当然,韩语中也存在一些与汉语中形同而实际意义并不一样的词汇,对这类词语教师需要在教学中以及在教材编写中加以注意。实际上,这类词因为容易犯错也因此容易得到纠正,并且这种纠正后的效果将长期给学习者留下深刻印象,通常纠正一次就会后永生不忘。或许,将这类形式相同而意义不同的词作为词表列出或附录于教材会是一个事半功倍的事情,值得一试。

参考文献

金基石. 朝鲜韵书与明清音系[M]. 哈尔滨:黑龙江朝鲜民族出版社,2003.
金立鑫. 语言的世界观和对外汉语教材的编写原则[M]//国家对外汉语教学领导小组办公室. 对外汉
　语教学与教材论文集. 北京:华语教学出版社,2001.

金立鑫，孟柱亿. 汉语新视界[M]. 北京：北京语言大学出版社，2007.
李得春. 介绍《洪武正韵译训》的韵母译音[J]. 延边大学学报：社会科学版，1990（2）.
李得春. 韩国汉字音声母系统的几个特征[J]. 延边大学学报：社会科学版，2003（1）.
孟柱亿. 韩汉两语之间的误导词——蝙蝠词[M]//对韩汉语教学研究. 延边大学出版社，2005a.
孟柱亿. 再论韩汉两语之间的误导词——蝙蝠词[M]//北京大学汉语教育学院. 汉语教学学刊. 北京：北京大学出版社，2005b.
孟柱亿. 韩国汉语教学的特点和问题——兼说汉字对韩国学生的正负迁移[M]//第五届国际汉语教学讨论会论文选编委会. 第五届国际汉语教学讨论会论文选. 北京：北京大学出版社，2005c.
孟柱亿. 韩汉孪生词对汉语学习的影响[M]//第八届国际汉语教学讨论会论文选. 北京：高等教育出版社，2007.
邵菁，金立鑫. 认知功能教学法[M]. 北京：北京语言大学出版社，2007.

金立鑫，上海外国语大学语言研究院
jinlixin.shisu@gmail.com

韩国学生"S+V+给+NP₁+NP₂"句式的习得研究

[韩] 梁秀林

摘　要：本文通过对调查问卷的分析，考察了韩国学生对"S+V+给+NP$_1$+NP$_2$"句式的习得情况，发现韩国学生对该句式并没有准确的认识。总结了韩国学生使用"S+V+给+NP$_1$+NP$_2$"句式时出现的偏误，并分析了偏误产生的几个原因，最后提出了该句式的教学建议。

关键词：韩国学生；"S+V+给+NP$_1$+NP$_2$"句式；偏误；教学

在汉语中，由"给"构成的相关句式比较复杂。仅就"S+V+给+NP$_1$+NP$_2$"句式而言，便只有给予类动词才能进入该句式，其他动词如取得义和制作义则无法进入该句式[1]（朱德熙，1979）。韩国学生在对该句式的学习和使用中往往出现诸多错误。本文针对韩国学生对该句式的偏误进行分析，探讨偏误原因，并据此提出相关教学建议。

1　韩国学生"S+V+给+NP₁+NP₂"句式偏误分析

1.1　调查的目的

在汉语中，由"给"构成的句式比较复杂，其中便有"S+V+给+NP$_1$+NP$_2$"这一句式。本文通过调查韩国学生对这一句式的习得情况，并进行数据统计和分析，探讨偏误原因，以此为该句式的教学提供参考和依据。

1.2　调查的形式与对象

本次调查是在2011年12月进行的，主要采取问卷调查的形式，并辅之以访谈。整个问卷的测试题目分为两部分：第一部分是判断题，考察调查对象在理解给予义、取得义和制作义动词的句式时，是否受母语的影响，思维倾向于哪种构式；第二部分是排序题，主要考察调查对象在生成这一句式时的情况。问卷调查时间不限，访谈时间平均30分钟左右。

此次研究的调查对象为60名在沈阳师范大学国际教育学院中高级阶段学习的韩国学生，分别是在华短期学习班的语言生和交换生（18名）、本科生（24名）和硕士研究生（18名），均为中高级水平，具有两年以上学习汉语的经历。

---

[1] 尽管目前某些其他意义的动词能够进入该句式，但是接受度并不高，所以本文暂且不作考虑，仅依据朱德熙（1979）的观点进行分析和讨论。

1.3 调查分析

问卷调查数据如表 1 所示。①到③中的动词"送、寄、交"具有给予义,韩国留学生在运用给予类动词和"给"结合时错误率较低,平均正确率 88.9%。④、⑤中的动词"抢、偷"具有取得义,韩国学生的错误率较高,平均正确率 33.3%。⑥到⑨中的动词"织、炒、画、沏"具有制作义,错误率较高,平均正确率 28.3%。

表 1 第一部分判断题的错误率

例　子	错误人数/人	错误率
①　我送给他一本书。	8	13.3%
②　妈妈寄给我一个包裹。	4	6.6%
③　我交给他一把钥匙。	8	13.3%
④　?他抢给我一个位子。	43	71.7%
⑤　?我偷给敌人一份报。	37	61.7%
⑥　?我织给男朋友一件毛衣。	44	73.3%
⑦　?妈妈炒给我一盘牛肉。	38	63.3%
⑧　?朋友画给我一幅画。	46	76.7%
⑨　?妈妈沏给客人一杯茶。	44	73.3%

说明:?表示接受度不高。

根据表 1 我们发现,给予义的错误率较低,而取得义、制作义的动词错误率较高,主要原因在于韩国学生的母语当中也有类似"动词+给"的句式。在韩语句式中,对动词的类型并没有如此严格的要求,所以学生容易受母语的影响把给予、取得、制作的动词都放进"S+V+给+NP_1+NP_2"这个句式里。然而,在汉语中,只有给予类动词才能进入"S+V+给+NP_1+NP_2"句式,因此,韩国学生在习得"S+V+给+NP_1+NP_2"这一句式时,取得义和制作义动词容易出现偏误。

再看调查问卷第二部分的调查情况(表 2)。

表 2 第二部分排序题的错误率

动词	排序的情况	错误人数/人	选排序率
⑩ 交	*我给他交一把钥匙。	35	58.3%
	我交给他一把钥匙。	25	41.7%
⑪ 卖	*我给朋友卖一本词典。	41	68.3%

		我卖给朋友一本词典。	19	31.7%
⑫	取	我给他取一些钱。	38	63.3%
		？我取给他一些钱。	22	36.7%
⑬	买	我给妹妹买一个苹果。	38	63.3%
		？我买给妹妹一个苹果。	22	36.7%
⑭	画	我给他画一幅画。	37	61.7%
		？我画给他一幅画。	23	38.3%
⑮	刻	我给他刻块图章。	43	71.7%
		？我刻给他块图章。	17	28.3%

说明：？表示接受度不高；*表示句子不合格。

表中给予义动词"交"和"卖"出现的错误率偏高，而取得义动词"取"和"买"、制作动词"画"和"刻"出现的错误率并不高，这与上面的情况刚好相反。这说明韩国学生生成句子时，受母语影响较大，导致给予义动词容易出错，而取得义和制作义动词正确率较高。

2 偏误原因分析

通过对偏误原因进行分析，可以揭示学习者的中介语体系，了解第二语言习得的过程与规律，从而使教学更有针对性，提高学习者的学习效率。根据上面调查问卷的分析结果，我们大体可以总结出韩国学生出现"S+V+给+NP$_1$+NP$_2$"句式偏误的原因，主要是母语的负迁移和对"S+V+给+NP$_1$+NP$_2$"句式使用的回避，下面分别进行讨论。

2.1 语义负迁移

刘珣（2008：195）指出："学习者在不熟悉目的语规则的情况下，只能依赖母语知识，因而同一母语背景的学习者往往出现同类性质的偏误。"

汉语对进入"S+V+给+NP$_1$+NP$_2$"句式的动词有限制，给予义的动词能进入该句式，且接受度高，如："送、卖、还、递、付、赏、嫁、交、让、分、赔、退、赠、赐、献、找（～钱）、拨、敬、捐、奖、托、安排、分配、传染、移交、交还、归还、退还、赠送、转卖、委托、奖励、赔偿、转卖、寄、汇、发、输、传、推荐、介绍、写、留、捎、带、捧、端、倒、盛、斟、舀、夹、撮、抓、扔、抛、丢、甩、踢、掷、拽、吐、射、塞"等。

但是表示取得义和制作义的动词进入"S+V+给+NP$_1$+NP$_2$"句式时，接受度较低[1]，

---

[1] 但这些动词进入"S+给+NP$_1$+V+NP$_2$"句式时，接受度相对而言更高一些。

如：

取得义："拿、抢、偷、娶、赢、拐、要、收、扣、骗、罚、赚、欠、夺"等。

制作义："炒、沏、蒸、煮、装、做、打（毛衣）、织、画、叠、绣、编、缝（做衣服）、迭、煎、盖、刻、配（药）"等。

韩国学生对目的语知识掌握得并不充分，没有认识到句式对动词类型的限制，导致取得义、制作义的动词也进入这一句式。韩语中也有相应的句式，但是跟汉语不同，韩语句式对动词类型并没有限制，给予义之外的动词通过后面的"주다（给）"来表达给予义，也能进入该句式。

韩语中这一句式可以分为授予义和受惠义，本文仅讨论跟本文相关的授予义。授予义可以分为两种：一种是省略"주다"后也具有授予义，另一种是省略"주다"后没有授予义。

其一，省略"주다"后也可表示授予义。

这一类动词主要有"보내다（送）、건네다（递）、부치다（寄）、전달하다（传）"等。

（1） a. 그가 나에게 책 한 권을 건네주다.
词译： 他主格助词我与格助词 书 一 本宾格助词 递给
句译： 他递给我一本书。

　　　b. 그가 나에게 책 한 권을 건네다.
词译： 他主格助词 我与格助词 书 一 本宾格助词 递
句译： 他递我一本书。

这些结构能表示具体的授予形式，因此把这些结构翻译成汉语的时候能使用具有给予义的"V+给"，如"送给、寄给、传给、还给"等。

其二，省略"주다"后不能表示授予义。

这一类动词主要有"푸다（舀）、덜다（盛）、나누다（分）、삶다（煮）、데치다（抄）、그리다（画）、만들다（做）、조립하다（拼）、가공하다（加工）、볶다（炒）、찌다（蒸）、짜다（挤）、끓다（烧）、무치다（拌）、얼다（冻）、익다（熟）、굽다（烤）、접다（叠）"等。

（2） a. 나는 그에게 빵을 만들어주다.
词译： 我添意助词 他与格助词 面包宾格助词 做 给
句译： 我给他做个面包。

　　　b.*나는 그에게 빵을 만들다.
词译： 我添意助词 他与格助词 面包宾格助词 做

（3） a. 나는 그에게 고기를 구워주다.
词译： 我添意助词 他与格助词肉宾格助词 烤 给
句译： 我给他烤肉。

　　　b.*나는 그에게 고기를 굽다.
词译： 我添意助词 他与格助词 肉宾格助词 烤

（4） a. 나는 그들에게 선물을 나눠주다.

词译：我添意助词他们与格助词　礼物宾格助词　分　给
句译：我给他们分礼物。
  b. *나는　　그들에게　　선물을　　　나누다.
词译：我添意助词他们与格助词 礼物宾格助词 分

这类动词本身没有给予义，后面不加"주다"就不能生成合格的句子。
  因此，韩语中，给予义与非给予义的动词都能进入授予义的句式。韩国学生受韩语的影响，认为所有这些动词都能进入"S+V+给+NP$_1$+NP$_2$"句式，从而造成了偏误。

2.2　语序负迁移

  汉语和韩语的最大区别在于基本的语序不同：汉语的主要框架是"SVO"语序，韩语则是"SOV"语序。但是汉语的语序较韩语自由，汉语中 O 的位置可以在 V 的前面、也可以在 V 的后面；韩语中 O 的位置则比较固定，一般在 V 的前面，因此我们可以推断，"S+给+NP$_1$+V+NP$_2$"句式是韩国人使用频率较高的一种句式，汉语的介词"给"在韩语中的对应形式是与格助词"에게"。"에게"接在 NP$_1$ 后面表示 NP$_1$ 是被授予的对象，是间接宾语。韩国学生生成句子的时候容易受到母语语序的影响。例如：
  （5）我给他写一封信。
  （5'）나는　　그에게　　편지를　　쓰다.
词译：　我添意助词 他与格助词 信宾格助词 写
句译：我给他写一封信。
  （6）我给他寄一个包裹。
  （6'）나는　　그에게 소포 하나를　　　부치다.
词译：　我添意助词 他与格助词 包裹　一个宾格助词　寄
句译：我给他寄一个包裹。
  因此，韩国学生在使用汉语给予义动词时偏误率较高的原因不仅是没有掌握好"S+V+给+NP$_1$+NP$_2$"句式，而且是受韩语中与格助词要在动词前面出现这一语序的影响。例如：
  （7）*我给他卖一双鞋子。
  （8）*我给他赔一本书。
  （9）*我给他交一把钥匙。

2.3　"S+V+给+NP$_1$+NP$_2$"句式使用的回避

  句式Ⅰ：S+给+NP$_1$+NP$_2$
  句式Ⅱ：S+V+给+NP$_1$+NP$_2$
  句式Ⅲ：S+V+NP$_2$+给+NP$_1$
  句式Ⅳ：S+给+NP$_1$+V+NP$_2$
  通过表 3 可得知，初级和中级阶段学生在使用句式Ⅱ方面的情况差异不大。但是高级阶段的学生对"给"字句式的使用率则显著偏低,这说明学生对"给"字句式的习得缺乏系统性。初级阶段是吸收新东西的阶段,学生习得并付之使用;但是到了高级阶段以后,学生习得了更多的句式,因而会倾向于回避不常用的、规律比较复杂的句式(如句式Ⅱ),而只使用简单的、基本的句式,从而导致了回避现象。

表3　韩国学生各句式在不同学习阶段的分布情况　　　　单位:个、%

学习阶段		句式Ⅰ	句式Ⅱ	句式Ⅲ	句式Ⅳ	总计
初级	用例数	41	12	6	71	130
	百分比	31.54	9.23	4.62	54.62	100.00
中级	用例数	65	14	5	101	185
	百分比	35.14	7.57	2.70	54.59	100.00
高级	用例数	100	8	14	77	199
	百分比	50.25	4.02	7.04	38.69	100.00

资料来源:周文华:《韩国学生"给"及相关句式习得研究》,《对外汉语研究》2009年第5期,第73页。

从正确率的分布和发展来看,句式Ⅰ的习得情况最好,句式Ⅳ的习得情况次之,句式Ⅲ的习得又次之,句式Ⅱ的习得情况最差(表4)。从正确率反映出来的习得顺序应该是:句式Ⅰ>句式Ⅳ>句式Ⅲ>句式Ⅱ。通过分析可知,就句式Ⅱ "S+V+给+NP_1+NP_2"而言,由于没有较好地掌握这一句式,平时使用频率不高,导致使用错误的次数相对较多,这又进而使得学生回避对句式Ⅱ的使用,如此形成恶性循环,妨碍学生汉语水平的提高。

表4　各句式在不同阶段的正确率比照　　　　单位:个、%

学习阶段	句式Ⅰ			句式Ⅱ			句式Ⅲ			句式Ⅳ		
	总例	正例	正确率	总例	正例	正确率	总例	正例	正确率	总例	正例	正确率
初级	43	41	95	15	12	80	9	6	67	82	71	87
中级	71	65	92	19	14	74	5	5	100	114	101	89
高级	102	100	98	11	8	73	16	14	88	85	77	91

资料来源:周文华:《韩国学生"给"及相关句式习得研究》,《对外汉语研究》2009年第5期,第73页。

3　"S+V+给+NP_1+NP_2"句式的教学建议

分析调查问卷发现,汉语"S+V+给+NP_1+NP_2"句式对韩国学生来说是一个学习难点。但是教师在讲授的过程中,并不太重视这一句式使用规律的讲解。

我们在做调查问卷的同时也对韩国学生习得"S+V+给+NP_1+NP_2"句式的情况做了

访谈。在这一部分我们一共设置了五道题，考察学生在学习中对汉语"S+V+给+NP$_1$+NP$_2$"句式的基本印象（基本情况如表5所示）。

表5　访谈调查　　　　　　　　　　　　　　单位：人

问题	肯定回答	否定回答	不知道
1．你以前学过"S+V+给+NP$_1$+NP$_2$"句式吗？	16	31	13
2．在学习的过程中，你觉得这句式难吗？	60	0	0
3．你觉得需要学"S+V+给+NP$_1$+NP$_2$"句式吗？	60	0	0
4．调查前你知道这个句式对动词有特别的要求吗？	3	57	0
5．在造"给"字句时，没有把握的句子你会不会根据母语来类推？	42	12	6

从表5可以看出，73.3%的人回答对"S+V+给+NP$_1$+NP$_2$"句式没有印象或者不太清楚。部分学生认为只能在"把"字句中才能用"S+V+给+NP$_1$+NP$_2$"句式，如果没有"把"字，这个句式就不能成立。访谈过程中发现，大部分高级阶段学生对比较简单的句式并不是很清楚。95%的人不知道"S+V+给+NP$_1$+NP$_2$"句式需要按动词的类型来进行区分，因为相应的韩语句式中对此并没有如此严格的要求。100%的人都回答需要学习"S+V+给+NP$_1$+NP$_2$"句式的语法规则。

根据"S+V+给+NP$_1$+NP$_2$"句式的特点及韩国学生当前的学习情况，本文建议对不同阶段的学生进行分层次的教学。

本文主要研究的是"S+V+给+NP$_1$+NP$_2$"句式，但是在教学方面如果只孤立地考虑"S+V+给+NP$_1$+NP$_2$"句式的话，会给学生带来一定的困难，所以最好先考虑学生掌握其简单句式的情况。初级阶段的学生最容易掌握的句式是"S+给+NP$_1$+V+NP$_2$"，如"他给我寄一本书"，这是最简单也是最常用的句式，然后再教学生"S+V+给+NP$_1$+NP$_2$"句式。如果在没有掌握基本句式的情况下，进一步教"S+V+给+NP$_1$+NP$_2$"句式，难免会造成母语负迁移。除此之外，"S+V+给+NP$_1$+NP$_2$"句式是根据动词类型的不同来判断句子是否合格的。因此，这一句式的习得对学生的词汇量有很高的要求。但是，就初级阶段学生的词汇量来言，讲解这一句式比较困难。

我们发现，高级阶段学生使用"S+V+给+NP$_1$+NP$_2$"句式的错误率比初中级还高，因此更不能简单地认为初级阶段学生掌握的语法高级阶段学生就一定不会出现错误。对于这种容易混淆并有一定难度的句式，我们有必要让高级阶段学生在学习的过程中不断重复和巩固。例如，在课文中出现了"S+V+给+NP$_1$+NP$_2$"句式或者相关句式时，教师有必要让学生进行回顾，进而巩固学习。

授课时，教师宜采用对比教学的方式进行讲解，列举给予义、取得义、制作义的动词进入"S+V+给+NP$_1$+NP$_2$"的情况，以使学生更明确地了解此三类动词的区别以及进入该句式的条件。此外，在习题练习中，也要加强相关的对比练习，以巩固学生对该类句式的掌握。

但是，教师在讲授语法的时候，也不得不参照使用频率，根据现实的情况来进行讲解。在语言的发展中，语法的发展相对较慢，因此在实际交谈中的语言有时会跟理论发生矛盾，这时候教师就不能一味地遵循理论来教学生，而要结合实际情况讲解。例如：

（10）？买给你一个苹果。

（11）？写给你一副对联。

根据前人的语料分析，"买给你一个苹果"是不能成立的，但是随着语言的发展，该句子的接受度越来越高，在一定的语境条件下可以成立。更进一步地分析，"买"这个动词有些学者认为是双向动词，也有些学者认为它是取得义动词。我们认为，随着"买给你一个苹果"这类句子的接受度的升高，"买"这个动词也由一个取得义动词向双向动词转化。

因此，在"给字句式"的语言教学中，我们不仅要避免母语在语义和语序方面的负迁移，也不能忽视语言的发展变化导致一些结构合法化这一问题。

参考文献

刘珣. 对外汉语教育学引论[M]. 北京：北京语言大学出版社，2008.

周文华. 韩国学生"给"及相关句式习得研究[J]. 对外汉语研究，2009（5）.

朱德熙. 与动词"给"相关的句法问题[J]. 方言，1979（2）.

附录

针对韩国留学生的调查问卷

亲爱的留学生同学，你们好！请根据你们学过的知识回答下面的问题，填写你们真实的情况，谢谢大家，辛苦了！

性别：　　年龄：　　班级：　　学习汉语时间：

汉语水平：新HSK 5/6级　　中级/高级

一、请您在正确的答案打"√"（答案不只是一个），错误的打"×"。

1. 나는 친구에게 책 한 권을 보냈다.

    ①我送给他一本书。

    ②我给他送一本书。

    ③我送了一本书给他。

2. 엄마는 손님께 차를 타주다.

    ①妈妈沏给客人一杯茶。

    ②妈妈给客人沏一杯茶。

    ③妈妈沏一杯茶给客人。

3. 나는 남자친구에게 스웨터를 떠주다.

    ①我织给男朋友一件毛衣。

    ②我给男朋友织一件毛衣。

    ③我织一件毛衣给男朋友。

4. 엄마는 나에게 소포를 부쳤다.

    ①妈妈寄给我一个包裹。

    ②妈妈寄一个包裹给我。

③妈妈给我寄了一个包裹。
5. 나는 그에게 편지를 썼다.
①我写给他一封信。
②我给他写一封信。
③我写一封信给他。
6. ①朋友画给我一幅画。
②朋友给我画一幅画。
③朋友画一幅画给我。
7. ①我炒给他一盘牛肉。
②我给他炒一盘牛肉。
③我炒一盘牛肉给他。
8. ①他偷给敌人一份报。
②他给敌人偷一份报。
③他偷了一份报给敌人。
9. ①他抢给我一个位子。
②他给我抢一个位子。
③他抢了一个位子给我。

二、排序

1. 나는 그에게 열쇠를 맡겼다. （给他我一把钥匙交）
2. 나는 친구에게 사전을 팔았다. （朋友我给一本词典卖）
3. 나는 동생에게 사과를 사주었다. （妹妹买一个苹果给我）
4. 取我一些钱他给
5. 他刻我给一块图章
6. 给他一幅画我画

三、访谈调查

问题	肯定回答	否定回答	不知道
1.你以前学过"S+V+给+NP_1+NP_2"句式吗？			
2.在学习的过程中，你觉得这句式难吗？			
3.你觉得需要学"S+V+给+NP_1+NP_2"句式吗？			—
4.调查前你知道这个句式对动词有特别的要求吗？			—
5.在造"给"字句时，没有把握的句子你会不会根据母语来类推？			

梁秀林，武汉大学文学院
didtnfla@163.com

韩语背景学习者特异性汉语易混淆词及其母语影响因素探析*

[韩] 申旼京

摘　要：本文基于中介语语料库，通过对比英语、日语、印尼语、蒙古语等不同母语背景学习者的词语混淆情况，确定韩语背景学习者特异性汉语易混淆词，在分析其误用方向、词际关系、语义关系的基础上揭示韩语背景学习者特异性汉语易混淆词的母语影响因素：母语词义位误推、母语词义域误推、汉字拼词、汉字词同音干扰、同形赋义。

关键词：韩语背景学习者；易混淆词；母语影响；词语偏误；偏误分析

　　二语学习者理解使用目的语时会不同程度地受到母语影响，这一点已成为学界的共识。对外汉语教学界早已注意到了学习者的词语误用与母语影响之间的相关性。鲁健骥（1987）提及汉英词语之间的词义不对应导致的偏误。周琳（2007）通过考察英语背景留学生使用对外汉语教材同译词语的情况，发现有一种偏误为"义项错误类推"。张妍（2006）、萧频（2008）等也通过考察英语、印尼语学生的词语混用现象，发现致混的主要原因是学习者母语与目的语复杂的词义对应关系。但是，这些研究大多是针对具体词语的误用论及母语影响，是一种"有一说一"式的偏误探因，并未对二语学习者词语误用与母语影响之间的相关性进行过系统的理论探讨。因此，本文基于韩语背景学习者的汉语易混淆词，通过对比英语、日语、印尼语和蒙古语等不同母语背景学习者的词语混淆情况，对学习者的词语误用与母语影响之间的相关性及母语影响因素进行系统的研究，尝试探讨母语影响的判定标准，并提供可操作性的分析方法，系统地分析和揭示韩语背景学习者[1]特异性词语混淆的特征及其母语影响的相关性。

1　特异性易混淆词及其母语影响的相关性

1.1　易混淆词的分类与母语影响的相关性

　　根据学习者的母语背景分布，二语学习者的汉语易混淆词可分为单一母语背景学习者特有易混淆词和多母语背景学习者共通性易混淆词。单一母语背景学习者特有易混淆

---

* 本研究得到教育部人文社会科学重点研究基金重大项目"不同母语背景的汉语学习者词语混淆分布特征及其成因研究"（2009JJD740005）经费支持，谨致谢忱。
[1] 以下一律简称韩语学生，英语、日语、印尼语和蒙古语背景学习者亦简称英语学生、日语学生、印尼语学生和蒙古语学生。

词是指,只有某一特定母语背景学习者容易混淆,其他母语背景学习者并不混淆的词语。特异性易混淆词语是特定母语背景学习者目的语词语使用中的唯一性表现。例如,"慢"和"长"、"慢"和"久"只有蒙古语学生易混,其他母语背景学习者并不易混:

(1) 我很想去旅游和<u>慢</u>时间给他们谈"咱们一起去吧"。[1](慢→长)

(我很想去旅游,用很长时间劝他们,说"咱们一起去吧"。)

(2) 可是小黄给我的礼物是以前用过的黑色大书包和还以前某个人用过不<u>慢</u>的香水。(慢→久)

蒙古语学生混淆两组词的原因是,蒙古语中的多义形容词"удаан"有两个常用义:①久,长久,长时间;②慢,缓慢,迟慢。当学生学过"慢"后,可能会误将汉语"慢"与蒙古语的"удаан"等同起来,在要表达"久、长时间"的意义时也常常使用"慢",导致汉语的"慢"与"久"、"慢"与"长"的混淆。(萨仁其其格,2008)

以上例子中可以看到,单一母语背景学习者特有易混淆词本身具有学习群体母语的语别性特征。因此,此类易混淆词当是受母语影响而产生的。

多母语背景学习者共通性易混淆词是指,两种或两种以上母语背景学习者共同易混的词语。如"看"和"看见/看到"是韩语、英语、日语、印尼语和蒙古语学生皆易混的词语。例如:

(3) 虽然我们家的经济条件没有那么好,但他一<u>看</u>别人处于困难的情况,那就不顾一切必需要帮助他们。(看→看见/看到:韩语学生语例)

(4) 以后他一【看】别人的孩子就喜欢跟妻子要一个孩子。(看→看见/看到:英语学生语例)

(5) 昨天去王府井的时候,我<u>看</u>了我的同屋。(看→看见/看到:日语学生语例)

(6) 他<u>看</u>我好像<u>看</u>鬼。(看→看见/看到:印尼语学生语例)

(7) 这时候突然我【看】了我的中学的一个学生。(看→看见/看到:蒙古语学生语例)

根据不同母语背景学习者的具体混淆表现,本文将多语背景学习者共通性易混淆词再分为混淆表现相同的易混淆词和混淆表现相异的易混淆词。混淆表现相同的易混淆词是指不同母语背景学习者的混淆表现基本一致的易混淆词。例如,上例中的"看"与"看见/看到"五种母语背景学习者都易混,而且在具体混淆表现上并未出现某一母语背景学习者的特异性。从造成词语误用的来源看,这些词语的误用中并未存在某一特定母语背景学习者的特异性。因此,此类易混淆词应与母语影响的相关性极低或者与母语影响无关。

混淆表现相异的易混淆词是指不同母语背景学习者共同易混,但在混淆关系、混淆条件等具体表现上存在某一特定母语背景学习者词语误用特征的易混淆词。例如,"关心"一词在五种母语背景学习者的语料中,皆有易混现象,但在韩语学生的语料中,它与"兴趣"和"关注"两个词发生混淆,形成一对多的词际关系,而其他母语背景学习者的语

---

[1] 本文所用中介语语例连续编号。目标词加【】的语例取自北京语言大学"汉语中介语语料库",目标词加粗线的中介语语例取自北京语言大学"HSK 动态作文语料库",目标词加双下划线的语例取自"基于中介语料库的汉语词汇专题研究"课题组采集的中介语料及印度尼西亚马拉拿达大学萧频博士、蒙古乌兰巴托大学萨仁其其格博士和笔者自行采集的印尼语、蒙古语和韩语学生的汉语中介语语料。为节约篇幅,下文不详列出处。

料中,它主要与"关注"一个词发生混淆,形成一对一的词际关系,即"关心"在具体混淆表现上韩语学生与其他母语背景学习者之间存在差异。从造成词语误用的来源看,某一特定母语背景学习者在混淆表现上的特异性应来自学习者的母语,因此,此类易混淆词应与母语影响有相关性。

总之,学习者的汉语易混淆词可分为以下几类(图1)。

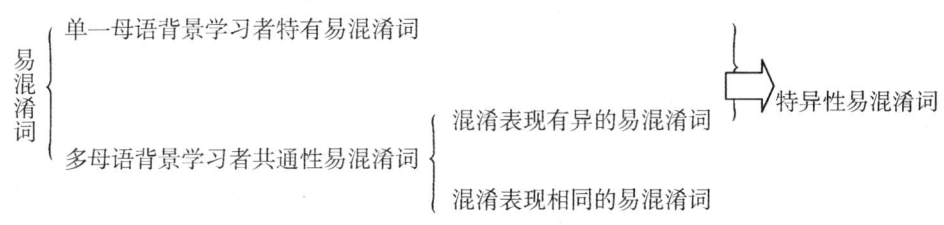

图 1 易混淆词的分类

从造成词语误用的来源看,单一母语背景学习者特异性易混淆词与母语有关,因此,可以从不同母语背景学习者在混淆词语和混淆表现上的特异性,判定学习者的词语混淆与母语影响之间的相关性。

1.2 词语混淆的特异性与母语影响的相关性

1.2.1 词语混淆的特异性参项

本文从混淆词语和混淆表现两方面分析学习者词语误用的特异性,从中提炼出以下四种词语混淆特异性参项:

(1)词语混淆的共核度。词语混淆的共核度是指混淆词语的学习者母语分布程度。有些易混淆词只有少数母语背景学习者经常混用,那么,其共核度低;有些易混淆词多数母语背景学习者共同易混,那么,其共核度高;单一母语背景学习者特有易混淆词的共核度为0,是零共核易混淆词[1]。一般情况下,共核度低的易混淆词与母语影响有关的概率高,共核度高的易混淆词与母语影响有关的概率低,二者成反比。

(2)混淆关系。混淆关系的特异性主要是指在词语的误用方向和词际关系上体现出某一特定母语背景学习者词语误用特征。将某一特定母语背景学习者易混淆词的误用方向和词际关系与其他母语背景学习者进行对比,若在某一母语背景学习者的误用中存在区别性特征,那么该词应与母语影响有相关性。

(3)混淆条件。有些易混淆词在用法、语义等发生混淆的条件上具有区别于其他母语背景学习者的特异性,这些混淆词语应与母语影响有相关性。

(4)混淆词语之间的意义联系。混淆词语之间的意义联系是指,误用词与其当用词在意义上的关联。二语学习者的易混淆词中,从汉语本体的角度看,误用词与其当用词间既有同义、近义等意义关系近的,也有意义联系较远或无关联的。若在汉语中误用词与其当用词间是义远关系,而在学习者的母语中误用词和当用词的对译词在意义、搭配、

---

[1] 零共核易混淆词的共核指数为1。

用法等方面有相通之处，或从汉外词语对应关系的角度看，汉语与学习者母语的词语对应关系为多对一，即与误用词对应的学习者母语词在意义上包括学习者混淆的两个词，那么，该词语的混淆与母语相关的概率很高。

1.2.2 词语混淆与母语影响的相关性分析步骤

某一特定母语背景学习者的混淆现象是否与学习者的母语影响有相关性，具体分析步骤如下：

第一步：考察词语混淆的共核指数。通过与其他母语背景学习者的混淆情况进行对比，考察某一特定母语背景学习者易混淆词混淆的共核指数。如果某一词语混淆的共核指数为 1，那么，该混淆现象可视为来自学习者的母语影响。

第二步：如果某个易混淆词是属于低度共核易混淆词，那么，首先考察共同混淆的那个词的学习者的母语背景。共核指数低的易混淆词与母语影响的相关性较大，加上出现混淆的学习者母语之间有共同点的话，词语混淆与母语相关的概率便更大。例如，韩语学生的易混淆词中，词语混淆的共核指数为 2 的易混淆词大多是与日语学生的易混淆词共核，这应与韩语和日语都属于汉字文化圈的语言，两种语言中都存在大量汉字词有关。然后考察在共核的各语言中，学习者混淆的两个汉语词和与其对应的母语词之间的词语对应关系。若与误用词对应的学习者母语词在意义上包含学习者混淆的两个词，那么，学习者的混淆应与母语影响有相关性。

对于共核度高的易混淆词，根据以下两个步骤，判定混淆现象与母语影响是否有相关性。

第三步：就共核度较高的易混淆词而言，通过不同母语背景学习者之间的对比，观察分析某一特定母语背景学习者的混淆现象在混淆关系、混淆条件等方面有无区别于其他母语背景学习者的特征。如果存在某一特定母语背景学习者的特异性，那么，该词语混淆应与母语影响有相关性，反之，在混淆表现上不存在特异性，与其他母语背景学习者基本一致；那么，该词语混淆应与母语影响无关或与母语的相关性极低。

第四步：从意义的角度，对汉语和学习者的母语进行对比。误用词与其当用词在汉语中是义远关系，而学习者的母语中误用词和当用词的对译词在意义、搭配、用法等方面有相通之处，或汉外词语的对应关系为多对一，即与误用词对应的学习者母语词在意义上包括学习者混淆的两个词，那么，该词语混淆应与母语影响有相关性；反之，学习者的误用表现与他们母语的表达习惯并不对应，那么，该词语混淆应与母语影响无关或与母语的相关性极低。

2 韩语背景学习者特异性易混淆词及其特征

根据以上分析步骤，通过与英语、日语、印尼语和蒙古语学生的词语混淆情况进行对比，确定韩语学生的特异性易混淆词，结果如表 1 所示。

表 1 韩语背景学习者特异性易混淆词对

词语混淆的共核度	混淆词对
零共核易混淆词 （共核指数为 1）	爱→喜爱；爱心→爱；保管→保存；多→大；恩惠→恩情；发生→产生；富有→富裕；关心→（感）兴趣；建立→建；男子→男孩；男子→男的/男人；女子→女孩；女子→女的/女人；深刻→严重；食堂→餐厅/饭馆；题目→名字；贤明→明智；愿意→希望
低度共核易混淆词 （共核指数为 2）	安定→稳定；保存→保护；保存→保留；暴露→揭露；诚实→老实；充分→充足；地点→地方；地方→地区；发表→发言；访问→拜访；感激→感动；关心→关注；规律→规定；规则→规律；贵重→宝贵；活泼→开朗；家族→家人；家族→家属；建设→建；建设→建筑；节约→节省；模范→榜样；期间→时候；期间→时间；亲切→热情；预约→预订；整理→处理
中高度共核易混淆词（共核指数为 3～5）	爱情→爱（4，混淆条件） 长处→好处（3，混淆关系） 方法→办法（4，混淆关系） 家→房子（3，混淆关系） 结婚→婚姻（3，混淆关系） 经验→经历（3，混淆条件） 经验→体验（3，混淆条件） 理由→原因（4，混淆关系） 满足→满意（5，混淆关系） 时期→时间（5，混淆关系、混淆条件） 说明→解释（3，混淆关系）

说明：括号中表示的是混淆词语的共核指数和韩语学生词语混淆的具体表现。

与母语影响有相关性的韩语学生易混淆词中，零共核度（共核指数为 1）和低度共核易混淆词（共核指数为 2）居多，而且共核指数为 2 的绝大多数易混淆词都是韩语和日语背景学习者共同混淆；词语混淆的共核指数为 3～5 的中高度共核易混淆词中，也有与母语影响有相关性的误用，这些词在混淆关系、混淆条件等方面都存在韩语背景学习者词语误用的特异性；从汉外词语对应关系的角度看，与母语影响有相关性的易混淆词对中的两个汉语词对应于同一母语词，汉语词与学习者母语词的对应关系为多对一。

3 韩语背景学习者特异性易混淆词的母语影响因素

张博（2007）指出"不同语言词汇系统与汉语词汇系统的对应关系并不一致，加之不同国家的学生学习词汇的方法可能也有差异，这会导致不同学习群体易混淆词的特异性"。从造成词语误用的来源看，某一特定母语背景学习者的特异性易混淆词，其致误原因主要来自学习者的母语。本文根据韩语学生的实际误用情况，将词语误用的母语影响因素归纳为以下几种类型。

3.1 母语词义位误推

张博（2011）提出"母语词义误推"概念，指的是"在第二语言学习中，学习者获知目的语词 A 对应的是母语词 A'后，可能会把为 A'所有而 A 并没有的意义推移到 A 上，因而造成目的语词语误用或误解"。文章还将"母语词义误推"分为义位误推、义域误推和语义特征误推等三种类型。

义位误推是指"当母语多义词在一个义位上与目的语某词有同义关系时，学习者将母语多义词词义系统中的其他义位错误地推移到目的语的这个对应词上"。在分析韩语学生的特异性易混淆词中发现，以下词语混淆都是由于韩语学生错误地将母语词的义位推移到目的语词上而引发的。例如：

（8）别人家去当长工二十年以后，买了土地，而且自己的<u>家</u>。（家→房子）

（9）我不太习惯在一个房间和别人一起住，所以我打算在外边租一个<u>家</u>。（家→房子）

与汉语"家"对应的韩语词집在韩语中是一个多义词：在家庭这个义位上与汉语"家"对应，如집을 그리워하다（想家）；在사람이 살기 위하여 지은 건물、가족이 생활하는 터전（供人居住的建筑物，家人一起生活的住所）这个义位上与汉语"房子"对应，如집 한 채를 마련하다（买了一套房子）。因此，韩语学生常将집的"房子"义推移到汉语的"家"，当用"房子"时，经常误用"家"。再如：

（10）那我给你们说一下我和我的男朋友是怎么<u>见面</u>的？（见面→认识）

（11）我和他是通过朋友<u>见面</u>的，<u>见面</u>的时间不长。（见面→认识）

与汉语"见面"对应的韩语词만나다在韩语中是一个多义词：在（어떤 곳에서）남과 얼굴을 마주 대하다（（在某地方）彼此对面）这个义位上与汉语"见面"对应，如커피숍에서 그를 만나다（在咖啡店和他见面）；在어떤 인연으로 관계를 맺게 되다（以某种缘分结成关系），这个义位上与汉语"认识"对应，如중국에서 지금의 아내를 만났다（在中国认识了现在的妻子）。因此，韩语学生常将만나다的"认识"义推移到汉语的"见面"，当用"认识"时，经常误用"见面"。

3.2 母语词义域误推

义域误推是指，学习者将母语词某一义位相对宽广的语义范围（即"义域"）错误地推移到目的语的对应词上（张博，2011）。以下词语混淆都是由母语对应词的义域误推造成的：

（12）我一直对中国很【<u>关心</u>】，可是除了在广播上听到的和在报章杂志上看到的以外，我对中国社会的知识是有限的。（关心→感兴趣）

（13）一般，随着社会的经济越发达人民就越<u>关心</u>健康和环境，所以在很多发展中，发达国家为了健康找绿色食品，而且为保护环境提倡"不要用农药。"（关心→关注）

"关心"在韩语中的意思是마음이 이끌려 주의를 기울임（被人或事物吸引住，将其放在心上重视），如그는 딴 자녀들에게 딴 관심（关心）이 딴 많다（他很关心子女）、그는떤영화에떤관심（关心）이떤있다（他对电影很感兴趣）、복지떤문제에떤관심（关心）을떤가지다（关注福利问题）等，这一词在意义上对应于汉语"关心"、"（感）兴趣"和"关注"等词。因此，韩语学生当用"（感）兴趣"或"关注"时，经常误用"关心"。再如：

（14）固然我还没有这工作的<u>经验</u>，但是我常想找这样的工作。（经验→经历）

（15）那个地方很穷，那里的很多人都亲自<u>经验</u>过饿的感觉。（经验→体验）

"经验"在韩语中的意思是실지로 보고 듣고 겪는 일, 또는 그 과정 및 과정에서떤얻는떤지식이나떤기능（亲身见过、听过、遭受过的事，或由这样的实践中得来的知识或技能），如경험（经验）이이부족하다（经验不足）、경험（经验）해보보지떤않은떤일（没有经历过的事）、농촌떤생활을떤경험（经验）하다（体验农村生活）等，这一词在意义上对应于汉语"经验"、"经历"和"体验"等词。因此，韩语学生当用"经历"或"体验"时，经常误用"经验"。

3.3 汉字拼词

汉字拼词是指，学习者根据母语词组用汉字拼出词，结果学习者拼出来的词与汉语中已有的词同形，二词在意义和用法上存在差异，学习者的使用超出汉语词的语义范围，从而造成混淆。例如：

（16）我小的时候，我看不出我妈妈多么爱我。因为她要工作她要照顾我们兄弟所以感觉不到她的<u>爱心</u>后来长大以后才知道了我妈妈多么爱我。（爱心→爱）

（17）只要父母与子女之间仍存在<u>爱心</u>，只要我们不停地努力交流，"代沟"问题是一定可以解决的。（爱心→爱）

韩语学生先想到母语中사랑하는는마음（사랑爱；마음心）这个组合，然后根据意义选择与사랑对应的汉字"爱"和与마음对应的汉字"心"拼出"爱心"这一词，结果学习者拼出来的词"爱心"和汉语中已有的"爱心"适用范围不同，从而造成"爱心→爱"的混淆。再如：

（18）父亲和母亲的<u>恩爱</u>和大海一样。（恩爱→恩情与爱）

（19）我绝忘不了父母的<u>恩爱</u>。（恩爱→恩情与爱）

韩语学生先想到母语中은혜와와사랑（은혜恩；사랑爱）这个组合，然后根据意义选择与은혜对应的汉字"恩"和与사랑对应的汉字"爱"拼出"恩爱"这一词，结果学习者拼出来的词"恩爱"和汉语中已有的"恩爱"在语义范围上并不一致，从而造成"恩爱→恩惠与爱"的混淆。

由汉字拼词产生的误用词有以下两个特点：首先，这类词在韩语和汉语两语中都不常用。例如，韩语 "爱心"和"恩爱"是目前在韩国基本不使用的汉字词[1]，而在汉语中这两个词分别是在《汉语水平词汇与汉字等级大纲》（以下简称《大纲》）中的丁级

---

[1] "爱心"一词近几年出版的词典基本不收入，部分词典只保留其宗教义，如《标准国语大辞典》（修订版）；在网上（http://www.krdic.naver.com）搜索"恩爱"的结果，含"恩爱"的句子只出现两例，一例出自《老乞大》，另一例出自近代韩国小说中。可见，二词在现代韩语中已基本被淘汰。

词。其次，就词的构成成分而言，拼出来的词语的构成语素应是韩语学生熟悉的常用汉字。例如，"爱"、"心"和"恩"[1]这几个汉字对韩语学生而言都属于常用汉字。

此外，调查韩语学生的韩汉词语对等意识，发现多数被试者在"爱心"和"恩爱"一栏中分别填写사랑하는마음和은혜와사랑，这一点也支持了以上分析。

需要说明的是，这一类型从学习者致误的途径来看，严格来讲不是词层面的影响，而是字层面的影响。但是，从结果层面分析还是词和词的混淆，在广义上可以看作汉字词影响的一个类型，因此，本文将它包括于汉字词影响中。

3.4　同音干扰

有些汉字词在韩语中是同音词，其书写形式是相同的，由于这些汉字词一般在韩国都用韩文书写，韩语学生不知道这些汉字词原来是以不同汉字书写的同音词，而以为是一个词，从而造成混淆。例如：

（20）年轻人喝酒的<u>时期</u>越来越早，甚至有的人上小学的时候喝酒过，这是很深刻的问题。（时期→时间）

（21）我觉得小孩子和朋友们玩最重要，学习的<u>时期</u>太早的话，孩子受很大的压力，影响他们的精神健康。（时期→时间）

韩语汉字词"始期"的意思是어떤일이시작되는때（某件事开始的时间），如개나리의의개화화시기（始期）가가점점점빨라지고고있다（迎春花的开花时间越来越早）、청소년의의흡연시시기（始期）가가갈수록록빨라진다（青少年开始抽烟的时间越来越早）等，在韩语中它与"时期"是同音词，二词的韩文书写都是시기。因此，韩语学生受韩语的同音干扰，先混淆了韩语"始期"和"时期"，结果在汉语中表示"某件事开始的时间"义时，经常发生"时期→时间"的混淆。

（22）韩国人生活在<u>富有</u>的同时他们还会帮助北韩和非洲等贫困的国家。（富有→富裕）

（23）现代人们大多数为了比较<u>富有</u>的生活，拼命地干活儿。没有精神上的闲余。不能顾别人的事儿。（富有→富裕）

"富有"和"富裕"二词在韩语中是同音词，都写成부유，学习者受韩语汉字音的同音干扰，当用"富裕"时，经常误用"富有"。这里学习者不使用"富裕"而使用"富有"的原因在于，"有"和"裕"分别是在《大纲》中的甲级字和丙级字，学习者对"有"字的熟悉程度远高于"裕"字，因此，韩语学生常将부유和"富有"联系起来。

3.5　同形赋义

同形赋义是指，当母语词与其同形的目的语词意义相异时，学习者将母语词的词义错误地推移到目的语词上。这类推移不是以意义上的相同点为基础，而是基于形体上的

---

[1] 虽然"恩"是《大纲》中的丁级字，但在韩国它是常用汉字，如女性的名字中经常使用这个汉字。因此，对韩语学生而言，"恩"是非常熟悉的常用汉字。

相同，将为韩语词所有而与之同形的汉语词没有的意义赋予与之同形的汉语词上。以下词语混淆都是由汉字词的词形赋义造成的：

（24）那所小学的学生们都在学校里生活，只有两个星期一天回一次家见【家族】。（家族→家人）

（25）他们应该知道父母为家族天天都工作，没有充分的时间。（家族→家人）

（26）这个手术需要患者家族的签名。（家族→家属）

（27）我们这一代人很难了解离散家族的痛苦。（家族→家属）

"家族"[1]在韩语中的意思是 (어버이와 자식, 형제자매, 부부등) 혈연과 혼인관계 등으로을한 집안을을이룬을사람들의을집단（父母与子女、兄弟姐妹、夫妻等以血缘和婚姻关系为基础而形成一家人的组织），如가족（家族）을을부양하다（抚养家人）、온을가족（家族）이을모이다（全家人聚在一起）、이산가족（家族）（离散家属）、피해자을가족（家族）（受害者家属）等，这一词在意义上大致对应于汉语"家人"和"家属"两个词，但"家族"与"家人"、"家属"的语义相近度比较低，汉语同义词词典从不把它们列为同义词。就是因为韩语中的"家族"与汉语"家族"一词形体相同，韩语学生就将"家人"和"家属"义赋予汉语的"家族"，当用"家人"或"家属"时，经常误用"家族"。再如：

（28）因此在两代之间所存在的代沟问题也越来越深刻。（深刻→严重）

（29）随着科技的迅速发展，赶上时代发展的步伐越来越不容易，代沟问题也因些变得日益深刻。（深刻→严重）

"深刻"在韩语中的意思是상태나을정도가을매우을깊고을중대하다. 또는는절박함이있다（状态或程度非常深且重，或有迫切感），如환경을오염의의심각（深刻）성（环境污染的严重性）、심각（深刻）한을사회을문제（严重的社会问题）、인구문제가을심각（深刻）하다（人口问题很严重）等，这一词在意义上大致对应于汉语"严重"，但"深刻"与"严重"的语义相近度比较低，汉语同义词词典从不把它们列为同义词。就是因为韩语中的"深刻"与汉语"深刻"一词形体相同，韩语学生就将"严重"义赋予汉语的"深刻"，当用"严重"时，经常误用"深刻"。

词形赋义的汉字词与其同形的汉语词之间虽然意义相异，但二者之间又有一定的意义上的联系。例如，"家族"在两个语言中虽然具体所指对象不同，但都指"有血缘关系的成员"；再如"深刻"一词在两种语言中都含有"程度深"这个义素。

4 余 论

对韩语、英语、日语、印尼语和蒙古语等不同母语背景学习者的汉语词语混淆情况进行对比分析，发现有些词语只有一种或少数母语背景学习者经常混用。而有些词语多数母语背景学习者普遍混用。本文着重关注了二语学习者的词语混淆现象，如某个词语

---

[1] 韩语"家族"除了以上意义外，还有"한집안의의친족（同一血统的亲属）"义，但此义目前基本不使用，处于被淘汰的状态。有些辞典（《标准国语大辞典》等）只收入"家族"的第一个义项，将它处理为单义词，因此，在这里将"家族"看作单义词。

在哪些母语背景学习者易混、在混淆表现上不同母语背景学习者之间又有何异同等。那么，我们该如何看待学习者的词语"未混"现象？

韩语学生的易混淆词中共核指数为1或2的词语在英语、蒙古语等背景学习者的使用中，相对而言，使用频率较低，而且测试的时候，英语、蒙古语等背景学习者反映有些词他们根本不认识，如"暴露"、"预约"、"家族"等。由此可知，其实学习者对某个词不发生混淆，这并不意味着对那个词掌握到位，而有可能尚未到混淆的阶段。

学习者的常用词与汉语本身的常用词并不吻合，原因之一便是学习者的常用词除了受汉语的影响，还受学习者母语中的常用词影响。"暴露"、"预约"、"家族"分别为《大纲》中的丙级、丁级和超纲词，是非常用词，学习者到了中高级水平阶段才会学习这些词；但对韩语学生来讲，这些词都是在母语中的常用汉字词，因此，使用时间早于英语、蒙古语等学生。实际上，韩语学生较早地使用这些词，从一方面说明他们使用这些词时受母语影响较大，进而支持这些词语的混淆与母语影响有关。因此，我们在通过对比研究学习者的混淆现象或探因时，关注学习者的词语混淆现象，同时也要关注学习者的词语未混现象。

参考文献

国家汉语水平考试委员会办公室考试中心. 汉语水平词汇与汉字等级大纲（修订本）[M]. 北京：经济科学出版社，2001.

鲁健骥. 外国人学习汉语的词语偏误分析[J]. 语言教学与研究，1987（4）.

萨仁其其格. 蒙古学生汉语中介语名、动、形词汇偏误研究[D]. 北京：北京语言大学，2008.

萧频. 印尼学生汉语中介语易混淆词研究[D]. 北京：北京语言大学文，2008.

张博. 同义词、近义词、易混淆词：从汉语到中介语的视角转移[J]. 世界汉语教学，2007（3）.

张博. 二语学习中母语词义误推的类型与特点[J]. 语言教学与研究，2011（3）.

张妍. 欧美学生汉语中介语易混行为动词和心理动词考察[D]. 北京：北京语言大学，2006.

周琳. 对外汉语教材同译词语及英语背景留学生使用偏误研究[D]. 北京：北京语言大学，2007.

申旼京，北京语言大学外国语学院
smj0323@sina.com

从图式理论看语篇输入对留学生汉语作文修辞表达的影响
——以两位韩国留学生的作文为例

吴 双

摘 要：根据图式理论，汉语经典语篇的输入有助于留学生习得汉语修辞格并进行创造性仿写，从而增强汉语表达的地道性。为了证实这一设想，本文设计了相关个案实验，考察两位韩国留学生在汉语经典语篇输入前后的修辞表达特点，对后测中作为实验对象的被试 A 在被输入汉语经典语篇后由此所产生的修辞仿写现象，与作为对照对象的被试 B 自发写作的修辞句式进行了具体比较和分析。最后就汉语写作教学提出了建议。

关键词：汉语作为二语写作教学；汉语经典语篇；韩国留学生；汉语作文；修辞

以汉语作为二语的学习者是否需要学习汉语修辞？汉语修辞能否帮助他们提高书面语表达水平？从目前的对外汉语教学来说，"一方面，现实的汉语中存在着大量的修辞现象……而另一方面，我们的教材及课程中又不能提供给学生足够的、有关修辞方面的感性知识与理性知识。这就出现了教学与实际、教学与考试相脱节的现象"[1]。

图式（schema or scheme）是"篇章语言学及语篇分析中构成篇章（text）或语篇（discourse）的底层结构（underlying structure）"[2]，不同的修辞格有着不同的"图式"。我们推想，如果组织留学生在写作课上习得汉语修辞格的表达意象和形式，应该有助于留学生更充分地表达思想感情，能更好地完成书面话语交际活动。鉴于"目前看到的成果却鲜有实证性研究，修辞学亟须加强实证性研究"[3]，为了实证这一设想，本文尝试基于个案调查所得的汉语作文语料，使用定量和定性分析相结合的方法，通过控制实验条件获取真实数据和原始素材，对来自韩国的两位汉语学习者的汉语语篇修辞行为进行考察和研究。

---

[1] 陆庆和：《对外汉语教学中的修辞问题》，《语言教学与研究》1998 年第 2 期。
[2] J. Richards, J. Platt and H. Weber, *Longman Dictionary of Applied Linguistics*, London: Longman Group Ltd, 1989, pp.251-300.
[3] 曾毅平：《修辞与社会语用论稿》，中国社会科学出版社，2005 年，第 53 页。

1　经典诗文语篇操练运用于汉语写作修辞格个案实验

1.1　实验对象

本实验中两位留学生均来自韩国，被试 A（丁玟先），女性，22 岁；被试 B（朴海明），男性，23 岁，均来自北京语言大学汉语学院选择"汉语写作"课程，为中级水平的二年级来华留学生，是两个自然平行班的留学生，在学院举行的汉语分班考试中处于同一分数段而被随机安排在两个二年级（下）的平行班级里，其所使用的汉语教材（包括汉语写作教材）完全一样，写作教师均由笔者担任，写作教学时数也完全一样。

1.2　测量工具和实验过程

本研究采用写作测试和访谈两种方式进行。

1.2.1　实验过程

实验过程如表 1 所示。

表 1　实验过程

个案实验		前测	实验处理	后测
被试 A	实验对象	√	√	√
被试 B	对照对象	√	（无）	√

1.2.1.1　写作前测（110 分钟）

为了了解两位被试写作学习的原始水平，实验前，测试者分别对被试 A、B 进行了写作前测，内容均为看完七幅图后对图画内容进行连续构思，然后写作 400～600 字记叙文《失而复得》。教师布置写作内容和要求后，完全由其自行写作、完成任务，教师不介入写作过程。作文见例（1）、（2）[1]：

（1）有一天，爷爷以取生活费去银行取钱。爷爷取钱时，女银行员说："爷爷，请收好钱。"爷爷听了银行员话后，他也想'钱可得放好阿！'所以他把钱放在他带来地黄土色的包里。爷爷知道他自己最近很容易丢东西，所以他放钱以后，再次看一看钱放好。/爷爷带了包后出来了银行回家。爷爷慢慢地走着看周围地风景。天气也太好，暖和地太阳、好凉快地风。爷爷看见了一张长椅，爷爷想坐长椅休息。爷爷旁边放了包休息。他休息后，回家去了。但是，他忘了带上包，回家了。/有一个工作人吃饭后散步的时发现了长椅上的一个黄土色的包。他看了包，他不知道是谁的包。所以他去了附近的公安局。他对警察说："这是我在附近公园的一张长椅上发现的包。我不知道是谁的包。所以带来了。"警察说："好，我帮你找那个包的主人。谢谢你。"然后男人走了。那个男人走后，

---

[1] 本文所举韩国留学生的作文完全保留了其作文原样，没有进行过改动。

警察打开了那个包，找一找身份证。警察找到了包里的身份证。他看了身份证里写的地址。所以他去了爷爷的家。/爷爷回了家。他回家后才发现丢了包。所以他在家不知道怎么办。那时，谁敲门。爷爷打开了门。有一个警察带上了他的黄土色的包！警察说："有一个善良的男人发现了您的包后带来了公安局。爷爷以后别忘了带上包。"爷爷听后太感谢了那个男人和警察。爷爷说：'谢谢。我以后一定要主意，谢谢你们。'爷爷觉得今天天气很暖和，心更暖和的天。（被试A写作的《失而复得》）

（2）那一天一个年龄高的老人，他要去银行取钱。他拿钱以后，把钱放在抱里边儿，他的心里马上就会舒服一些。/他走路的时候，身体比较放松所以坐在公园里的椅子休息一下儿。但是他休息完了之后忘掉了带抱。大概一个小时以后一个男孩儿来那个椅子了。他偶然看到黑色的抱。拉开拉链就发现很多钱。看钱后突然想起来，自己的兄弟。因为他们常常为了他的成功，所以放弃自己的梦想。这原因都是跟钱的关系。拿这些钱就他自己的烦恼都没有。他犹豫了三十分钟，决定怎么做，就是去警察，报案这件事。/马上去警察给他们这个抱。然后自己称赞了自己，这是很有道理，做的很好。/警察发现这抱里边的钱，ID卡。ID卡里边写上名字，地址，电话号码。/看了之后给老人打个电话，让他过来拿一下儿自己的抱，来了之后警察查到他的身分，就给他这个抱。老人掉了这个抱的时候，他一个也想不起来，做什么，干什么。但是冬于找到了这抱，觉得很放松，他拿着抱很开心得走路回家。（被试B写作的《失而复得》）

1.2.1.2 汉语经典语篇输入活动（110分钟）

"选用什么样的语言材料，采用什么样的修辞方式，达到什么样的修辞效果"[1]，是修辞着力阐述的三个问题，我们设计测试者和被试A在一对一自然情境下辅导其阅读现代文学经典名篇朱自清的散文《春》，并做练习：

练习一：
1．利用教室配置的多媒体视听朱自清《春》散文配乐朗诵音像
2．要求被试默读或朗读朱自清《春》散文。
3．要求被试用书面形式简要回答若干问题。

练习二：
1．仿写造句（仿写增字扩展式对偶句）。
2．运用范文中的好句子，将留学生作文中的口语化语段改写成书面语。

而被试B作为对照个案，不施行范文讲解教学。

1.2.1.3 写作后测（110分钟）

两位被试的后测写作要求完全一样，都是要求留学生根据自己对春天的观察和感悟，写作一篇关于春天话题的汉语作文。作文见例（3）、（4）：

（3）有一天，我站起身去拿杯子，想给自己倒杯水，顺便向窗外望了一眼，樱花一点点开花了。寒冷的冬天过去了，春天一步一步地来了。/所有的人都盼望着等待春天来。我也盼望春天快来。我觉得春天是春、夏、秋、冬这四个季节中最美的季节是春天，还有我最喜欢的季节也是春天。因为春天是第一个季节。春天好像给我重新开始的机会。前年，去年我不能实现的，我要改正的等等，春天来，我重新开始挑战。/还有我最喜欢

---

[1] 黄伯荣、廖序东主编：《现代汉语》，高等教育出版社，1991年，第208页。

春天的原因是，春天好像动画片一样。动画片里画家画用很变清的颜色画了小小的、嫩绿的树叶、黄色的、粉红色的、白色的……颜色丰富的花、非常好看。那就是像春天的风景一样美丽。有一个韩愈的诗曲。"草树知春不久归，百般红紫斗芳菲。杨花榆荚无才思，惟解漫天作雪飞。"那首诗是比喻了春天满园的美丽的风景。/最后，我喜欢春天的原因是"吹面不寒杨柳风，不错的，像母亲的手抚摸着你，风里带着些新翻的泥土的气息，混着青草味儿，还有各种花的香，都在微微润湿的空气里酝酿。"这是朱自清的《春》里他写的。我一看这遍文章就觉得跟有记得春风的感情一样。我很喜欢吹面不寒杨的春风。中午，吃饭后躺在闪太阳的有大窗户的房间里看书的时候，太阳很暖暖的闪着我，带着青草味儿，好香的花味儿的风微微着吹了我的脸。太舒服了，真的像妈妈的手抚摸着我一样的感觉。/我觉得春天真是一个魅力的季节，让我醉的季节。（被试 A 写作的《春天来了》）

（4）来了春天，天上有飞云好像棉花糖一样。/我看它的时候，它画出来以前最爱的一个女孩儿，很想念她。/走路的时候，春天的光芒向我下来了。我就感到现在我站在原来自然里边而我自己变化了太阳，我的感情也是变化温暖了。/那样的时候，我很想去我的国家，在韩国有我的父母，春天的时候我的家太温暖了，因为父母爱着我而且我以为春天是天上神爱着世界上的人，所以给他们一个礼物。我感觉春天是真幸副的一个季节。/走路的时候常常看着一对儿，他们紧紧跟着一起，我感觉他们是一对花，可能世界上最美的一个风景。他们互相拉着手，抱着，哈哈笑了起来，何必还要说吗？他们是最美的。/花呀。春天最美的吧。/草呢？草是好像常常向世界挑战的青年人，他们不知道放弃，跑着跑着自己的梦想。/草也是过去了太困难的冬天，来春天又活着起来，所以它们都是一样的。/在街上刮了春天的风，风吹拂我的身体的时候，感觉很凉快而且发现花粉的时候很美丽。这个都是因为刮风所以我感谢春天的风。/过了冬天之后来春天。人们都感觉亲副，有生动感，生物，植物都是活着活着，真的开心。突然我的脸上出来微笑，我感谢现在我在世界上活着，因为我现在活着结果喜迎了最美的春天。（被试 B 写作的《春天里》）

1.2.2　访谈

写作测试之后进行问卷调查，调查受试者对该写作实验的看法及个人汉语写作用语习惯。该问卷可作为参考，与测试中得到的结果进行比照。

1.2.3　作文评分

对留学生在专题式经典诗文修辞手段学习前后的作文，分别从内容思维、篇章组织及句子复杂流利程度等三方面进行评分，即语言分、结构分及内容分，三项总和即为总分，用以测量留学生汉语作文的质量。

2 汉语经典语篇输入实验成绩统计

2.1 前测中作文成绩统计

实验前测中,两位被试的写作成绩统计结果如表 2 所示。

表 2　实验前测中两位被试作文成绩的描述统计

被试	平均分	语言	结构	内容	字数
实验对象 A	76.3	61	82	85	554
对照对象 B	74.3	56	82	85	395

在前测中,这两位来自同一年级的留学生写作水平存在一定差距。实验对象 A 平均成绩(76.3 分)略高于对照对象 B(74.3 分)2 分,其中语言成绩差距最大(5 分),结构、内容方面 A 与 B 一样。

2.2 后测中作文成绩的统计

实验后测中,两位被试的写作成绩统计结果见表 3。

表 3　实验后测中两位被试作文成绩的描述统计

被试	平均分	语言	结构	内容	字数
实验对象 A	87.3	86	86	90	570
对照对象 B	81.3	68	88	88	494

在后测中,我们发现被试 A 经过语篇输入式训练,成绩大幅度提高,平均分高于前测 11 分。尤其语言成绩较前提高了 25 分,结构、内容也分别较前提高了 4、5 分;被试 B 平均分比前测进步了 7 分,语言比前测进步了 12 分,结构、内容分别较前增加了 6 分和 3 分。

3 修辞格习得实验结果统计与分析

3.1 前测作文《失而复得》中出现的修辞格现象及分析

前测中两位被试在作文《失而复得》中使用的修辞格统计情况如表 4 所示。

表 4　两位被试在前测《失而复得》修辞格使用统计

被试	性别	示现	摹绘	拈连	排比
被试 A	女	5	2	1	0
被试 B	男	6	2	0	1

前测《失而复得》中两位被试作文中出现的修辞格情况如表 5 所示。

表 5　前测《失而复得》中两位被试作文中具体出现的修辞句式

修辞格	被试 A	被试 B
示现	（1）有一天，爷爷以取生活费去银行取钱。爷爷取钱时，女银行员说："爷爷，请收好钱。"爷爷听了银行员话后，他也想'钱可得放好阿！' （2）爷爷看见了一张长椅，爷爷想坐长椅休息。爷爷旁边放了包休息。他休息后，回家去了。但是，他忘了带上包，回家了。 （3）有一个工作人吃饭后散步的时发现了长椅上的一个黄土色的包。他看了包，他不知道是谁的包。所以他去了附近的公安局。 （4）那个男人走后，警察打开了那个包，找一找身份证。警察找到了包里的身份证。他看了身份证里写的地址。所以他去了爷爷的家。 （5）爷爷回了家。他回家后才发现丢了包。所以他在家不知道怎么办。那时，谁敲门。爷爷打开了门。有一个警察带上了他的黄土色的包！	（1）那一天一个年龄高的老人，他要去银行取钱。 （2）他走路的时候，身体比较放松所以坐在公园里的椅子休息一下儿。但是他休息完了之后忘掉了带抱。 （3）大概一个小时以后一个男孩儿来那个椅子了。他偶然看到黑色的抱。拉开拉链就发现很多钱。 （4）看钱后突然想起来，自己的兄弟。因为他们常常为了他的成功，所以放弃自己的梦想。这原因都是跟钱的关系。拿这些钱就他自己的烦恼都没有。（悬想） （5）他犹豫了三十分钟，决定怎么做，就是去警察，报案这件事。 （6）看了之后给老人打个电话，让他过来拿一下儿自己的抱，来之后警察查到他的身分，就给他这个抱。
摹绘	（1）所以他把钱放在他带来地黄土色的包里。爷爷知道他自己最近很容易丢东西，所以他放钱以后，再次看一看钱放好。 （2）爷爷慢慢地走着看周围地风景。天气也太好，暖和地太阳、好凉快地风。	（1）他拿钱以后，把钱放在抱里边儿，他的心里马上就会舒服一些。 （2）但是冬于找到了这抱，觉得很放松，他拿着抱很开心得走路回家。
排比		ID卡里边写上名字，地址，电话号码。
拈连	爷爷觉得今天天气很暖和，心更暖和的天。	

从表 4 和表 5，我们看到两位韩国留学生关于修辞格知识的掌握情况差不多。在示现手法使用上，被试 B（6）比被试 A（5）稍多；在摹绘方法的使用上，双方一样（均为 2）；此外，双方各有所长，被试 A 使用了 1 个拈连修辞格；而被试 B 似乎擅长使用

排比句（1）。

总之，两位被试在修辞格运用上无显著差异。

3.2 后测作文《春天里》出现的修辞格现象及分析

后测中两位被试在作文《春天》里使用的修辞格统计情况如表6所示。

表6 两位被试在后测《春天》里修辞格使用统计

姓名	性别	摹绘	比喻	比拟	引用	层递	排比	通感	设问	示现	借代	拈连
被试A	女	5	4	4	2	1	1	1	0	1	0	0
被试B	男	6	5	4	0	0	0	0	2	2	1	1

后测《春天里》两位被试作文中出现的修辞格情况如表7所示。

表7 后测《春天里》两位被试作文中具体出现的修辞句式

修辞格	被试A	被试B
摹绘	（1）动画片里画家画用很变清的颜色画了小小的、嫩绿的树叶、黄色的、粉红色的、白色的……颜色丰富的花，非常好看。 （2）寒冷的冬天过去了，春天一步一步地来了。 （3）那首诗是比喻了春天满园的美丽的风景。 （4）风里带着些新翻的泥土的气息，混着青草味儿，还有各种花的香，都在微微润湿的空气里酝酿。 （5）吃饭后躺在闪太阳的有大窗户的房间里看书的时候，太阳很暖暖的闪我，带着青草味儿，好香的花味儿的风微微着吹了我的脸。	（1）春天的光芒向我下来了 （2）他们紧紧跟着一起 （3）他们互相拉手，抱着，哈哈笑了起来 （4）他们不知道放弃，跑着跑着自己的梦想。 （5）在街上刮了春天的风，风吹拂我的身体的时候，感觉很凉快而且发现花粉的时候很美丽。 （6）突然我的脸上出来微笑
比喻	（1）春天好像动画片一样。 （2）颜色丰富的花、非常好看。那就是像春天的风景一样美丽。 （3）我一看这遍文章就觉得跟有记得春风的感情一样。 （4）太舒服了，真的像妈妈的手抚	（1）天上有飞云好像棉花糖一样（明喻） （2）我就感到现在我站在原来自然里边而我自己变化了太阳（暗喻） （3）我感觉他们是一对花（暗喻） （4）可能世界上最美的一个风景（暗喻） （5）草是好像常常向世界挑战的青年人（明喻）

比拟	摸着我一样的感觉。 （1）寒冷的冬天过去了。 （2）春天一步一步地来了。 （3）太阳很暖暖的闪着我。 （4）太舒服了，真的像妈妈的手抚摸着我一样的感觉。	（1）来了春天。 （2）（飞云）它画出来以前最爱的一个女孩儿 （3）春天的光芒向我下来了。 （4）生物，植物都是活着活着，真的开心。
引用	（1）"草树知春不久归，百般红紫斗芳菲。杨花榆荚无才思，惟解漫天作雪飞。"那首诗是比喻了春天满园的美丽的风景。 （2）"吹面不寒杨柳风，不错的，像母亲的手抚摸着你，风里带着些新翻的泥土的气息，混着青草味儿，还有各种花的香，都在微微润湿的空气里酝酿。"这是朱自清的《春》里他写的。	
层递	前年，去年我不能实现的，我要改正的等等，春天来，我重新开始挑战。	
排比	动画片里画家画用很变清的颜色画了小小的、嫩绿的树叶、黄色的、粉红色的、白色的……颜色丰富的花、非常好看。	
设问		（1）何必还要说吗？他们是最美的。 （2）草呢？草是好像常常向世界挑战的青年人。
示现	有一天，我站起身去拿杯子，想给自己倒杯水，顺便向窗外望了一眼，樱花一点点开花了。	（1）我看它的时候，它画出来以前最爱的一个女孩儿，很想念她。（悬想） （2）我就感到现在我站在原来自然里边而我自己变化了太阳，我的感情也是变化温暖了。（悬想）
通感	太阳很暖暖的闪着我，带着青草味儿，好香的花味儿的风微微着吹了我的脸。	
借代		走路的时候常常看着一对儿
拈连		我就感到现在我站在原来自然里边而我自己变化了太阳，我的感情也是变化温暖了。

　　从表6和表7，我们看到后测作文中出现的修辞格既丰富又呈复杂状态。前测作文仅出现了示现、摹绘、拈连和排比等4种修辞格，而后测作文则出现了摹绘、比喻、比拟、引用、层递、排比、设问、示现、借代和拈连等10种修辞格。从表4和表6，我们

看到，被试 A、B 在后测中的修辞手段（分别为 8 种、7 种）明显比前测（各有 3 种）丰富很多。

从表 6 看，两被试对摹绘、比喻、比拟修辞格使用最多，对照表 9，朱自清的《春》也是比拟、排比、比喻、摹绘较多，可见这几种修辞格无论中国还是韩国，都是普遍使用的修辞格。

3.2.1 被试 A

被试 A 的后测作文中出现了 8 种修辞格，出现了很多类似于范文中出现的富于汉语特色的修辞意象和修辞格（表 8）。

表 8　被试 A 后测作文中修辞现象与所读汉语经典诗文的渊源

被试 A	朱自清《春》	唐诗
寒冷的冬天过去了，春天一步一步地来了。	山朗润起来了，水涨起来了，太阳的脸红起来了。	
动画片里画家画用很变清的颜色画了小小的、嫩绿的树叶、黄色的、粉红色的、白色的……颜色丰富的花、非常好看。	红的像火，粉的像霞，白的像雪。	
太阳很暖暖的闪着我，带着青草味儿，好香的花味儿的风微微着吹了我的脸。太舒服了，真的像妈妈的手抚摸着我一样的感觉。 我一看这遍文章就觉得跟有记得春风的感情一样。 "吹面不寒杨柳风，不错的，像母亲的手抚摸着你，风里带着些新翻的泥土的气息，混着青草味儿，还有各种花的香，都在微微润湿的空气里酝酿。"这是朱自清的《春》里他写的。	"吹面不寒杨柳风"，不错的，像母亲的手抚摸着你，风里带着些新翻的泥土的气息，混着青草味儿，还有各种花的香，都在微微润湿的空气里酝酿。	
"草树知春不久归，百般红紫斗芳菲。杨花榆荚无才思，惟解漫天作雪飞。"那首诗是比喻了春天满园的美丽的风景。		【唐】韩愈《晚春》："草树知春不久归，百般红紫斗芳菲。杨花榆荚无才思，惟解漫天作雪飞。"

从表 8，我们看到被试 A 的后测作文《春天来了》在修辞意象和修辞格的使用上的确颇似作为范文的朱自清的《春》（表 9）。

表9 朱自清《春》中所用修辞格统计

修辞格	比拟	排比	比喻	摹绘	对偶	引用	回环	通感	示现（悬想）
数量	10	9	7	4	3	2	1	1	1

3.2.2 被试B

被试B作文中采用了7种修辞格。被试B是位韩国基督教徒，其修辞内容和表现形式明显受到西方基督教文化影响，比较西化。其后测作文中缺少引用、层递、排比和通感，但是却使用了被试A所没使用的设问、借代和拈连，修辞手段也较丰富，而且表现得更加活泼与自由。

3.3 实验分析

（1）范文提供的修辞格可激发起学习者有意识仿写的言语策略意向。从表8，我们看到被试A后测作文中所用修辞格意象及形式都明显受到范文的影响和暗示。形式图式乃指"有关文本各种修辞结构的背景知识"[1]。当被试A接受"像母亲的手抚摸着你"这一范文修辞格信息时，为其造句活动提供了可以类比的结构模式，通过"阅读—写作"产生"输入—输出"的方式，形成心理上的类比映射，激发起模拟的言语策略意向，通过"感知信息→产生动机→预设方式→选择范畴→展开联想→确定本体→类推创造→构成仿体"，借助心理图式和先在经验的引导，"太阳很暖暖的闪着我……"便脱颖而出。

然而作者并非简单套用，而是将自己特殊的心理感受渗透到春景中，是"浸染着主体情绪的内在心象的物态化，完成了物象向意象的飞跃"[2]。

（2）修辞格仿写中被试被激活的图式是可进入长时记忆被不断提取的图式。当学习者想象出将要学习的修辞格的代表物时，记忆发生；且源文章的结构及主体对源文章结构的把握越清晰，对目标文章结构的映射效应就越显著，即"外部刺激→感觉记忆→（编码组块）短时记忆→（编码图式）长时记忆"，逐渐形成一种渐趋稳定的心理结构，从而形成明确意识，深层次进行仿写的迁移。

图式是以等级层次形式储存于长时记忆的一组相互作用的知识结构或认知能力的建筑砌块[3]。被试A从《春》中获得修辞格信息，分别与头脑中关于春天的图式匹对形成框架，写作时在大脑中搜索相关图式，激活与该图式相关的框架元素进行编码，这种被激活的图式就可以被不断提取了。

（3）仿写修辞格过程是二语学习者接受目的语文化适应的过程。"'文化适应'（aculturation）是学习者不断适应目的语文化的过程。文化适应并非文化同化，因为学习者在第二语言与文化的习得过程中无需放弃自己的母语和母语文化，但'适应'却是必需的。"[4]被试A在跨文化交际中，在对汉语文化意象有所了解后，改变了自身的民族

---

[1] D. E. Rurnelhart,"Representation of Knowledge", in A. M. Aitkenhead & J. M. Slack eds., *Issues in Cognitive Modelling*, London: Lawrence Erlbaurn Associates Ltd, 1985.

[2] 骆小所著：《现代修辞学（修订版）》，云南人民出版社，2000年。

[3] D. E. Rurnelhart, "Representation of Knowledge".

[4] D. Blackmore, *Understanding Utterance*, Oxford: Blackwell, 1987, pp.112-113.

文化色彩，采取了与汉语语篇相同的思维模式，显示出地道性；但在一定程度上影响了自身源语民族文化色彩的传达。访谈发现，其虽让其他二语学习者羡慕，但在目的语者看来，不免有点"陈词滥调"、"过熟"的感觉。

（4）值得探讨的是，被试 B 保留了篇章中原有的韩民族和西方文化融合的色彩，访谈中，不少目的语者表示感到"耳目一新"，"闪烁着异域奇异亮丽的色彩"。被试 B 作文的意向读者虽然只以自己的文化为基础，但由于汉韩两国文化差异不大，我们也能理解其中预设的文化信息，觉得它带来了异文化的美学享受，为汉语语篇提供了更多的表达手段和方法，促进了不同文化的深层理解和交流。

4 结束语

人们对语篇的连贯理解有赖于大脑中的图式知识，而图式具有共同性和差异性。正因为图式有共同性，被试 A 才能快速习得汉语修辞格；图式是在经验中形成的，在不同文化语境中的学习者也会具有不同的图式知识，因此，被试 A、B 的经验存在着差异。

具有中国书面语特色的修辞方式多次在被试 A 作文中出现，增添了其作文中地道的"中国味"，由汉语修辞格迁移而来的修辞意象和形式，令其产生了一种"腹有诗书气自华"的魅力。可见，对经典诗文的阅读和相关操练有助于提高留学生书面表达的能力。但是，范文中的修辞意象和句式对留学生在产生积极作用的同时，也对留学生的想象、思维产生了一定限制；保留源文化语言中的修辞色彩则会让写作者在想象力和对修辞格的运用上显得更加自由，并给读者带来或耳目一新或不知所云的效果。

虽然本次个案研究样本过少，有待继续开展较大规模的实验，以检验其统计和推广意义，但以管窥豹，反映出了加强汉语修辞格教学的意义。

参考文献

黄伯荣，廖序东. 现代汉语[M]. 北京：高等教育出版社，1991.

陆庆和. 对外汉语教学中的修辞问题[J]. 语言教学与研究，1998（2）.

曾毅平. 修辞与社会语用论稿[M]. 北京：中国社会科学出版社，2005.

骆小所. 现代修辞学（修订版）[M]. 昆明：云南人民出版社，2000.

Richards J，Platt J and Weber H. Longman Dictionary of Applied Linguistics[M]. London：Longman Group Ltd，1989．

Blackmore D. Understanding Utterance[M]. Oxford：Blackwell，1987.

Rurnelhart D E. Representation of Knowledge[M]// Aitkenhead A M & Slack J M. Issues in Cognitive Modelling. London：Lawrence Erlbaurn Associates Ltd，1985.

吴双，北京语言大学汉语学院

ffweids@yahoo.com.cn

语言对比分析的技术应用
——基于对韩汉语语法教学

周小兵

摘　要：本文结合韩汉语法对比实例，从技术运用层面，讨论如何操作语言对比分析。首先探讨语言对比模式的价值。接着分析传统对比模式的使用与不足，探讨在使用等级模式时如何融合语义元素。重点论述实用型语言对比分析的流程，即技术运用层面的六个步骤：发现问题，明确目标，收集语料，逐项比对，多层解释，教学建议。

关键词：对比分析；等级；逐项比对；多层解释

由于顺摄抑制，先学知识会影响后学知识；成人学习第二语言，第一语言会产生影响。汉语和韩语语法有不少区别，造成韩国人汉语学习的困难，诱发系统性偏误。例如：

（1）*汉城是在韩国的第一大城市。
（2）*学校一点远。
（3）*我一个小时散步了。
（4）*我找过三次他。
（5）*我比他很高。

为什么会出现这些偏误呢？韩汉两种语言有什么差异和规则？适当对比两种语言，就会得出明确答案。以上偏误大多跟韩语负迁移有关。请对比：

（1′）　서울은　　한국에서　　제일 큰　　도시　이다.
词译：首尔添意助词韩国处所格　第一　大的　城市　是
句译：首尔是韩国第一大城市。

（3′）　나는　한 시간 동안　산책했다.
词译：我添意　一　小时　期间　散步过去时
句译：我散了一小时步。／我散步散了一个小时。

可看出例（1）误加"在"，来源于韩语处所格词尾"에서（在）"。例（3′）"한 시간 동안"在动词前，"一小时"在动词后；同一语义单位在两种语言中位置不同，诱发偏误（3）。结合成年人学习特点，系统对比韩汉语法，找出两种语言的规则，可以找出学习难点和偏误的部分原因，促进教和学。

正如苏轼（《题西林壁》）所说："横看成岭侧成峰，远近高低各不同。不识庐山真面目，只缘身在此山中。"

本文结合韩国学生学习汉语的常见偏误和典型难点，探讨如何运用对比/难度等级模式，如何具体操作对比分析技术，如何促进具体教学。

1 对比分析的意义与价值

1.1 推进外语教学

对比分析假说（contractive analysis hypothesis）是服务于外语教学的。该理论创始人之一拉多（R. Lado）说：对比学生母语和外语，可定位学习困难，可以有针对性地实施教学。

两种语言有同有异。相同处可以产生正迁移，促进学习；不同处会产生负迁移，造成困难，诱发偏误。外语教学应系统对比两种语言的异同，确定教学难点和重点，进行针对性教学。如弗里斯（C. Fries）系统对比英语和其他外语，编写出针对不同母语者的英语教材，推动了英语教学在不同语区的发展。

从例（1'）可以看出，韩语格助词"에서（에）"跟汉语介词"在"不是一一对应的。处所词充当定语时，汉语一般不用"在"。相关语法点，韩汉还有一些异同：

（6）그는　　의자에　앉아　있다.
词译：他添意　椅子处所格　坐持续　着
句译：他坐在椅子上。

（7）싱가포르에서　나는　비금원을　참관했다.
词译：新加坡 处所格　我添意　飞禽园宾格　参观过去
句译：在新加坡，我参观了飞禽园。

处所短语，如果表示行为发生的地方，都可以在动词前，甚至主语前，如例（7）；如果表示动作发生后某人某物到达点，韩语还是在动词前，汉语在动词后。

汉语教师了解这些异同，对成人教学就可以适当讲解，适量操练。相同处利用正迁移，少讲少练；不同处精讲巧练，凸显差异，适当练习，让学生掌握规则，减少负迁移。

1.2 推进语言本体研究

只在一种语言内部探求规则，难度相当大。如果在两种之间进行对比，角度多样，相对容易一些。

对汉语"在"字句和韩语相关句式系统对比，可以发现不少规则（李炅恩，2011）。"在+处所"有三种意义：一表示动作、状态在某处存在，二表示动作施事或受事通过动作达到某处，三表示动作在某处发生。这分别对应韩语"处所词+에/에서"中的"에$_1$、에$_2$、에서"：

（8）他在首尔住。/ 他住在首尔。
　　　그는　서울에　산다.
词译：他添意　首尔处所格　住
（9）男孩倒在了地上。
　　　사내아이는　바닥에　쓰러졌다.

词译：男孩添意　　地处所格　　倒过去时

（10）他在篮球场上打球。
　　　　그는　농구장에서　농구를　쳤다.
词译：他添意 篮球场处所格 篮球宾格 打过去时

例（10）"在"表动作发生位置，对应"에서"。

例（8）"在"表存在位置，对应"에 $_1$"；例（9）"在"表动作到达点，对应"에 $_2$"；例（10）"在"表动作发生位置，对应"에서"。韩语에的意义取决于谓语动词的语义（持续义和非持续义）；汉语"在"的意义取决于所处位置（谓语前后）。朱德熙（1982）曾讨论过相关"在"字句：

（A）在椅子上坐着（B）坐在椅子上

通过转换可以把（A）分成两类。能转换为（B）式的是(A_1)，不能转换的是（A_2）：

（11）在床上躺着——躺在床上
（12）在河里游泳（*游泳在河里）

汉语用介词结构的不同位置来区分两种句式。韩语处所结构都在谓语动词前，区分（A_1）和（A_2），主要靠后置词（助词）的不同：

（11'）在床上躺着。
　　　침대에　누워있다.
词译：床处所格 躺　着

（12'）在河里游泳。
　　　강에서　수영한다.
词译：河处所格 游泳现在

例（11'）"在"对应"에"，表示动作后人或物到达地。例（12'）"在"对应"에서"，表示动作发生地点。

通过双向对比，我们对汉语、韩语相关句式的形式和语义有了更加清晰的把握。

2　对比/难度等级的改革

2.1　传统对比分析等级模式

以往语言对比等级（degrees）一般根据对比情况分成6级（Cliford Prator，1967；Rod Ellis，1985）。以下用韩汉语言对比的例子进行解释。

2.1.1　韩语和汉语无差异

一些个体量词用法接近，如"장-张"。很多定中结构、状中结构，修饰语和中心词的位置一样。例如：

（13）a. 학교 도서관　　b. 매우 깨끗하다
　　　　学校 图书馆　　　很　干净

这类对比情况归为对比等级1级，困难等级0级。学习时只要把母语迁移过来即可。

2.1.2 韩语两个或多个语言点对应汉语一个语言点

例如"哥哥",韩语根据说话人性别不同,有男称형、女称오빠两个词。学习者只要把韩语两个语言单位对应于汉语一个语言单位即可。此类情况对比等级2级,难度等级1级,偏误少。

2.1.3 韩语某语言点在汉语中不存在

例如韩语多种格助词,如主格助词"이/가"、宾格助词"을/를"、对象格助词"에게"等。汉语没有。此类情况对比等级3级,困难等级2级。学习者有时不清楚汉语中某个名词成分相当于韩语的什么格,在理解时可能出现困扰。

2.1.4 韩语某语言点在汉语的等值项分布不完全相同

例如韩语和汉语的被动句、差比句,形式有同有异。下边对比关联成分的使用情况:
(14) 그녀는 예쁘고 착하다.
词译: 她添意 漂亮并列 善良
句译: 她又漂亮又善良。
(15) 그는 선생님이 아니고 학생이다.
词译: 他添意 老师主格 不是并列 学生是
句译: 他不是老师,而是学生。
(16) 그가 안 오더라도 배는 출항 할 것이다.
词译: 他主格 不 来连结 船添意 出港 会
句译: 即使他不来,船也会出港。

相同处:关联成分在两种语言中都可以放在被关联的成分之间。不同处:①韩语关联成分只放在前一分句谓词后面,功能近似语尾;汉语关联词有的在谓语前当副词,有的在主语前当连词,如例(16)。②韩语关联成分单个使用;汉语关联词有些配对使用,如例(16)。③汉语关联成分数量比韩语多,会出现两个或者多个关联词对应韩语一个关联词的情况,如例(14)、(15)。此类情况对比等级4级,困难等级3级。由于分布有同有异,学生容易出现以下偏误:
(17) a. *她很漂亮而聪明。
　　 b. *虽然他很努力,没有完成任务。

2.1.5 韩语没有,汉语有的语言点

例如汉语有补语,有动宾离合词,韩语没有。例如:
(18) a. 그는 기쁘게 노래한다.
词译: 他添意 高兴地 唱歌
句译: 他们唱得很高兴。

（19）우리는 오전에 선생님을 만났다.

词译：我们添意 上午 老师宾格 见面过去时

句译：我们上午跟老师见面了。

此类情况对比等级5级，困难等级4级，偏误比较多。如：

（20）a. *他们很高兴地唱歌。　　　b. *我们上午见面了老师。

2.1.6 韩语一个语言点对应汉语多个语言点

例如"조금"对应汉语"一点、有点"等：

（21）a. 밥을 조금 먹었다.

词译：　饭宾格 一点 吃过去时。

句译：吃了一点儿饭（吃饭吃得很少）。

　　　b. 학교가 조금 멀다.

词译：　学校主格 有点 远

句译：学校有点远。

学习者不知道哪种条件下使用哪一个，容易出现偏误：

（22）a. *饭我一点吃了。　　　b. *我一点矮。

这类情况对比等级6级，困难等级5级，学习难度最高，偏误最多。

2.2 语义与等级模式的应用

据传统对比分析观点，语言差异越大，学习困难越大，偏误越多。但从外语学习事实看，情况并非那么简单。表层形式差异不那么大的语言点，有时学习难度更大，错误更多。对比分析仅从形式出发，无法涵盖影响外语学习的语言差异现象。

我们认为，语言是形式和意义的结合体，对比分析不能忽视语义。只有引进语义因素，才可能完善对比分析模式，使之更有操作性。"语义"层次很多，除概念意义外，还包括实词表达的格意义（如施事、受事、与事、工具等）、虚词表达的语法意义（如处所、方向、顺承、连接等）、特定语法成分的功能（如主语、谓语等）等。

2.2.1 数量与频率

请对比以下句子：

（23）나는 어제 많은 한자를 썼다

词译：我添意 昨天 多 汉字宾格 写过去时

句译：我昨天写了很多汉字。

（24）작년에 나는 한자를 많이/자주 썼다.

词译：去年时间格 我添意 汉字宾格 多/经常 写过去时

句译：去年我经常写汉字。

韩语"많다（多）"，在名词前作定语时表示"数量多"，如例（23）；在动词前作状语时可以表示"频率高"，如例（24）。汉语"多"，在名词前表示"数量多"时，一般

情况要加"很"成为"很多",如例(23);但是"多、很多"都不能在动词前表示"频率高"。

"频率高"用频率副词"경상/常常"表示。韩语也有跟汉语对应更贴切的"자주";但是"많다"(多)也可以表示频率高,这时需要变形为状语"많이"。

此类情况相当复杂,很难只用基于形式的对比等级。如规则{1},还算传统形式等级:

{1}"자주"对应"经常",对比等级1级。

但这个等级几乎没有解释力。如果真是这么简单,就不会出现以下偏误了:

(25) a. *他去年很多写汉字。　　b. *他很多打篮球。

类似例(25)的偏误,在韩国学生中出现频率很高。同样,类似例(26)的偏误,也常常出现:

(26) a. *A班有多韩国同学。　　b. *我们喝了多啤酒。

这两类偏误,我们只能使用融合语义元素对比等级进行解释了:

{2}"많다"对应汉语"多";作定语表示数量多时,对应"很多"(要变形为"많은");
　　作状语表示频率高时,对应"经常"等(要变形为"많이")。对比难度最高。

这些规则的学习一般有三个阶段:一是学"多",二是学定语位置的"很多",三是学状语位置的"经常/常常"。在第一阶段结束后,学习者可能直接用"多"作定语,出现例(26)的偏误。在第二阶段结束后,知道"많다"在定语位置对应汉语"很多",自然会类推,以为表示频率也可以用"很多",诱发例(25)的偏误。在后两个阶段,母语负迁移一直在起作用。

前边是把"经常"和"多"、"很多"等分开表述。例(23)、(24)中的语言事实,规则{1}、{2}的表述,其实是纠结在一起的。我们尝试用一个更有概括性的等级来描述:

{3}不同的语义(如数量和频率),第一语言可以用相同形式表达,也可以用不同形式表达;第二语言只能用不同形式表达。难度等级最高。

定语位置的数量多和状语位置的频率高,韩语都可以用词根"많(多)"表示(作定语和作状语时词尾形式不同),尽管频率高也可以用"자주(经常)"表达。而在汉语中,定语位置的数量多用"很多"表达,状语位置的频率高用"经常、常常、常"表达。这种形式和语义的不对称,对学习者来说相当难。

可见,融合语义的难度等级{2}、{3},比传统对比等级有解释力,符合二语学习实际。

从{3}还可以看出,数量和频率既有区分度,也有关联度。韩语中,它们可以用相同的语音形式"많"表示,尽管位置上不同;说明其关联度大一些,区分度小一些。在汉语中,它们必须用不同的语音形式表示(而且位置也不同);说明其关联度小一些,区分度大一些。正因为有这些区别,才导致韩国人在学习汉语这一语法点时相当困难。

2.2.2　程度与差量

韩语"많이"修饰形容词时,既可表示程度高,也可以表示差比的量大。例如:

(27) 그는　　(키가)　　매우/많이　크다.

词译:他添意　个子主格　　很/多　　高/大

意译：他很高。

（28）그는　　나보다　　　키가　　많이　크다.

词译：他添意　我添意（比较）　个子主格　多　　高

意译：他比我高多了/很多/得多。

在非对比陈述句（27）中，韩语表示程度高可以用"많이"（词根义"多"），也可以用"매우/너무/아주"（非常、太、很）；汉语不用"多"而用绝对程度副词"很、非常"。对比度量差比句（28）可知，"많이"还可以在差比句中表示差别的量大，位置跟（27）一样，都在形容词谓语前；汉语"多"可以表示差量大，放在形容词谓语后边。这类差异，同样可以用规则{3}解释：

韩国学生先学非对比句，如例（27），知道"많이"可以对译为汉语的"很"；后学差比句，例如（28），以为它在这种句式中也可以对应汉语"很"，容易出现本文开始举出的偏误（5）：

（5）*我比他很高。

差量和程度，也是既有区分也有关联。韩语可用同一形式"많이"表示，位置也相同，说明关联度更大。汉语用不同形式（"很、多"）、不同位置（形容词前后）表示，说明关区分度更大。这正是导致学习困难的原因。

除"많이（多）"之外，"조금（一点/有点）、약간（一些/有些）"都是既可表示数量（差量）也可表示程度。而汉语区分清楚："一点、一些"表示数量，"有点、有些"表示程度。由此看出，汉语和韩语的一些区别是成系统的。

由上述对比、偏误分析可看出，引进语义因素，对比分析容易操作，效果也明显一些。

3 新型对比分析的六个步骤

西方对比分析模式包括四个步骤：①**描写**学生母语和目的语，可依据特定的语言体系；②**选择**特定的语言点进行对比；③**对比**特定语言点，找出两种语言的异同；④**预测**学习中可能出现的错误和难点。

这个模式是从一般到个别，对个体教师或研究者不合适。因为第一，个人很难整体描述两种语言；第二，如何选择语言点，没有明确标准。

根据多年的实践与研究，我们认为，服务于二语教学的对比分析，应采用实用、有效、易操作的新型对比分析程序，包括六个步骤。

3.1 发现问题

对比分析的第一个步骤，就是在实践中发现问题，找出那些难学、难教、偏误比较多的语言点。如以下偏误，是韩国学生容易出现的：

（29）a. *我去到市场了。

b. *学校一点远。

c. *我找过两次他，他都不在。

3.2 确定目标

对发现的问题应进行初步对比，看是否跟母语迁移有关。如例（29a），请看韩语：

（29a'）나는 시장에 갑니다.

词译：我添意 市场处所格 去结束体

处所名词不直接充当"가다（去）"的宾语，必须用后置词"에（到）"引出；汉语"去"的处所宾语不能用"在、到"类等前置词。初学者容易把"에"搬到中介语里。对比可以找到母语负迁移的证据。例（29b）也可从韩语找到痕迹（见例（21））。

韩语"조금"在不同上下文里分别对应汉语"一点、有点"，这是引发学习困难的关键。此类语言点当然需要系统对比。

有的教学难点跟母语关系不大，无需系统对比。如例（29c）意思的韩语表达：

（29c'）나는 그를 두 번 찾았다.

词译：我添意 他宾格 两 次 找过去时

学习者能生成"我找过两次他"，说明他已经知道"他、两次"要放在动词后，母语负迁移并未发生。"他"错位，是不知道动词后既有宾语又有动量词时，应该如何排序。有意思的是，如果学习者只是把"他"、"两次"按照韩语顺序放在动词后，就不会出错。其实，例（29c）的出现，可能是汉语规则泛化在起作用。汉语可以说"我找过两次小张"，容易类推出例（29c）。相关规则是：

{4}动词后出现指人宾语和动量词语时，代词宾语在动量词前；名词宾语可前可后。

这个规则跟汉语信息排列规则密切相关：旧信息倾向放在前边，新信息倾向放在后边。代词（他）是旧信息，应该在前；动量词语（两次）是新信息，应该在后。

总之，对教学中发现的语言难点和偏误，先要进行初步对比，看是否跟母语负迁移有关。确实相关的，才需要系统对比。

人的能力有限。对研究者来说，最好只选某个特定语法点或几个有关联的语法点进行对比。选择对比点的原则有：①偏误频率高；②前人未研究，或还没有研究清楚；③能使用适当的理论、模式、方法；④跟自己的兴趣、能力相适应。例如：

（30）丈夫装了爱妻子的样子，戴了眼镜。他突然转过身一直看妻子，然后脱下眼镜，还说一句："我不戴眼镜。"

这段话中，跟"了"相关的偏误最多，有误代、遗漏等。已有一些相关论著，但对韩国人此类偏误的研究，说服力、解释力还不够。研究跟"了"的习得，可以深化汉语、韩语对比研究；可以使用心理学研究方法和范式，直接促进教学。

3.3 收集语料

确认对比目标后，要较大规模收集语料，为系统对比打好基础。语料包括两类：

（1）中介语语料。除自己收集语料外，还可从中介语语料库中找。北京语言大学、中山大学国际汉语学院、暨南大学华文学院都有公开的语料库，进入该校（院）主页就可以找到。其中，北语HSK作文动态语料库语料最多。中山大学国际汉院连续性中介语语料库包含初中高各级语料，语料库网站为：http://cilc.sysu.edu.cn。

（2）双语语料，即韩语（学生母语）和汉语（目标语）的对应语料。主要收集现有的双语语料，即前人已经翻译好的语料，或者韩译汉，或者汉译韩。最好的办法是找到现成的翻译作品。此外，还可以从各种网站中寻找。如：

21世纪世宗计划韩语语料库：http://www.sejong.or.kr/

首尔大学KKMA世宗语料库活用系统：http://kkma.snu.ac.kr/search

高丽大学民族文化研究所韩语语料库：http://db.koreanstudies.re.kr/

延世大学网站上的韩汉语言对比语料库：http://ilis.yonsei.ac.kr（未对外开放）

沪江韩语学习网站：http://kr.hujiang.com/（可下载韩语电视剧剧本、演讲语料；"韩语学习——韩语阅读部分"有书面语平行语料，含散文、文学、说明文等语体）。

在确定对比目标时，有些语料可由研究者（团队）自己翻译。当确定对比目标后，最好利用双语语料库，避免研究者自己翻译。这是因为研究者翻译水平有限，以及研究者的研究角度、观点会影响翻译的准确性、公正性。

3.4 逐项比对

有了足量的双语（或多语）材料基础，就可以对特定语法点的句式、语篇进行对比。对比，必须是语言单位的逐项比对，以便凸显相同点和不同点。请看以下对比：

（31）소명은 잔디에　　앉아 있다.

词译：　小明添意 草地处所格 坐　持续体

句译：　a. 小明在草地上坐着。／b. 小明坐在草地上。

逐项比对，可明显看出两种语言的差异：处所词语在韩语里只能充当状语；在汉语里可以在动词前当状语，如a句，强调"坐"的状态持续；也可以在动词后当补语，如b句，强调"坐"最后到达的地点；因为"在"的排斥作用，动词后不能用"着"。韩国学生如果不知道动词后"在"字结构对"着"的排斥，就容易产出以下偏误：

（32）*小明坐着在草地上。

可见，只有对语言单位的逐项比对，才能清楚看出两种语言的细微差异，才能给母语负迁移的根源进行明确的定位。本文中的对比，几乎都有对语言单位的逐项比对。

需要强调的，逐项比对一般以学习者母语为起点。先完整展示学习者母语（单句，语段，语篇）；接着逐项比对其中的每一个语言单位，即"词译"、"对译"；最后是整句话、整个语段或语篇的翻译，即"句译"、"意译"。成人学习二语，把母语翻译成目标语时，就容易产生负迁移。因此，服务于二语教学的对比分析，以母语为起点，容易发现迁移的根源。

此外，逐项对比的表达式可以有多种。如例（31）的对比，还可以如下展示：

（31）소명은—— 잔디에 —— 앉아있다.

词译：　小明添意——草地处所格——坐着持续体

3.5 多层解释

比对基础上的多层解释,起码包括两层:第一,找出两种语言的不同规则;第二,找出学习困难、诱发偏误的原因。在解释第二点时,也可以参考对比/难度等级。如(1′):

(1′) 서울은 한국에서 제일 큰 도시 이다.

词译: 首尔添意 韩国处所格 第一 大的 城市 是

句译: 首尔是韩国第一大城市。

综合(1′)、(6)~(12)、(31)的对比,可以概括出以下规则:

{5}韩语处所词后边要紧跟"에서"等处所格助词;汉语处所词如果在判断句中充当定语表示被修饰语的范围、所属,一般不用介词"在"。

同时,可以清楚看出,正是这个区别,诱发成人学习者把韩语中处格助词搬到中介语里,生成了滥用"在"短语的现象的偏误:

(1)*首尔是在韩国第一大的城市。

(32)*昆明是在中国最漂亮的地方。

如果用对比/难度等级解释,这类异同难度等级6级:母语一个语言点,分化为目标语多个语言点。具体来说,韩语에서,有时对应于汉语介词"在"。例如:

(7) 싱가포르에서 나는 비금원을 참관했다.

词译: 新加坡 处所格 我添意 飞禽园宾格 参观完成时

句译: 在新加坡,我参观了飞禽园。

有时对应于空位,如(1′)。再如:

(33) 집에서 손님 한 분이 오셨다.

词译: 家处所格 客人 一 位主格 来了

汉语: 家里来了一位客人。

值得注意的是,从语言学角度看,空位也是一个形式。韩国学生不知道母语中的"에서"何时可以翻译成介词"在",何时根本不用翻译(空位),因此会出现误加"在"的偏误。

3.6 教学建议

结合教学实践,找出特定语法点的最佳教学方法。例如,用什么方法手段,根据什么教学顺序,如何减少负迁移,怎样帮助学习者更好地掌握特定语法点的规则,等等。

例如,例(5)的偏误(*我比他很高)在韩国学生中很常见。原因主要是母语负迁移。其次,学生也没有掌握好相关汉语规则:"很"不能在双向比较句中出现;"比"字句度量差别大,用"很多、多了、得多"等表示。从认知上看,"他比小王高很多"中,有容易混淆的"很",也更容易让留学生受母语影响,生成偏误。

为了提高教学效益,减少负迁移影响,我们可以用以下教学顺序:

（1）先教精确度量差比句，如"哈尔滨比广州冷<u>20度</u>"，"长沙比广州冷<u>3度</u>"。通过适量、多样化操练，使学习者逐步内化度量词语的位置。

（2）再教模糊度量句，如"哈尔滨比广州冷<u>得多/多了</u>"，"长沙比广州冷<u>一点</u>"。通过适量操练，让学生明白，模糊度量也必须放在形容词后边，而不能放在前边。

（3）最后出现差比句的"很多"，如"哈尔滨比广州冷<u>很多</u>"，"他比小王高<u>很多</u>"。由于前两个阶段的教学和巩固教学，学生就不容易把"很"放在形容词前边了。

4 结　语

韩汉语言对比分析，是连接汉韩语言研究的桥梁，是连接语言研究和汉韩二语学习的桥梁，可以促进二语教学，深化二语习得研究，推动汉语和韩语的本体研究。

做好语言对比，关键是要切实掌握、正确运用对比分析技术。不会使用分析技术，没有语言单位逐项比对，对比就很难有实质性成果，很难收到实效。

参考文献

陈珺. 成年韩国人汉语比较句习得研究[M]. 北京：科学出版社，2013.

陈珺，周小兵. 比较句语法项目的选择与排序[J]. 语言教学与研究，2005（2）.

崔健. 韩汉范畴表达对比[M]. 北京：中国大百科全书出版社，2002.

李炅恩. 表示处所的韩国语助词"에"与汉语相应形式的对比研究[M]//周小兵. 中山大学国际汉语教育三十年硕士学位论文选. 广州：中山大学出版社，2011.

柳英绿. 韩汉翻译基础[M]. 延吉：延边大学出版社，2002.

周小兵. 韩汉语法对比与韩国人习得难度考察[M]//韩国中国语教育学会. 中国语教育与研究. 韩国中国语教育学会，2007.

周小兵，钱芳，裴得成. 韩汉对比与对韩汉语教学[M]//崔健，孟柱亿. 汉韩语言对比研究（3）. 北京：北京语言大学出版社，2012.

周小兵，朱其智，邓小宁，等. 非母语者汉语语法偏误研究[M]. 北京：北京语言大学出版社，2007.

朱德熙. 语法讲义[M]. 北京：商务印书馆，1982.

Ellis R. Understanding Second Language Acquisition[M]. Oxford University Press，1985.

Prator C. Hierarchy of Defficulty[R]. University of California，Los Angeles，1967（Unpublished Classroom Lecture，Cited in Brown H，1980）

周小兵，中山大学国际汉语学院，国际汉语教材研发与培训基地
flszxb@mail.sysu.edu.cn

调研报告

韩国高校学生汉语学习现状的调查与思考
——以全北地区为例

林晓凤 陈 明

摘 要：本文在调查了韩国全罗北道全北、圆光、又石和群山等4所大学的汉语教学状况的基础上，就该地区高校学生汉语学习的背景、动机、汉语教学现状、学生的中国印象及对中韩关系的看法等做了初步研究。笔者希望借此研究，可以从量的视角探讨韩国高校汉语教学的亮点、难点和存在的问题，并希望能对今后的韩国汉语教学及对韩汉语教材编写提供参考意见。

关键词：韩国汉语教育；现状；语言与文化；文化教材

韩国大学阶段的汉语教学主要由中国语专业[1]承担实施。据统计，在韩国200多所4年制大学中，有超过一半的大学开设中国语专业或与汉语相关的院系（韩容洙，2004）。笔者所在的全罗北道位于韩国西南部，共有11所4年制大学，其中开设中国语专业的有6所[2]，但西南大学的中国语专业设在忠清南道的牙山校区，因此未计入此次统计范围。剩余5所大学中，笔者选取了全罗北道各城市的代表性大学，分别是全州的国立全北大学，益山市的圆光大学，完州郡的又石大学及群山市的国立群山大学，对这4所大学的汉语教学情况进行了调查。调查主要采用了问卷调查与个别访谈相结合的方式，内容主要包括汉语学习的背景、动机、汉语教学现状、中国印象及中韩交流等。笔者希望借此研究，可以从量的视角探讨韩国高校汉语教学的特点、亮点以及难点，并能对今后的韩国汉语教学及对韩汉语教材编写提供参考意见。

本次调查共发放问卷350份，收回346份，回收率98.86%，其中有效卷323份，占92.29%。通过调查发现，进入大学前有过汉语学习经历，对中国文化的兴趣比较强烈的学习者，学习汉语的热情相对更大。因此，学习兴趣成了占据学习动机首位的内部动机，而跟就业有关的外部动机据第二位。调查结果还表明，目前韩国高校汉语教育的基本现状为：一是语言教学与文化导入未引起足够重视，中国文化的教学缺乏系统性和规范性；二是学生学习汉语比较普遍的难点是语法和汉字，且学生对汉语中的文化因素如俗语、俚语、成语和文化词汇等的理解存在困难；三是学生普遍对中国文化感兴趣，但对当代中国了解不够，希望能有系统的文化教材及灵活多样的教学方式。

基于本次调查结果所反映的问题，我们认为对韩汉语教学应当遵循语言与文化并重

---

[1] 韩国的汉语专业名称各个大学并不统一，本文为了说明方便，统一称为"中国语专业"，而其他专业统称为"非中国语专业"。

[2] 国立全北大学、国立群山大学、全州大学、西南大学、又石大学、圆光大学（按首字母汉语拼音顺序排列）。

的原则,注重文化因素的导入。文化教材的编写应充分兼顾中国语和非中国语专业学生的需要,条件允许的情况下应考虑中韩合作编写教材;教材内容应当注重系统性、规范性,同时应有较强的实用性,以满足学生了解当代中国的需求,更好地帮助学生熟练地使用汉语进行交际;中国文化课的教学形式应多样化,适当增加讲座、网络或其他互动性强的学习方式,强调"有意义的学习";加强中韩两国学生间的交流,为学生的汉语交际提供真实的环境和机会。

1 调查问卷的设计及实施

1.1 问卷背景

本次调查共发放问卷 350 份,收回 346 份,回收率 98.86%,其中有效卷 323 份,占 92.29%。各个学校的汉语学习者情况如表 1 所示。

表 1 全北地区高校汉语学习者基本信息 单位:人

学校	中国语专业			非中国语专业		
	男	女	小计	男	女	小计
全北大学	22	57	79	3	11	14
圆光大学	25	60	85	2	10	12
又石大学	6	12	18	33	24	57
群山大学	22	36	58	0	0	0
小计	75	165	240	38	45	83

本次调查对象共 323 人。其中中国语专业学生 240 人,占 74.30%;非中国语专业学生 83 人,占 25.70%。性别比例为男生 34.98%,女生 65.02%。

1.2 问卷设计与构成

本次调查问卷由三部分构成,共 30 题。各部分的内容既有机联系又相对独立,题型分为客观选择(单选和多选)和开放式问题两种。

问卷的第一部分为汉语学习的背景与动机,主要考察学习者入大学前的汉语学习经历以及汉语学习动机;第二部分为汉语学习现状,包括学生学习汉语的态度、方法、途径及学习汉语的兴趣点、难点等,主要考察学生学习汉语困难的原因以及对中国文化的认识等;第三部分为中国印象与中韩关系,考察学生对中国的总体印象和中韩关系的看法,从宏观角度探析"中国因素"对韩国汉语教学的整体影响。

1.3 问卷的实施与统计

本次调查问卷的正式实施时间为 2012 年 9 月末至 10 月中旬。在正式实施问卷调查之前，笔者先走访了 4 所大学中文系的部分老师和同学，进行了试验问卷调查和访谈，在听取老师同学意见的基础上，经过三次修改，最终确定问卷的内容和实施对象。问卷的实施与完成都是在常规课堂上进行，可信度较高。问卷回收后，将有效数据输入 Excel 表格，然后导入 Spss 进行集中处理。按照中国语专业与非中专业、学校、年级等维度分别进行统计，最后进行全体调查对象的总体分析。

2 问卷调查的结果及分析

2.1 汉语学习的背景和动机

汉语学习的背景，即上大学前有没有学过汉语。调查表明近 70%（表 2）的同学在上大学前有过汉语学习经历。关于汉语学习的动机，55.73% 的人选择了"个人兴趣"，而 25.39% 的人选择了"为了就业"（图 1）。可见，汉语的魅力和学习汉语对就业前途的影响是学生选择学习汉语的最主要原因。

表 2 汉语学习背景

选项	人数/人	百分比/%
是	223	69.04
否	100	30.96
总计	323	100

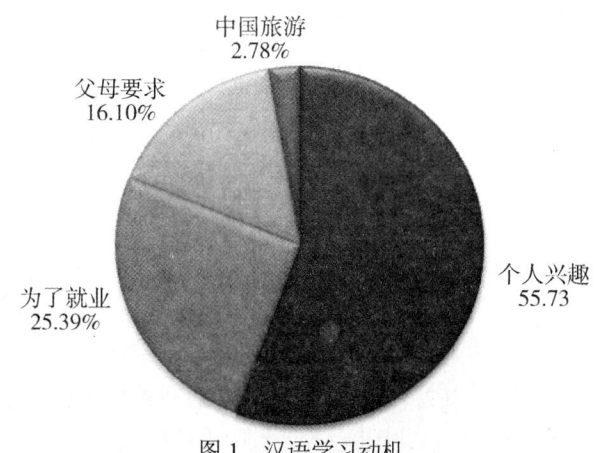

图 1 汉语学习动机

2.2 汉语学习的兴趣点和难点

这部分考察的重点是学生学习汉语的兴趣点和难点，要求学生在拼音、汉字、语法、中国文化四个选项中进行选择。从图2可以看出，每个部分在汉语学习中的兴趣度与难度成反比。例如，49.39%的同学认为在汉语学习中中国文化是最有意思的部分，同时也是最不困难的部分；对汉语拼音感兴趣的比例为31.33%，占第二位，这说明尽管汉语语音在初级汉语教学中是一个难点，但由于汉语声调富于变化、抑扬顿挫的特点也是其吸引汉语学习者的魅力所在。与我们预想的同属汉文化圈的韩国学生应更容易接受汉字的假设相悖的是，对汉字感兴趣的学生只有14.16%，而认为汉字比较难的却有33.13%，在汉语学习困难度上，汉字仅次于语法，位居第二。这一现象值得进一步探究。

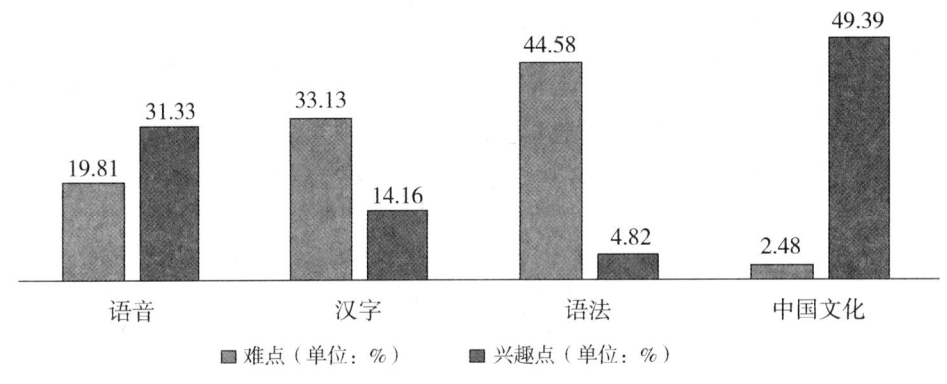

图2 韩国学生汉语学习兴趣点与难点对比

2.3 对中国文化的认识

韩国与中国同属汉文化圈，韩国学生对中国文化总体印象如何，兴趣度怎样，这是我们这次调查的一个重点。从图3和表3可以看出，学生对中国文化非常感兴趣的超过1/3，而不太感兴趣和不感兴趣的仅有10%多一点。从文化类别上来说，学生对中国名胜古迹和自然风光以及社会生活最感兴趣。中国语专业的学生对中国历史表现出了很高的兴趣度，甚至超过了人们惯常认为的文学艺术，这说明汉语熟练程度越高，学生对中国历史文化的兴趣越浓厚，这一点在高年级学生的问卷中也得到了应证。非中国语专业的学生则对流行文化更加感兴趣，这与中国语专业的学生形成了鲜明的对比，突出反映了非中国语专业学生对当代中国有着更高的关注度。从这一统计结果得到的启发是，今后的对韩汉语教材编写时，在文化因素导入上应兼顾中国语专业与非中国语专业学生的不同需求和兴趣点，通过有效的文化因素导入，提高学生对中国文化的兴趣。

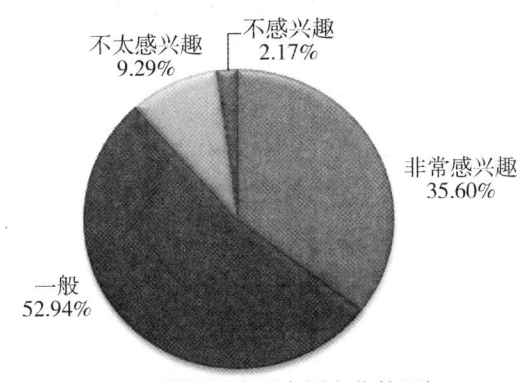

图3　韩国学生对中国文化的兴趣

表3　韩国学生对中国文化感兴趣的方面

排序	中国语专业	非中国语专业	所有学生
1	c. 名胜古迹，自然风光	c. 名胜古迹，自然风光	c. 名胜古迹，自然风光
2	f. 社会生活（如衣食住行）	g. 流行文化	g. 流行文化
3	b. 历史	f. 社会生活（如衣食住行）	f. 社会生活（如衣食住行）
4	a. 文学艺术	a. 文学艺术	a. 文学艺术
5	g. 流行文化	b. 历史	b. 历史
6	d. 风俗人情，传统节日	d. 风俗人情，传统节日	d. 风俗人情，传统节日
7	e. 政治经济	e. 政治经济	e. 政治经济
8	h. 其他	h. 其他	h. 其他

2.4　韩国学生的中国印象

　　就中国发展前景和中韩关系问题，问卷设计了包括中国经济发展潜力、中国应对金融危机的能力、中国国际化程度等问题，试图考察包括政治、经济、文化在内的中国社会环境对韩国学习者的影响。联想主义学习理论认为，学习是一系列刺激与反应的积累，而社会环境中与学习者利益相关的因素就会对学习产生正面和负面的刺激[1]，这些刺激在学习者学习过程的不同层面体现出来。中韩建交20年来，中国已成为韩国第一大贸易伙伴国，中国因素直接或间接刺激和影响着汉语学习者的学习态度、动机、内容和学习目的等重要方面。

　　从图4可以看出，超过一半的学生对中国未来的发展持非常乐观的态度，同时有44.27%的学生持谨慎态度，而认为中国未来发展不太好或不好的仅有3.10%。与此相对，

---

[1] 鲍尔、希尔加德著：《学习论——学习活动的规律探索》，邵瑞珍等译，上海教育出版社，1987年。

由于历史和现实的复杂性,在中韩关系上,超过70%的学生持谨慎态度,认为中韩关系一般,而认为很好的只有6.81%(图5)。笔者认为,中国的发展前景和中韩关系对学生学习汉语的动机和对中国文化的态度有着重要的影响。在问卷之外的访谈中,大部分的韩国教师和学生认为,中国经济发展迅速,国际地位逐步提高,作为近邻的韩国能从中国的发展中得到更多实惠,而担心中国的发展会制约或影响韩国的仅是极个别现象。

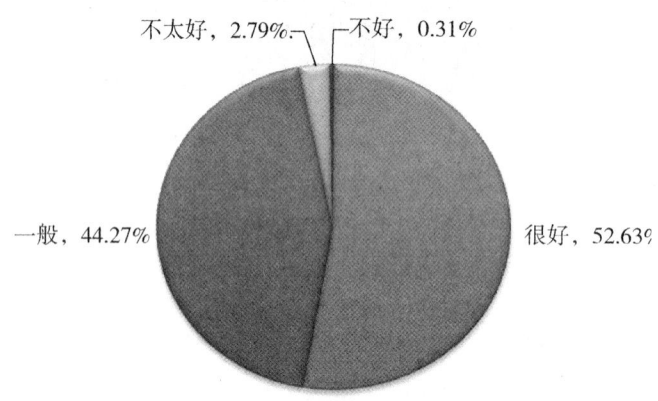

图4　韩国学生对中国未来发展的看法

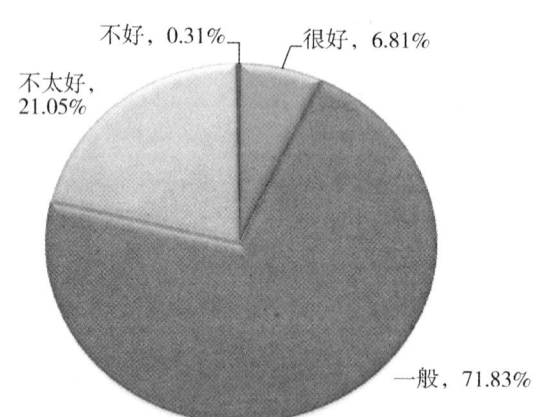

图5　韩国学生对中韩关系的看法

关于中韩两国高校和学生间的交流(图6),学生认为本校与中国高校的交流频度高于本人与本校中国留学生的交流。但从频率来看,校际间的交流和留学生之间的交流均超过40%,说明一方面中韩高校校际交流的影响很大部分已下沉到学生个体,为学生的汉语学习提供了更加多样化的选择;另一方面,学生个体也在积极利用本校的留学生资源,为自身创造运用汉语的环境。与之相对,仍有10%左右的学生态度消极,认为本校与中国高校间的交流不太多甚至没有。

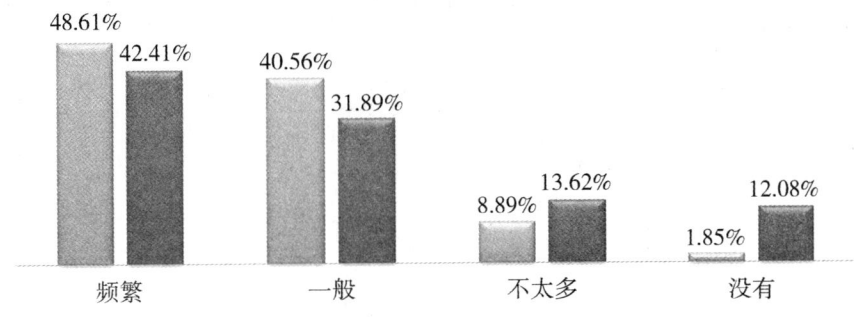

图 6　中韩高校与学生交流状况

同样，约 1/4 的学生也基本上与本校的中国留学生没有交流，其中原因需要进一步的后续分析。此外，约有 40% 的学生认为本校与中国高校间的交流一般，在与本校中国留学生交流中持同样态度的学生也占到了 30% 左右（图 6）。从以上分析可以看出，韩中高校间的交流有利于为学生们提供更好的汉语学习环境，而如何使更多的学生参与、分享这一交流成果，提高自身汉语学习的应用效能，仍需做进一步的探讨和研究。

3　韩国高校汉语教学现状及思考

3.1　汉语教学中的"语言"与"文化"问题

语言是文化的载体，其本身又是文化的一部分，二者相互依存，密不可分。汉语教学的目的归根结底是为了培养学生的跨文化交际能力。韩国学生的年龄普遍偏小，大致在 19～26 岁之间，因此对中国的刻板印象尚未形成或并没有根深蒂固，在汉语教学过程中进行文化因素的导入，有助于学生了解中国，改观对中国的固有印象，提高学习语言的兴趣与信心。在问卷调查中，约 70% 的学生承认通过学习汉语，改变了以往对中国不好的看法。从另一个方面来说，韩国学生学习汉语的动机与学习汉语的兴趣点呈正向比例，对汉语或中国文化的兴趣是学生强烈而持久的内部学习动机。因此，在进行汉语语言知识即基本交际技能培养的同时，在不超出特定阶段语言能力可接受的范围前提下，应适度增加中国文化的导入。

许多学者认为对外汉语教学的文化导入应该以交际文化为主，知识文化为辅（张占一，1990）。但从韩国的汉语教学来看，无论是目的语环境还是大部分局限于课堂学习的学生的交际需求都与国内的对外汉语教学有很大的差别，因此文化教学的侧重点也要有所不同。从调查问卷中可以看出，学生最想了解的中国文化前三项中，知识文化（名胜古迹、自然风光、历史、流行文化、社会生活）占了很大的比重（参见表 3）。可见，知识文化应当在汉语文化教学中占有重要的位置。从长远来看，知识文化对交际能力的培养也是大有裨益的（张占一，1984）。

3.2 文化教材的编写与实施

根据我们对几所大学中文系的课程设置情况的调查，除传统的中国文学史外，文化类的课程大多比较零散。从表4可以看出，现有文化课的设置有贪大求全之嫌，意图在有限的课时内让学生尽可能多地了解中国文化，但内容上又太宽泛，缺乏系统性和规范性，自然也就谈不到准确的定位和使用的体例。这可能也是对外汉语文化教材编写过程中的普遍问题。有鉴于此，我们的调查将"文化"的范畴界定于汉语"语言"基本技能之外的狭义文化，当然，传统中国语专业所设的中国文学史或文学作品欣赏等课程也不属这一狭义范畴。为此，我们的问卷设计了韩国学生课外接触中国文化的手段和途径的调查。目的是考察在传统的文化课的课堂教学方式之外，是否有更加灵活多样的文化导入方式，同时，也希望为对韩汉语文化教材的编纂提供有用的参考意见。调查结果显示，学生对问卷给出的课外了解中国文化的6种途径，按人数多少排序依次是：书籍、影视作品，网络，与中国朋友交流，实地考察，中国文化讲座，其他（表5）。这一调查结果给了我们一个深刻的启示，即文化类教材的编写，应根据学生的情况，运用现代多媒体手段，将中国文化相关内容编辑成文字、影视、动画等不同形式，或按专题制作成系列课件，使学生能在轻松的气氛中学习中国文化。此外，文化教材最好由中韩双方合作编写，这样可以采双方之长，避一方之短；教材内容的选择要尊重学生的主体地位，对中韩文化有差异的多个方面进行深入的比较研究，并将其成果反映到对韩汉语文化教材的编写中；重视网络多媒体教学与传统课堂教学的有机结合；等等。当然，为文化教材配套视频资料也不失为提高文化教学效果的有效途径。

表4　全北地区高校中国文化课设置情况

学校	课程名称	年级-学期	课程名称	年级-学期	课程名称	年级-学期
全北大学	中国纪行和文字故事	专业教养课	中国文化和人物故事	专业教养课	—	—
圆光大学	中国、中国人	2-1	中国语圈文化	3-2	—	—
又石大学	中国文化理解	1-2	中国古典漫步	3-1	—	—
群山大学	中国理解	1-1	中国文化纪行	2-1	中国通报特讲	4-1

资料来源：全北大学：http://chinese.jbnu.ac.kr/?mid = content301；圆光大学：http://zhongwen.wonkwang.ac.kr/；又石大学：http://chinese.woosuk.ac.kr/；群山大学：http://cms.kunsan.ac.kr/user/chinese/。

表5　韩国学生课外了解中国文化的途径

选项	书籍、影视作品	网络	与中国朋友交流	实地考察（到中国旅游）	中国文化讲座	其他
人数/人	138	92	85	55	40	9

3.3 韩国学生学汉字难的问题

从调查统计结果来看，汉字是韩国学生汉语学习中仅次于语法的第二大难点，可以说出乎笔者此次实施调查的意料。这一现象既有其复杂的历史原因，也与韩国的语言文字政策有关。

以往有研究者认为，韩国学生与其他国家的汉语学习者相比，在汉字学习方面有优势（刘继红，2005）。但就韩国学习者自身而言，韩语与汉语分属两种不同的语言体系，汉字在韩语系统中的发音与拼写与简体汉字并不一致，加之自20世纪40年代末开始陆续实施的《韩文专用法案》和《国语基本法》的影响，现在的年轻一代几乎完全不会书写汉字。随着中国综合国力的逐步提升和中韩经贸关系的加强，韩国国内汉字教育派的声音似乎越来越强。而韩国政府也于2000年下半年宣布恢复汉字教育，措施包括以下两个方面：一是在公务文件、交通标志等领域，恢复使用已经消失多年的汉字和汉字标志；二是在中小学推行"1800个常用汉字必修教育"。因此，对韩国学生来说，相信汉字难的问题会逐渐弱化。但不容忽视的是，对一个二语习得者来说，对韩国学生的汉字教学还应充分考虑到韩语中汉字词的负迁移问题。同时，汉字的认读也相当重要，因为在当今全球网络化时代，语言交际的实现很大一部分是通过网络手段完成的，在汉字键盘输入中，学生们需要在拼音相同的多个汉字中准确地选出所需汉字。因此从实用性的角度看，教学过程应加强汉字的认读。

4 结 语

中韩建交20年来，韩国汉语教学特别是高校的汉语教学已逐步走向成熟，而且，韩国大多数高校普遍与中国高校有校际合作关系，并充分利用这些资源，不断提高自己的汉语教学水平和知名度，取得了可观的成效。但从本次调查结果来看，虽然韩国学生对汉语的学习热情相对较高，但与英语相比，还算不上很热。只是由于受到"经贸热"的影响，加上地缘上靠近中国，因此，学汉语的人相对中韩建交前或建交初期有较大增长。通过研究我们发现，韩国高校中国语专业的中国文化课设置大多比较零散，也缺乏系统性和规范性。因此建议对韩汉语教学依然要坚持语言和文化并举的原则，与语言教学的进度和阶段性相适应，适时适度地导入中国文化因素。文化教材的编写应充分兼顾中国语和非中国语专业学生的需要，条件允许的情况下应考虑中韩合作编写教材。教材内容应当注重系统性、规范性，同时应有较强的实用性，以满足学生了解当代中国的需求，更好地帮助学生成功地使用汉语进行交际。中国文化课的教学形式应多样化，适当增加讲座、网络或其他互动性强的学习方式，特别是基于web的手机智能终端学习网站的开发与建设是今后关注的一个重点，强调"有意义的学习"。加强中韩两国学生间的交流，为学生的汉语交际提供真实的环境和机会。此外，还要充分考虑到学生对中国文化的兴趣点和将来就业的实际需要，增加实用汉语教学内容，让学生们能学以致用。

参考文献

韩容洙. 韩国汉语教学概观[J]. 汉语学习，2004（4）.

刘继红. 当代韩国汉语教育发展分析[J]. 黑龙江高教研究，2005（3）.

鲍尔，希尔加德. 学习论——学习活动的规律探索[M]. 邵瑞珍，等译. 上海：上海教育出版社，1987.

张占一. 汉语个别教学及其教材[J]. 语言教学与研究，1984（3）.

张占一. 试论交际文化和知识文化[J]. 语言教学与研究，1990（3）.

陈明，鲁东大学国际交流学院

林晓凤，山东理工大学国际合作与交流处（国际教育学院）

chmnet2006@hotmail.com，beibeifan7@hotmal.com

调研报告

通过"首尔大学在北京"项目看韩国大学的在华集训[*]

[韩]李美京

摘 要：2012年6月25日至8月20号，我们在韩国首尔大学和中国北京进行了为期8周的汉语集训项目，其名为"首尔大学在北京（Seoul National University in Beijing）"。本文通过对该项目的介绍，重新认识在进行汉语集训时，应该重视哪些方面，以后的集训应该往哪个方向发展。

关键词：汉语教育（Chinese education）；汉语集训（Chinese intensive training）；教育设计（instructional design）；首尔大学在北京（SiB, Seoul National University in Beijing）

2012年是韩中建交20周年。自从1992年韩中两国建交以来，两国之间的贸易交流增加，人员来往更加频繁，教育方面的交流也不例外。本论文的主要内容是向韩中两国教育界介绍2012年暑假由首尔大学国际协力本部主办的SiB项目，以此来探索韩国各个大学在华集训的未来方向。本论文要向有关汉语教育及汉语研究的学会报告从教育现场获得的经验及成果。在韩国的外语教育中，汉语教育已经达到不可忽略的阶段，因此，重新考察汉语集中教育的未来方向是非常有意义的。

首尔大学从1997年开始进行汉语集中教育项目，到2012年已有15年的历史。其间，虽然负责汉语教育的单位、提供学分与否、场所、时间、形式等方面有了变化，但一直没有中断。在2012年6月开始实施SiB项目之前，首尔大学也一直努力弥补15年来汉语集训项目的不足，试图准备新的内容，以便获得更好的教育效果。

SiB的教学对象是首尔大学的全体本科生，主办单位是首尔大学国际协力本部，由首尔大学中国中心（在北京）提供支持，首尔大学中文系负责整个项目的进行。为了激发学生的学习动机，提高学生的学习效果，提高学习集中程度，首尔大学把SiB的课定为正式课程，赋予了6学分，适当地增加了学习负担；不仅如此，摆脱以往的2~3个星期的短期集训形式，把学习期间扩大到8个星期；其地点及设计也有了大的改变：从韩国开始，再到中国，最后在韩国结束整个日程。为了使首尔大学的学生认识到中国的重要性和汉语教育的必要性，给更多学生提供学习的机会，扩大波及效果，本次决定选拔100个学生。首尔大学建校以来，从来没有以100个本科生为对象进行的外语教育项目，这是前所未有的。有关SiB的工作正式开始是在项目开始前的5个月，即2012年1月。SiB的教育包括两个方面，一是"汉语集中教育"，二是"对中国现代的了解"。

---

[*] 本论文的主要内容已于2012年12月刊在韩国中国语教育学会的《中国与教育和研究》第16号上，在这一基础上弥补不足之处，增添另外一些观点，进一步加以研究而成。

由一位教授负责整个 SiB，一位教授负责"汉语集中教育"，还有一位教授负责"对中国现代的了解"，这样共有三个教授担任整个项目的设计及企划。在选拔学生时，我们要求学生们写一份学习计划，具体地说明自己要学的到底是什么、要以什么样的态度参加此项目等。第一次进行这么大规模的集训项目，加上时间又比较紧，所以没有什么宣传活动可言。但是还是有不少学生申请参加，体现了首尔大学学生对中国、对汉语的浓厚兴趣。募集学生时主办单位尽量选拔来自各专业的学生，还要考虑选拔对中国感兴趣的学生。汉语集中教育分为两种形式：一是国内的 3 周课，二是在中国的 3 周课。国内的 3 周课和中国的 3 周课分别有 80 节课，共 160 节课。每天每门课都有 10～15 分钟的考试，考试成绩反映到学分上，还给成绩优秀的学生或优秀班级颁发奖学金。中国的汉语集中教育在北京师范大学进行。北京师范大学非常尊重 SiB 的建议及要求，按照 SiB 的要求安排了讲师，并把所有的资料提前提供给 SiB。到中国后，北京师范大学没有改变 SiB 的分班，而在开始上课之前用考试的方式了解每个学生的水平，最后看每个学生的汉语提高程度。SiB 在选择中国的大学时最重要的考虑的该校能不能适用我们自己研发的教育系统。SiB 项目有 100 个学生参加，他们的兴趣点、特点、专业、学习水平等都不一样。SiB 预想：在此情况下将所有的教学都委托给中国大学的话，其教育效果不会太理想。除了这一点以外，还考虑了学生的安全、学校教育水平、地理位置、生活环境等。

2　SiB 成果及评价——以问卷调查为主

2.1　学生评价

问卷对象为参加 SiB 的 101 个学生。参加问卷调查的人数为 93 人（92.08%），问卷调查问题共 51 题。我们仅挑选几个题来进行讨论。

参加 SiB 的学生中有本科生 88 人，研究生 13 人，共 101 人；覆盖所有年级，其中三年级学生最多，女生比男生多一些（表1）。

表 1　SiB 参加人的分布与比率　　　　　单位：人、%

性别		一年级	二年级	为年级	四年级	研究生	合计
男		7	8	11	13	4	43
女		11	18	17	3	9	58
合计	人数	18	26	28	16	13	101
	比例	17.8	25.7	27.7	15.9	12.9	100

SiB 一共有 11 个专业的本科生及 4 个研究生院的学生参加。其中，人文大学、社会科学大学及经营大学的学生居多（表2）。

表2　SiB参加人的所属单位　　　　　　　　　　　　　　　　　　　　　　　　单位：人

单位	看护大学	经营大学	工科大学	农业生命科学大学	师范大学	社会科学大学	生活科学大学	药学大学
人数	1	11	4	8	5	22	3	1
单位	音乐大学	人文大学	自由专攻大学	国际大学院	法学专门大学院	保健大学院	行政大学院	
人数	1	29	7	6	1	1	1	

表3　SiB分班（A—初级，B—中级，C—高级）　　　　　　　　　　　　　单位：人

性别	A1-1	A1-2	A2	A3	B1	B2	C1
男	5	6	6	8	9	8	1
女	7	7	12	8	7	10	7
合计	12	13	18	16	16	18	8

SiB汉语集中教育有7个班，3个阶段。这种分班是以《欧洲共同语言参考标准》（*Common European Framework of Reference for Languages*）作为基础的。每个班的学生人数都不一样。以下是学生们对整个SiB的评价（表4），参加的学生大部分非常期待提高汉语水平。其实本项目的焦点不在提高汉语水平上而在于了解现代、当代的中国。SiB设计的方向及目标就是要帮助学生了解真正的中国、现代的中国。除此之外，学生们对体验中国文化也非常感兴趣。因此，SiB为文化体验提供了不少经济支援。

表4　决定参加SiB时最希望实现什么目标？　　　　　　　　　　　　　单位：人、%

应答者	提高汉语水平	更加了解中国	体验中国文化	加深学生之间的交流	其他	合计
人数	49	22	24	3	0	98
比例	50.00	22.45	24.49	3.06	0.00	100

表5的结果与以往SiB的设计宗旨相同。问卷显示，回答实现了对中国的了解的学生比例较高。这可能有两个原因：一是学生通过相关报告或学者们的讲座提高了对中国的了解，二是"更加了解中国"意味着"提高汉语水平"已作为基础包含在内。如上所述，为了不辜负学生们的期望及最大限度地扩大SiB项目的成效，SiB慷慨支援了文化体验，对此学生们的反应也非常热烈。通过问卷调查结果可知，参加者在中国参与了音乐剧、电影、京剧等多姿多彩的文化体验。

表5　你觉得通过本项目收获最大的是什么？　　　　　　　　　　　　单位：人、%

应答者	汉语水平的提高	对中国的了解	中国当地的文化体验	学生之间的交流	其他	总计
人数	19	46	25	14	1	105
比例	18.10	43.81	23.81	13.33	0.95	100

表 6 是从已参加过 SiB 的学生有无再次参加的意图来说明本项目是否成功。表 6 中对本人再次参加的积极回答超过 65%，由此估计参加者向周围人推荐的比重也会较高。而表 7 显示的结果也没有太大的出入。对于参加过 2012 年 SiB 的学生的再次申请，SiB 将要好好探讨允许与否。回答不希望再参加的学生及非常不想再参加的学生说明的理由是日程太累。因此在决定 2013 年的 SiB 参加人数及参加人员选定方式时，也要考虑以上的情况。实际上现在对寒假进行 SiB 与否的咨询还陆续不断。单看表 5、表 6、表 7 也可知本项目的运作非常成功。

表 6　如有再次参加本项目的机会，你愿意参加吗？　　　　单位：人、%

应答者	非常如此	是	一般	不是	一点也不	总计
人数	20	41	19	11	2	93
比例	21.51	44.09	20.43	11.83	2.15	100

表 7　你想向周围人推荐参加本项目吗？　　　　单位：人、%

应答者	非常如此	是的	一般	不是	一点也不	总计
人数	42	40	10	1	0	93
比例	45.16	43.01	10.75	1.08	0.00	100

2.2　汉语集中教育

虽然 SiB 以了解中国为终极目标，但约 160 个小时的汉语集训的重要性并不亚于此。对于学生来说，此项目学习期间无非是痛苦的，尽管如此，学生们还是给予了积极的评价（表 8）。

表 8　从整体看你觉得"汉语集中教育"办得有成效吗？　　　　单位：人、%

应答者	非常如此	是的	一般	不是	完全不是	总计
人数	16	49	20	7	1	93
比例	17.20	52.69	21.51	7.53	1.08	100

SiB 除了初次学习汉语的参加者（A1）以外，都选择使用了中文教材。[1]这首先是为了让中国的大学便于掌握韩国学生的汉语水平，加强国内外汉语教育的连贯性；其次是为了让学生在有别于平时课程的集训中能更加亲密地接触汉语。

---

[1] A3 和 B1 班的作文课选用了韩国다락원出版社的《중국어쉬운작문 1》和《중국어쉬운작문 2》为教材。而 C1 则在主题讨论时选用了以韩文写成的论文为课堂资料。

由于在开始集训之前准确判断学生的汉语水平并非易事,在分班及教材选定上有过不少困难。我们对学生的申请资料及考试进行了5次以上的讨论才决定。而且课程开始后接受学生调整班级的申请。

为了让讲师们提前备课,加深对教材的理解,在SiB国内汉语集训2周前就把教材发放到讲师们手中了。学生们对教材的评价还算不错(表9)。

表9 "汉语集中教育"中,你觉得国内课程的教材合适吗? 单位:人、%

应答者	非常如此	是的	一般	不是	完全不是	总计
人数	29	45	10	7	2	93
比例	31.18	48.39	10.75	7.53	2.15	100

参加SiB的16名讲师都是从以往集训项目的优秀讲师中严格筛选而来,而且有些是通过其他大学推荐后选拔的,所以授课水平应该是比较高的。讲师们的讲课内容及方式也按SiB项目进行了控制,要求讲师们在不脱离整个教育框架的范围内尽可能地发挥自己的力量。不仅如此,在SiB开始之前专门组织了讲师研讨会,提前提供教材,对于科目的特性、教育的主要方面、评价方式等进行了探讨。据调查,参加的学生大体上对国内讲师非常满意(表10)。为了汉语教育的成效,专门负责汉语集训的教授全程参与了中韩两国进行的所有课堂的听课,使讲师们不放松授课的紧张度,也管理(监督)了SiB的教育宗旨及内容的进行是否到位。

表10 你觉得"汉语集中教育"中的国内教育部分的讲师优秀吗? 单位:人、%

应答者	非常如此	是的	一般	不是	一点也不	总计
人数	47	44	2	0	0	93
比例	50.54	47.31	2.15	0.00	0.00	100

因每班每天有三门课,且每门都有一次考试,对于学生来说考试难度大,所以我们预想会有不少学生认为考试不合适。而实际上,表示虽然辛苦但适合的评价非常多(表11)。对于考试参加者提出了很多个人意见,他们表示水平评价考试在SiB期间是辛苦的,但因此汉语学习的成就度上升得特别快。最后的评价在"汉语集中教育"结束的前一天全部决定,而最后一天按这个评价授予了个人及班级奖学金。

表11 你觉得"汉语集中教育"在国内进行的教育中评价考试合理吗? 单位:人、%

应答者	非常如此	是的	一般	不是	完全不是	总计
人数	13	50	21	8	1	93
比例	13.98	53.76	22.58	8.60	1.08	100

在韩国的汉语集中教育每班都分别选用了不同的教材，而在北京师范大学初级、中级、高级各阶段使用了同样的教材。这样教材就有可能对于某些学生来说简单，对某些学生来说又有些难度（表12）。北京师范大学的讲师们平时使用自编教材授课，所以也希望使用那些教材。但由于此种教材等级分得不多，我们没找到适合我们学生个别水平的教材，这点有些遗憾。这也是以后 SiB 需要改善的部分。

表12　你觉得在"汉语集中教育"中北京师范大学进行的教育中使用的教材合适吗？　单位：人、%

应答者	非常如此	是的	一般	不是	完全不是	总计
人数	9	44	27	11	2	93
比例	9.68	47.31	29.03	11.83	2.15	100

北京师范大学的讲师们讲课非常热情，且教授外国学生的经验丰富，平时对学生们也非常亲切。但该校针对西方学生的短期进修教育项目多，教学方式以针对西方学生为主，对初级或中级水平学生的教育非常出色，对于韩国学生的特点似乎有点儿不太了解，且对于高级班韩国学生我们觉得需要更细致的研究（表13）。

表13　你觉得"汉语集中教育"中，在北京师范大学的课程的负责讲师优秀吗？　单位：人、%

应答者	非常如此	是的	一般	不是	完全不是	总计
人数	29	42	17	5	0	93
比例	31.18	45.1	18.28	5.38	0.00	100

总的来说，在北京师范大学进行的课显得比韩国的课轻松自由。SIB 主办单位为了学生们的自由活动，在中国减少了评价考试的次数，一般只实行每周每门小考一次，综合考一次左右，考试次数少于在韩国的课。因评价次数减少而影响了学生们的学习量，这又成了判断中国课程较轻松的理由。对此，有学生说应将学习量增加到与韩国课程差不多的水平，也有学生说课程强度正好适合（表14）。

表14　你觉得"汉语集中教育"中在北京师范大学进行的评价考试合理吗？　单位：人、%

应答者	非常如此	是的	一般	不是	完全不是	总计
人数	9	43	23	12	6	93
比例	9.68	46.24	24.73	12.90	6.45	100

对汉语集中教育，回答说韩国的3周更有成效的超过一半。我们认为：这是因为在韩国的所有教育都在主办方的严格控制之下。另外也由于在韩国上 80 个小时的课期间，作业、考试等学习量远远多于中国所致。参加学生们虽然因学习量多而叫苦，但也切身

体会到了自己实力的提高。表 15 显示如能更多地控制在中国的教育，将我们的教育系统更多地在中国使用，汉语集中教育的成效将有望提高。

表 15　你觉得"汉语集中教育"中国内 3 周与中国 3 周哪边更有效果？　　单位：人、%

应答者	国内 3 周	中国 3 周	都有效率	都无效率	其他	总计
人数	55	10	23	4	1	93
比例	59.14	10.75	24.73	4.30	1.08	100

2.3　了解现代中国

"了解现代中国"共由 3 种课组成。在国内，由 5 位国内学者就现代中国的政治、经济、社会、文化、思想等做了讲座。讲座旨在让参加的学生了解中国的整体情况，所以从 SiB 的第一天就开始了。然后是驻中国的企业界人士或学者共 4 人的讲座，介绍了他们在中国生活期间了解的中国和中国人。他们在中国生活了短则 4 年，长则 10 年以上，凭借自己生动的亲身经历，向学生们介绍了在中国的体验及中国的未来前景。最后是 9 位中国学者以中国人的观点来讲述有关中国和中国人的各种研究内容。中国学者的选定以在中国富有名望的、且在韩国也著名的学者为主。中国学者的讲座分 1 个小时的预备学习时间及 2 个小时的正式讲演。预备学习用 20 分钟左右小组讨论并向全体学生汇报，就讲演的内容及核心论点等做补充说明。正式讲座由 1 个半小时左右的讲演及 40 分钟左右的答疑组成。此外，现场探访的课题让学生在中国当地自己走走、看看，亲身体会并交最终报告，计入评价。

"了解现代中国"讲座有用韩语进行的，也有用汉语进行的。为了提高学习效果，坚持事先做小组活动，由此学生们对讲座的理解度有了提高。如前所述，学生们通过"了解现代中国"对中国的了解有了相当程度的提高（表 16）。

表 16　你觉得"了解现代中国"的讲座整体上有助于你对中国的了解吗？　　单位：人、%

应答者	非常如此	是的	一般	不是	完全不是	总计
人数	13	57	20	3	0	93
比例	13.98	61.29	21.51	3.23	0.00	100

国内学者均由首尔大学教授组成[1]，为了提高对现代中国的理解，讲座内容以政治、经济、社会、文化为主，中国哲学的讲座只安排了一个。对整个讲座的评价比较好（表 17），但也有一些学生反映讲座中内容有重复的部分，我们认为这点也需要日后完善。

---

[1] 国内学者包括首尔大学教授정종호（国际大学院）、정재호（外交系）、조영남（国际大学院）、이근（经济系）、김영민（政治系）等。

表 17 你觉得"了解现代中国"的国内学者的讲座内容出色吗？　　　　单位：人、%

应答者	非常同意	是的	一般	不是	完全不是	总计
人数	14	54	20	4	1	93
比例	15.05	58.06	21.51	4.30	1.08	100

共 9 位中国学者从多种角度就中国的现在介绍了自己的研究，他们都努力深入浅出地讲解，以提高学生们的理解。[1]SiB 主办单位顾及学生们的汉语水平参差不齐，安排了翻译，以提高对授课内容的理解。学生们的反响较佳（表 18）。

表 18 你觉得"了解现代中国"中国课程的中国学者的讲座内容出色吗？　　单位：人、%

应答者	非常同意	是的	一般	不是	完全不是	总计
人数	20	52	18	3	0	93
比例	21.51	55.91	19.35	3.23	0.00	100

国内学者们的讲座以概括的内容为主，中国学者们则以各领域专业内容为主。[2]参加者评价韩国国内学者的讲座对理解中国学者的讲座有些帮助（表 19）。

表 19 你觉得"了解现代中国"课程的国内学者的演讲有助于理解中国学者的演讲吗？单位：人、%

应答者	非常同意	是的	一般	不是	完全不是	总计
人数	13	45	26	9	0	93
比例	13.98	48.39	27.96	9.68	0.00	100

中国当地派驻人员的讲座以在现场的情况及亲身经历为主把自己理解并感受到的中国介绍给学生们。参加者们评价这些派驻人员的讲座也对理解中国学者的讲座起了一些作用（表 20）。

表 20 你觉得"了解现代中国"中在中国进行的派驻人员的讲座有助于了解中国吗？　单位：人、%

应答者	非常同意	同意	一般	不是	完全不是	总计
人数	9	41	31	8	3	92
比例	9.78	44.57	33.70	8.70	3.26	100

---

[1] 中国学者包括中国社会科学院的孙歌、贺照田，北京大学中文系的钱理群、戴锦华，中国社会科学院马克思主义研究所的黄纪苏，清华大学公共管理学院的楚树龙、崔之元，中国社会科学院人口问题研究所的蔡昉，中国人民大学农业与农村发展学院的温铁军。

[2] 中国派驻人员有三星 SDI 中国公司营销部常务류재윤、한겨레报纸北京特派员박민희、首尔大学社会学科名誉教授한상진、国际劳动机构（ILO）高级咨询委员이창휘。

参加者对国内学者及国外学者的讲座一致给出了有助于提高对中国的理解的评价（表21）。

表21 你觉得"了解现代中国"的课，在国内与国外学者中哪边更有助于了解中国？　　单位：人、%

应答者	国内学者的讲座	中国学者的讲座	都有帮助	都没有帮助	其他	总计
人数	21	27	40	3	1	92
比例	22.83	29.35	43.48	3.26	1.09	100

因听课学生包括初级到高级，所以SiB判断安排翻译有助于参加者们的理解，学生们同样也判断需要翻译（表22）。但如果今后只以高级学生为对象，那么安排翻译与否需要重新考虑。

表22 你觉得"了解现代中国"讲座中中国学者的讲演需要翻译吗？　　单位：人、%

应答者	非常同意	同意	一般	不是	完全不是	总计
人数	53	27	9	4	0	93
比例	56.99	29.03	9.68	4.30	0.00	100

在翻译方式上，参加者较喜欢不太影响讲演思路的每段结束后依次翻译的方式（表23）。个别学生认为若进行每篇文章后翻译不仅会影响讲演者的讲演，时间也会拖长，所以更喜欢段落后依次翻译。如顾及时间和讲演也可考虑同时翻译，但需要解决带翻译间的讲堂、翻译费、翻译师等问题。

表23 如需要翻译你觉得哪种方式有效？　　单位：人、%

应答者	文章传译	段落传译	对整体的概要翻译	只翻译问答部分	其他	总计
人数	12	51	10	1	16	90
比例	13.33	56.67	11.11	1.11	17.78	100

2.4 教授评价

教授评价是国内与中国的负责上课的讲师们的评价。国内讲师共16人都接受了问卷调查，北京师范大学的14名讲师中有10人参加了问卷调查。问卷的问题共为5项，在此只选了其中的2项。讲师们的评价主要是关于学生的课堂参与度及询问下次参与意愿的，回答中基本认同学生认真地参与了课程。

表 24　"汉语集训"讲师的评价　　　　　　　　　　　　　　　　单位：人

问题	讲课地区	非常如此	是的	一般	不是	完全不是	总计
1. 对该课学生们的诚实度及参与度高吗？	国内	11	5	0	0	0	16
	国外	10	0	0	0	0	10
2. 您想不想也在 2013 년 SNU in Beijing 讲课？	国内	12	3	1	0	0	16
	国外	8	2	0	0	0	10

有个别国内讲师提出班里的学生人数太多、学习量偏多、初级班应允许说韩语等意见，中国讲师的个别意见则有学习量多、教材不合理、考试次数多等。

3　汉语集中教育的发展方案

SiB 是在以往国内外短期进修等经验的基础上，将适合于韩国人的"汉语集中教育"和"了解现代中国"并行的教育项目，试图尝试新的教育形式。我想对在 SiB 中出现的几个事项提出建议。

首先，在中国进行的汉语进修不应该盲目委托于中方，应构建适合我们情况的教育程序来尽可能地扩大教育的效果。例如，此次参加 SiB 的学生们的问卷调查结果显示"汉语集中教育"的国内课程更有效。若能将教育程序企划得更加彻底，运作得更有计划，那么中国当地的教育效果可能会提高更多。

其次是怎样设定高级汉语的标准。因初级及中级阶段的学生多，所以符合这些阶段的学科开发或教育方法都比较齐全，而适合高级阶段的教育方法似乎还未成体系。虽然高级汉语中有关时事、商务等领域的教育正在进行，而符合欧洲共通参照标准（2010）的可以使用接近当地人自然对话的高级会话却似乎很难在课堂上学到。当然高水平的汉语实力不能只靠短期的集中教育完成，需要长时间的努力。所以短期集训也只不过是一个过程，今后的 SiB 计划将高级班的重点放在作文和讨论上。我认为：教育专家们将来有必要致力于长短期的高级水平教育的设定或教育法的开发、高级会话教材的开发等。

最后，课堂教育固然重要，也需要通过韩国学生及中国学生的交流了解文化，提高沟通的流畅性，扩大相互交流。比起课堂里教与学的教学活动，通过和中国人自然接触又实现了另一种汉语教学。如除了正规课程外，另外安排时间和中国学生的交流，那必然会对汉语实力的提高做出很大贡献。

李美京，韩国首尔大学
meijing@snu.ac.kr

汉语作为二语的分级读物需求调查

钱 彬

摘 要：本研究对北京、上海、广州四所大学的163名语言进修生进行了调查。学习者水平覆盖初中高级：初级66人，中级52人，高级45人，学习时间从数月到7年不等，国籍覆盖韩、日、美、法、俄、巴拿马、印度等10多个国家。调查结果表明，汉语分级读物的需求大，知晓度低，在提高中高级水平学习者阅读能力等方面被认为有重要作用。学习者在读物的题材、内容的时代性、地域性等方面都有较明显的倾向性。

关键词：分级读物；需求调查；语言进修生

许多国外语言学家通过研究发现，大量的阅读，包括消遣性阅读（pleasure reading），对提高第二语言能力极有裨益（如 Krashen，1989；Tsang，1996）。

Flahive 与 Bailey（1993）通过问卷调查的形式，发现消遣性阅读量与阅读能力呈正相关。Harmer（2000）认为好的阅读材料对语言学习的促进作用体现在两点上：一是为学生提供了书面语的范例；二是阅读为学习者提供了丰富的语境，创造了词汇、语法等语言项目的模仿机会。国内学者也持相同的看法。黄源深（2002）的观点是：现今学生的一个通病是阅读量太小，拘泥于短文章上的精耕细作，产生不了语感，因而口笔语都缺少外国味。郑金洲（2003）也认为课文阅读只是为学生提供了一定数量的阅读范例，仅依靠有限的课堂阅读是难以培养学生的阅读能力的，还应该在教师的指导下，加大课外阅读量。

留学生的汉语课外阅读情况究竟如何？针对这个问题，我们就来华留学生的汉语分级读物的需求情况进行了调查。

1 知晓度

被调查的学习者大多不知道有专供他们使用的汉语二语分级读物（142/163）。仅19人知道有汉语读物，其中10人只知道其中一本。四套读物[1]在学生中的知名度均很低，且读物间无明显差异。知道的学习者大多是教师告知，既没有听同学介绍过，也没有看到过读物的宣传，因为自己想看去找过的学习者有16人，但仅有4人找到分级读物。相比之下其他语种的读物知名度略高一些：38人。

---

[1] 史迹：《汉语分级读物》（1~3），华语教学出版社，2009年；朱勇等：《中文天天读》（1~5），外语教学与研究出版社，2009年；崔永华等：《实用汉语分级阅读丛书》（甲、乙级），北京语言大学出版社，2009年；刘月华、储诚志：《汉语风》（300词、500词级），北京大学出版社，2010年。

另外，由于语言水平的限制，学习者依靠广告等其他方式及主动搜索读物信息的比例也较低。因此，对学习者增大宣传力度的同时，提高学习者查找课外汉语资源的意识、增加搜索读物信息的渠道（如教材网站、教材展等）、提供多种语言的信息等措施都是很有必要的。

2 需求度

被调查者大多认为除了教材，还需要课外学习资料，如中文书报等，占 83.44%（136/163）。其中，认为非常需要课外学习资料的有 52 人。我们发现比例上没有明显差别（三个水平的人数占各水平总人数的比例分别为 81.82%（54/66）、86.54%（45/52）、82.22%（37/45））。调查结果和学习者的年龄、性别、是否为华裔均无直接联系。

本文对学习者的具体需求做了以下几个方面的调查，结果如下。

2.1 课外汉语学习的方式

由表 1 可知，学习者总体上都更倾向于在课外选择轻松的、非阅读形式的方式练习汉语。

表 1　课外汉语学习方式的调查结果　　　　　　　　单位：人

学习方式	课外学习方式	人数（多选居首项）	人数（独选项）[1]
阅读形式	阅读汉语读物	21	12
	自学别的教材	8	3
	看中文报刊杂志	6	2
非阅读形式	和中国人聊天	79	33
	看影视、听广播	47	18

1）该题是多选题，但有不少学生只选了一项，我们认为，排他性的选项意味着选择倾向更清晰。经统计，发现独选和多选的人数多寡排名一致。

从学习者的反馈看，和母语者口语交流是课外最受欢迎的学习方式。161 人中有 79 人（49.07%）认为和中国人聊天最能帮助他们增加词汇量，其次是看影视节目或听广播，共 47 人（29.19%），选择阅读形式的有 35 人（21.74%）。虽然选择聊天项的学习者比例最高，但以初中级为主（64/79），高级学习者仅 15 人。

阅读形式中汉语读物最受欢迎。选择阅读形式的学习者中有 60% 的人选了"阅读汉语读物"（21/35），其中有一半（10 人）是高级学习者。选择"自学其他汉语教材"和"看中文报刊杂志"的人数明显较少。读物比教材和报刊杂志更受欢迎也体现在另一指标上：45.32% 的学习者（63/139）认为，和教材相比，读物作为语言输入源的作用可以占 50% 以上（其中 51 人认为占 50%～80%，有 12 人认为占 80% 以上）；仅 19 人认为占 20% 以下。

2.2 对中高级汉语学习的作用

大部分学习者认为教材和读物不适用都是导致中高级学习进步缓慢的重要原因，而读物等课外汉语学习资源的重要程度更高一些（表2）。

表2 中高级汉语学习中教学资源影响因素调查结果　　　　单位：人

资源类型		独选人数	多选人数
课外资源	其他教学资源	21	21
	读物	22	82
教材		27	86

有超过半数（76/147）的学习者同时选了教材和课外资源（包括读物）作为优先项。只选一项的学习者中选择教材的人（27人）略多于选读物的（22人）。另外，还有21人认为"其他汉语资源太少"是最重要的原因。因此，认为课外汉语资源（包括读物）更重要的人数超过了选教材的人数（43∶27）。

可见，对于中高级学习者，总体上课堂教材和课外资源都还需改进，相对而言，课外汉语资源的需求可能更急迫一些。

综合学习者的意见看，课外汉语学习资源的开发与优化都已足以和课堂教材的问题相提并论并且需求更大，其中，分级读物可能是优先要考虑的。

3 对读物的具体要求

选择读物时要考虑诸多因素，其中学习者认为最重要的是"内容题材受欢迎"、"语言难度适合设定对象"、"语言真实、流畅、规范"。下面我们就从读物的题材、内容、语言难度等方面具体分析。

3.1 题材选择

如表3所示，对于读物的题材，大半被调查者同时选了两项以上，占总人数的56.69%（89/157）。显然，内容单一的读物是大部分学习者不愿接受的。各种题材中最受欢迎的是幽默故事；爱情故事、惊险故事、新闻时事及文化知识次之，且相互之间差距不大。选择较少的是神话传说、科普内容、名人轶事。有意思的是：选择文化知识的人不少（48人，排名第五），但单独选择这一项的人数为0，而与之被选次数相近的选项（如惊险、新闻）都有学习者单独选择。说明知识性内容有一定的需求量，但若仅仅阅读这一种内容可能缺乏趣味性。即使是选择该项的这一小部分读者，显然也不愿只阅读文化知识，而更希望读物在讲述文化知识的同时也展示其他内容。

表3 读物题材需求调查结果　　　单位：人

读物题材	多选人数	独选人数
爱情	62	14
惊险	53	12
科普	28	4
幽默	90	22
新闻时事	49	10
名人轶事	25	3
神话传说	38	3
文化知识	48	0

3.2 读物内容的分配

如表4所示，大部分学习者认为古代内容不能多于现代内容，比例达77.30%（109/141），主张平均分配的占到37.59%（53/141），只有约23%的学习者认为古代内容要多于现代内容（32人）。47.14%的学习者认为中国内容要多于国际文化内容（66/140），只有26人（18.57%）认为国际文化内容要多于中国文化，另有34.29%的人认为二者应各占一半。对于知识内容和交际内容的选择，有超过一半人认为二者均衡分配较好（73/141），剩下的学习者中，认为知识内容应多于交际内容的略占优势（知识多于交际：26.43%；知识少于交际：21.43%）。由此可见，从读者的角度看，汉语读物应多选现当代背景、中国文化为主、兼有交际内容和知识内容的故事。

表4 读物内容需求调查结果

内容	比例
古代：现代	32：56
中国：国际	66：27
知识：交际	37：30

古今与中外内容的选择和学习者的水平有关：初级学习者对古代内容更感兴趣，在选择该项的学习者中，占到43.75%（14/32）；选择现代内容的相反，高级水平者选择现代内容的比例为71.1%（32/45），超过初中级水平者。初级学习者更倾向于中国文化内容，71.21%（47/66）的初级学习者选择该项；中高级学习者较能接受国际文化内容，65.38%（17/26）的中高级学习者选择此项。

3.3 语言难度

通过语言难度描述和级别设置选择的调查,我们观察学习者对读物难度的需求情况,具体如下(表5):大部分学习者希望通过读物学习到少量生词,但还是以阅读理解内容为主要目标。98人认为读物最好"能自己看懂,略高于自己的水平,有少量生词",占总数的64.9%;但也有近三分之一人(45人)认为一定要高于自己的水平,要有大量生词。这两种观点占据主体。只有8人认为读物难度要低于或相当于自己的水平且没有生词。

表5 读物语言难度需求调查结果 单位:人

难度描述	人数
能自己看懂,略高于自己的水平,有少量生词	98
一定要高于自己的水平,要有大量生词	45
难度要相当于自己的水平且没有生词	6
低于自己的水平,能很容易地看懂	2

上述调查结果反映了学习者的一种心态:想通过课外阅读获得新的语言知识,尤其是扩大生词量。这种心态也可从学习者对级别设置的观点看出(表6)。

表6 读物级别设置需求调查结果

	级别数	各级别词数
A	分3级	1000—2000—3000
B	分4级	500—1000—3000—5000
C	分5级	500—1000—2000—3500—5000
D	分8级	300—500—750—1100—1500—1500—2100—3000—4500

大部分学习者喜欢4到5级的级别设置,共93人,占64.58%(49人喜欢分为5级,44人喜欢分为4级),26人喜欢分为8级。虽然不是我们预想的"级别越多越受欢迎",但4级或更多级别明显更容易让学习者接受。分为3级的设置是所有选项中级别最少的,也是最不受欢迎的,只有25人选择,其中以华裔为主(16人),初级为主(17人)。另外有学习者自己设计了级别:500—1000—1500—2000—2500—3000—4000—5000,可以看出学习者大多希望通过阅读达到5000左右的词汇量水平,且希望级别之间的跨度要保持稳定,在中高级后可以适当拉开距离。

3.4 生词注释的使用

学习者普遍认为读物需要生词注释,占 93.1%(135/145)。觉得非常需要的学习者(46 人)中,初级学习者的占到一半(23 人);只有 10 人认为不需要,其中半数为亚洲学习者。

在注释的位置安排上,142 人中有 74 人认为应该随文注释,即出现生词的那一页就要配上注释;也有 32 人认为可以放在每个章节后面;但绝大多数不同意放在每个章节前面,只有 14 人选择这一项。

超过半数(54.07%)的学习者认为应该同时用汉语和第一语言(或母语)来注释生词(73/135),但也有 37 人认为应该只用汉语注释,25 人(其中一半是初级学生,15 人)认为应只用母语或第一语言。

由此可见,读物的生词注释是很有必要的,且大部分学习者均认为采用双媒介语注释是最佳选择。如果仅用一种媒介语,学习者认为,倾向于第一语言和汉语的比例分别是 18.52%(25/135)、27.41%(37/135)。

4 结 论

调查显示,汉语分级读物的开发应该从以下几个方面努力:

(1)对已出版的汉语分级读物大力宣传,尤其是对初中级学习者要增加宣传力度,且提供多种信息渠道,如实体、虚拟广告、书展、书友会、阅读比赛等。

(2)汉语分级读物的开发编写要在多方面考虑不同水平学习者的个性需求,如内容上,应多选现当代背景、兼有交际内容和知识内容的故事。中高级学习者更能接受国际内容,初中级学习者更希望中国文化内容多一些。注释时,采用双媒介语是最佳选择。如果仅用一种媒介语,需要将水平等级考虑进去;如果是较复杂、较难的词语出现在较低等级的读物中,需要避免只用目标语来注释。

(3)关于读物内容的调查显示:读者希望读物在讲述文化知识的同时更多地以讲述故事的形式呈现内容。因此,汉语读物在编写时应该注意调整知识性内容和故事内容的比例。

(4)读物语言难度的调查表明:大部分学习者希望通过课外阅读获得新的语言知识,尤其是扩大生词量。学习者大多希望通过阅读达到 5000 左右的词汇量水平,且希望不同级别读物之间的跨度要保持稳定,在中高级后可以适当拉开距离。因此,汉语分级读物在语言难度的控制和级别的设置上需更多考虑读者的阅读目的。

参考文献

黄源深. 英语专家如是说[J]. 英语学习,2000(6).

郑金洲. 基于新课程的课堂教学改革[M]. 福州:福建教育出版社,2003.

Flahive D,Bailey N. Exploring Reading/Writing Relationships in Adult Second Language Learners[M]//Carson J,Leki I. Reading in the Comparison Classroom:Second Language Perspectives. Boston,

MA: Heinle &Heinle Publishers, 1993: 78-85.

Harmer J. How to Teach English[M]. Beijing: Foreign. Language Teaching and Research Press, 2000

Krashen S. We Acquire Vocabulary and Spelling by Reading [J]. The Modern Language Journal, 1989 (73): 440-464.

Tsang W K. Comparing The Effects of Reading And Writing on Second Language Learning [J]. Applied Linguistics, 1996 (17).

钱彬,中山大学外国语学院
qianbin27@aliyun.com

国际汉语教材分地区文化项目考察报告

徐霄鹰　谢　爽

摘　要：本文以中国大陆、港台和日本、韩国、新马印及主要英语国家六个区域出版的2725册国际汉语教材为调查对象，考察了教材中中华文化项目的选择与分布情况。结果表明：六个区域的国际汉语教材在中华文化项目的选择与比例分配上有一定共性，其中日本与韩国、日本与主要英语国家、新马印与港台两两之间更为接近；主要英语国家出版的教材选择的文化项目最全面，分布最均衡；新马印地区出版的教材文化项目最少、分布极不均衡。

关键词：国际汉语教材；文化项目；分地区

1　绪　论

第二语言教材不仅影响教学实践的质量与效率，也反映了某一时期主流的教学大纲、教学目标、教学理论和教学方法等。因此，有必要对国际汉语教材进行考察，了解汉语教材建设情况及其反映的国际汉语教学现状。以往的教材考察范围窄、基数小，且以定性考察居多。

2011年11月，中山大学国际汉语教材研发与培训基地对全球汉语教材库中的3212册国际汉语教材中的语法、词汇和文化项目进行了全面考察。这次调研着眼于全球出版的国际汉语教材，考察教材数量多，并且有数据支持。

本调研报告是对部分地区国际汉语教材文化项目考察情况的呈现。

1.1　调研对象

项目组从全球汉语教材库的3212册国际汉语教材中选择了以下六个区域出版的教材作为考察对象：中国大陆，中国香港和台湾（简称"港台"），日本，韩国，新加坡、马来西亚和印尼（简称"新马印"），美国、英国、加拿大、澳大利亚和新西兰（简称"主要英语国家"）。区域的选择和划分考虑到了教材出版数目、汉语教育传统及出版地语言文化背景。[1]这六个区域的教材占3212册的84.8%，具体出版数量如图1所示。

---

[1] 划分和选择的具体标准：（1）该地区出版的教材册数超过了100册，如中国大陆、日本和韩国；（2）港台地区的对外汉语教学传统与大陆不同，因此划分为单独区域；（3）新加坡、马来西亚和印尼这三个国家都有长期的华文教育传统，而且单一国家出版的教材不足100册，因此将它们合并；（4）美国、英国、加拿大、澳大利亚和新西兰属于内圈英语国家，合并为一个区域。

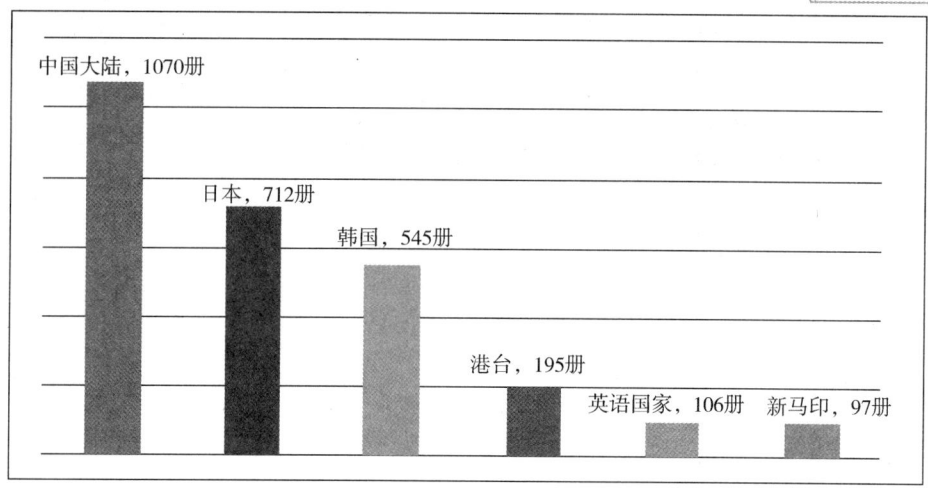

图1 六个区域出版教材数

1.2 研究问题

（1）各区域教材选择了哪些文化项目？是否全面？
（2）各区域教材已选文化项目的分布情况如何？是否均衡？
（3）六个区域教材的共性是什么？
（4）各个区域教材的特点是什么？

1.3 研究方法

1.3.1 调查工具

《国际汉语分类文化项目表》（以下简称为《文化项目表》），是中山大学国际汉语教材研发与培训基地"国际汉语教材编写指南"项目的研究成果之一。项目组在参考《中美网络语言教学项目中国文化教学大纲》（卢伟，2005）、《德语教材文化内容分类》（Byram，1994）等7个中外文化教学大纲的基础上，拟定初稿；然后依据初稿对3212册汉语教材中的文化项目进行录入，针对录入过程中不断发生的归类难题，对框架进行动态调整，形成修订稿；最后再经过专家干预优化，形成最终稿。

《文化项目表》将文化项目分为四层：第一层5类，第二层46类，第三层212类，第四层70类。图2是《文化项目表》的简单示例。

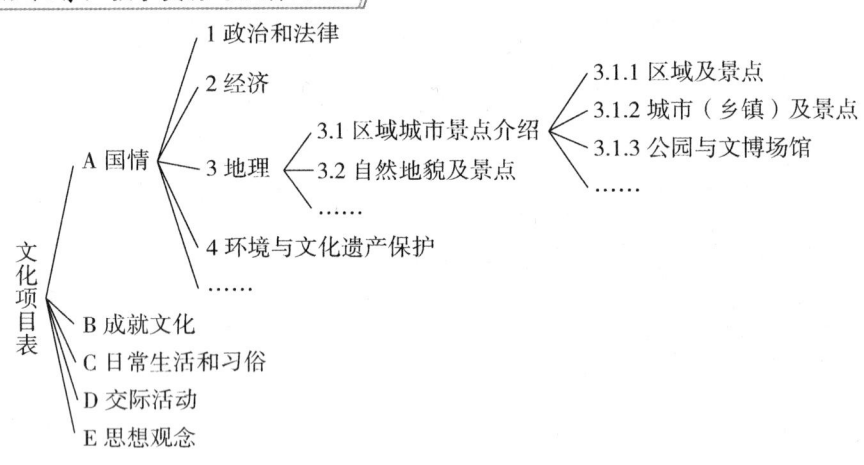

图 2 《国际汉语分类文化项目表》(2011) 示例

1.3.2 数据收集及处理

第一步,根据《文化项目表》,提取各区域国际汉语教材中的文化项目,按项目表层次归类。提取范围是教材中的显性文化教学部分,包括两部分内容:其一是教材直接介绍和解释的文化内容,也就是"文化知识"、"文化介绍"或"文化窗口"等板块;其二是明确地以文化知识作为话题的课文或阅读篇章。

第二步,分层提取出文化项目后,计算各区域教材选取的文化项目种类数。

第三步,累计不同文化项目在该地区所有教材中出现的次数,并计算其在同一层所有文化项目出现总次数中所占的比例。例如,中国大陆地区教材第一层的"国情"文化项目一共出现了 5024 次,约占第一层所有文化项目出现总次数(15423 次)的 33%。

由于《文化项目表》的第三、第四层文化项目多,频次分散在过百个文化项目上,难以看出趋势。因此,本报告主要呈现第一、第二层文化项目。

2 调研结果

2.1 文化项目选择情况

文化项目在各层覆盖率的计算方法是:覆盖率=教材包含的文化项目种类数/《文化项目表》包含文化项目种类数。覆盖率的高低可以直观地显示出教材选择的文化项目种类是否全面。从表 1 可以看出,文化项目整体覆盖率从高到低为:中国大陆>日本/韩国/主要英语国家>港台>新马印。覆盖率基本上与教材册数成正比,但主要英语国家的覆盖率例外。虽然主要英语国家的教材册数比港台少了近 90 册,但其覆盖率反而高于港台,且与册数为其 5 倍或 7 倍的日本和韩国平齐。这说明主要英语国家教材的文化项目选择最为全面。而与主要英语国家册数相差无几的新马印地区教材第二层文化点的覆盖率仅有 65.9%,文化项目选择最不全面。

表1 六个区域教材文化项目覆盖率　　　　　　　　　　　　　　　单位：%

文化项目覆盖率	中国大陆（1070册）	日本（712册）	韩国（545册）	港台（195册）	主要英语国家（106册）	新马印（97册）
一层文化项目覆盖率	100	100	100	100	100	100
二层文化项目覆盖率	97.8	93.6	93.6	91.4	93.6	65.9

2.2 文化项目的分布情况

如前所述，累计不同文化项目出现的次数，并计算其在同一层所有文化项目出现总次数中所占比例，直观地呈现各区域文化项目的分布情况。

2.2.1 第一层

如表2所示，六个区域比例分配集中于成就文化、中国国情、日常生活和习俗，各项比例均在20%以上。相应地，各区域的交际活动和思想观念两类文化项目所占比重较低：交际活动所占比例都不高于12%，思想观念类的比例均未超过5%。

表2 第一层文化项目分布情况

区域	第一位	第二位	第三位	第四位	第五位
中国大陆	成就文化35%	中国国情33%	日常生活和习俗21%	交际活动8%	思想观念3%
日本	日常生活和习俗31%	成就文化28%	中国国情27%	交际活动12%	思想观念2%
韩国	中国国情32%	成就文化30%	日常生活和习俗28%	交际活动7%	思想观念3%
港台	成就文化46%	日常生活和习俗23%	中国国情21%	交际活动8%	思想观念3%
主要英语国家	成就文化29%	日常生活和习俗28%	中国国情26%	交际活动12%	思想观念4%
新马印	成就文化64%	中国国情24%	日常生活和习俗9%	交际活动2%	思想观念1%

结合表3分析，主要英语国家教材的第一层文化项目的分布标准差最小，日本紧随其后。这两个区域五个文化项目所占比例也较为接近；与其他四个区域相比，这两个区域都更重视作为微观文化的日常生活和习俗以及反映文化实践的交际活动。

表 3　第一层文化项目分布标准差

区域	中国大陆	日本	韩国	港台	主要英语国家	新马印
分布标准差	0.143	0.125	0.142	0.166	0.112	0.264

新马印的教材的分布标准差最大，文化项目分布最不均衡，仅成就文化一项就占了64%，其他四项所占比例平均不足10%。

中国大陆和韩国的教材在分布均衡度和具体比例上都较为接近，在六个区域中均衡度排位居中。

港台教材第一层文化项目的分布均衡度排第五位，成就文化占了近一半的比例，在六个区域中位列第二。

2.2.2　第二层

2.2.2.1　中国国情下二层文化项目分布情况

中国国情下属的第二层文化项目中，人民和地理两类文化项目受到特别重视，所占比例明显高于其他类别；家庭、经济、教育、历史，所占比例在1%到12%之间不等；其余文化项目所占比例低于5%，各区域间差异不大（表4）。

表 4　中国国情下第二层文化项目分布情况　　　　　　　　　　单位：%

文化项目	中国大陆	日本	韩国	港台	主要英语国家	新马印
大众传媒	4	3	2	2	4	1
地理	26	32	40	20	17	22
环保	4	2	2	2	3	2
家庭	10	6	4	6	11	2
教育	7	10	5	9	10	1
经济	8	6	11	3	11	2
历史	5	12	3	6	9	4
人民	21	17	16	36	25	65
社会保障	5	4	2	3	4	1
性别	2	2	2	1	2	0
政治和法律	7	4	8	8	5	0
中国国情概况[1]	0	1	2	0	0	0
中国体育	1	1	2	2	1	1

1) 如果语篇包含了多项次级文化项目，属于总体概述性质的，则归入"概况"类。如一篇平均地介绍了中国的地理、历史和经济的语篇应被归入"中国国情概况"。

主要英语国家和中国大陆教材中国国情下二层文化项目分配得最均衡（表5）。这两个区域的教材都比其他区域更重视家庭。此外，主要英语国家教材较重视经济、教育、历史，而最不重视地理。

表5　中国国情下第二层文化项目分布标准差

区域	中国大陆	日本	韩国	港台	主要英语国家	新马印
分布标准差	0.077	0.087	0.107	0.101	0.070	0.182

新马印教材的文化项目分布最不均衡。人民一项在六个区域中最高，达到65%，加上占22%的地理，仅此两项已经占据了86%的比例，其余文化项目所占比例都在4%以下。

日本、韩国、港台教材的均衡度居中。日本与韩国有一些相同之处：都重视地理，人民类在六个区域中所占比例最少；也有不同之处：日本教材重视教育、历史，而韩国教材重视经济，最不重视历史。港台教材则较重视人民、教育两项。

2.2.2.2　成就文化下二层文化项目分布情况

成就文化下属文化项目仅有五项，各区域文学和语言文字两项目的比重明显高于其他类（表6）。六个区域形成了两个阵营，新马印、港台、中国大陆和韩国教材的文学项目都是第一位的，而主要英语国家和日本教材的语言文字项目占第一位。大多数教材编者的知识背景（文学、语言学专业）单一，也许是各区域教材普遍重视文学和语言文字的原因之一。除新马印以外，各区域教材中占第三位都是艺术，占第四位都是科技。

表6　成就文化下第二层文化项目分布情况　　　　　　　　　单位：%

文化项目	中国大陆	日本	韩国	港台	主要英语国家	新马印
成就文化概况	0	0	0	0	0	0
科技	4	2	2	4	10	1
文学	52	32	42	62	29	88
艺术	20	21	24	12	17	7
语言文字	23	45	32	22	44	4

各文化项目分布差异最小的是主要英语国家教材，其语言文字比例高，而且比其他区域更重视科技。科技所占比例是其他区域的两倍以上。韩国教材的均衡度仅次于主要英语国家（表7）。

表7　成就文化下第二层文化项目分布标准差

区域	中国大陆	日本	韩国	港台	主要英语国家	新马印
分布标准差	0.206	0.191	0.187	0.251	0.170	0.380

日本教材的文化项目分布均衡度排第三位。其语言文字的比例是六个区域中最高的，艺术所占比例也较高。此外，日本各项分布的具体比例与主要英语国家较为接近。

中国大陆和港台教材分布均衡度分列第四和第五。其中，港台教材文学比例较高，仅次于新马印。

新马印教材仍然是分布最不均衡的区域，文学一项就占了88%，语言文字、艺术和科技仅分得12%的比例。

2.2.2.3 日常生活和习俗下二层文化项目分布情况

六个区域教材饮食及习俗、节日节气两类文化项目的比重远远高于其他类别，其次是休闲娱乐与健康，再次为交通，其他项目的比例低于10%（表8）。

表8 日常生活和习俗下第二层文化项目分布　　　　　单位：%

文化项目	中国大陆	日本	韩国	港台	主要英语国家	新马印
安全	2	1	0	1	1	0
度量衡	1	1	0	0	1	0
服饰及习俗	2	2	3	2	3	3
购物消费	7	9	10	8	8	3
家庭生活	1	1	1	0	0	2
交通	9	8	12	11	10	2
节日节气	14	13	15	20	11	42
禁忌迷信与象征	6	5	10	4	6	10
居住	4	4	3	4	4	0
人生庆典	6	5	4	9	7	8
日常生活和习俗概况	0	0	0	0	0	0
通讯	5	5	4	3	6	0
休闲娱乐与健康	17	12	10	15	18	9
学习与工作	6	5	3	3	5	0
饮食及习俗	21	30	26	21	20	22

分布最均衡的是主要英语国家和中国大陆教材（表9）。在具体分布上，两国也显示了一致性：两国的饮食及习俗在六个区域中最低，休闲娱乐与健康最高。此外，主要英语国家教材对节日节气的介绍在六个区域中比例最低。

表9　日常生活和习俗类下第二层文化项目分布标准差

区域	中国大陆	日本	韩国	港台	主要英语国家	新马印
分布标准差	0.062	0.076	0.072	0.071	0.060	0.114

韩国、日本两个国家教材的分布标准差接近，且具体比例接近，各项相差不超过5个百分点。两国教材都重视饮食及习俗。

虽然港台教材的分布标准差与韩国、日本教材也相差无几，但具体的比例分布与日韩两国不同，特别是较低的饮食习俗比例和较高的交通比例。

新马印教材与众不同，最关注节日节气类文化，高达42%，是第二位饮食及习俗类的近两倍。在别的区域，虽然节日节气也受到重视，但比例都不超过20%。自然新马印的均衡度排在最后一位。

2.2.2.4　交际活动下二层文化项目分布情况

交际活动下的二层文化项目，六个区域教材的排序一致：交际情景规范以压倒性的优势排第一，各区域所占比例均在68%及以上；跨文化交际一项各区域比例在9%~27%；排在后面的非语言规范或交际风格都在6%及以下（表10）。

表10　交际活动下第二层文化项目分布情况　　　　单位：%

文化项目	中国大陆	日本	韩国	港台	主要英语国家	新马印
非语言规范	2	3	6	6	4	0
交际风格	3	2	4	4	3	0
交际活动概况	0	0	0	0	0	0
交际情景规范	68	79	70	82	82	88
跨文化交际[1]	27	16	20	9	12	13

1）指进行整体性的跨文化介绍，如描述文化总体印象、进行文化总体对比、介绍文化间相互影响或者提供故事性的跨文化交际实例。不包括对具体文化项目的对比，如对比中国和美国的宿舍，属于"学生生活"。因此，我们无法从此处数据去评估某个地区的教材给予跨文化交际内容的重视程度高低。目前的数据只能告诉我们，某地区更倾向于进行整体的跨文化介绍。

主要英语国家、日本、港台教材在这个部分显示了较大的共性，反映在其交际情景规范所占比例都高达80%左右，而跨文化交际部分比例相对较低。中国大陆和韩国教材的交际情景规范的比例比前述三国的教材低了十多个百分点，相应地，这一部分的份额归入了跨文化交际部分。

分布最均衡的是中国大陆和韩国，最不均衡的是新马印，其他几个区域居中（表11）。

表 11　交际活动下第二层文化项目分布标准差

区域	中国大陆	日本	韩国	港台	主要英语国家	新马印
交际活动	0.289	0.336	0.289	0.347	0.347	0.381

2.2.2.5　思想观念下二层文化项目分布情况

新马印教材思想观念的总频次仅为 5，数据过少，无法反映趋势，所以不对其进行分析。其他五区域教材价值观都占第一位，其余文化项目各区域排序不一，侧重有所不同，共性较小。五个区域的第二、第三位集中在消费与金钱观念、教育观念和哲学思想（其中港台地区较特殊，排第二位的是宗教信仰）（表 12）。

表 12　思想观念下属二层文化项目分布情况　　　　　　　单位：%

文化项目	中国大陆	日本	韩国	港台	主要英语国家	新马印
价值观	32	31	38	31	23	20（1次）
教育观念	20	14	13	14	14	20
审美观	4	12	7	2	6	0
时空观	5	6	6	5	13	0
思想观念概况	1	0	0	2	3	0
消费与金钱观念	21	24	21	14	14	20
哲学思想	7	6	12	14	14	20
自然观	1	0	0	3	3	0
宗教信仰	8	6	5	17	13	20

主要英语国家教材内容平衡做得最好（表 13）。其中，其时空观远远高于其他区域，消费与金钱观念在五个区域中最低。中国大陆和港台、日本教材文化项目分布的平衡度接近，韩国教材均衡度最差。

表 13　思想观念下第二层文化项目分布标准差

区域	中国大陆	日本	韩国	港台	主要英语国家	新马印
比例标准差	0.108	0.107	0.119	0.094	0.064	0.105

韩日教材在文化项目的分布上显示出一致性：除了审美观与哲学思想两项以外，其余各项分布基本一致。两区域教材审美观在五个区域中最高。

港台教材的宗教信仰在五个区域中排第一，显示其对宗教信仰类文化的重视。

3 结果分析

3.1 六个区域教材的共性

六个区域教材的文化项目选择及分布呈现出了一些共性。

3.1.1 第一层

六个区域教材都涵盖了《文化项目表》第一层的五个项目：最重视成就文化、中国国情和日常生活和习俗三项，其次是交际活动，思想观念类文化比例最低，这应该与已出版的国际汉语教材大多数属于初级阶段教材有关。

3.1.2 第二层

中国国情下的二层文化项目中，六个区域教材共选的文化项目有地理、人民、大众传媒、环保、家庭、教育、经济、历史、社会保障、中国体育十项。其中，人民和地理两项所占比例远高于其他文化项目，其次是家庭、经济、教育、历史，剩余文化项目所占比例均低于5%。

这六个区域教材对成就文化下的二层文化项目选择一致：都选择了科技、文学、艺术和语言文字四项。其中，六个区域教材的重点都放在了文学或语言文字上，其次是艺术，最后才是科技[1]。

六个区域教材共选的日常生活和习俗下的九个二层文化项目中，最重视是饮食及习俗和节日节气，其次是休闲娱乐与健康，再次为交通，而服饰及习俗、购物消费、家庭生活、禁忌迷信与象征、人生庆典比例较低。

交际活动下的二层文化项目中，六个区域教材共同选择了交际情景规范和跨文化交际两个文化项目，前者的比例远高于后者。

思想观念下的二层文化项目中，六个区域教材共选的文化项目为价值观、教育观念、消费与金钱观念、哲学思想和宗教信仰五项。各区域排第一位的都是价值观，其余四项各区域侧重不同。

3.2 各区域教材特点

3.2.1 中国大陆教材

中国大陆出版的国际汉语教材选择的文化项目种类最多，分布均衡度排位居中；在与其他五个区域的对比中，几乎没有出现某个文化项目比例处于最高或最低位置的情

---

[1] 新马印地区例外，文学（88%）>艺术（7%）>语言文字（4%）>科技（1%）。

况。总的来说，中国大陆的教材呈现出完整均衡、但没有突出特点的整体面貌。这是由其庞大的教材基数和其中绝大多数为通用教材[1]的特点所决定的。

3.2.2 日本教材

日本出版的教材文化覆盖率在各区域中排第二位，文化项目分布均衡程度居中。第一层文化项目中，日本比其他区域更重视日常生活和习俗以及交际活动。第二层文化项目中，日本更重视中国国情类的地理、教育和历史，成就文化类的语言文字和艺术，日常生活和习俗类的饮食及习俗，交际活动类的交际情景规范。

此外，日本在第一层文化项目的比例分配上与主要英语国家非常接近，各项之间比例差异不超过2个百分点（见2.2.1）。在五个亚洲区域中，日本是西化程度最高的国家，这也许是其教材与主要英语国家教材接近的原因。

3.2.3 韩国教材

韩国教材的整体文化覆盖率排第三位，各层文化项目分布均衡程度居中。与其他区域相比，韩国更重视中国国情类的地理和经济、成就文化类的文学、日常生活和习俗类的饮食和习俗。

日本和韩国教材文化项目分布在第一层显示出一定的相似性，各项目比例差异不到5个百分点。两国教材的相似性特别还反映在中国国情、日常生活和习俗以及思想观念三个大类的二层文化项目分布上（见2.2.2）。日韩两国都将汉语作为第二大外语，国内汉语教学规模大，汉语教材出版的数量分别位于全球第二和第三；且两国与中国同属东亚汉字文化圈，社会、国情和文化与中国差距相对较小。以上两个因素能解释为什么两国教材文化项目分布相对一致。

3.2.4 港台教材

港台教材选择的二层文化项目比大部分区域（新马印除外）少，而且各层选择的文化项目之间比例差异大（各层均衡度基本位列第四、第五[2]），分布不均衡。

港台教材并未与同为母语出版地的大陆教材在文化项目的分布上显示出高度的一致性，相反，却与新马印教材在几方面数值上接近，如第一层成就文化的比例，第二层国情类人民的比例、成就文化类文学所占比例，只是数值上没有那么极端。考察该区域的195册教材发现，其中有38册（约占20%）是由台湾"侨务委员会"出版的面向东南亚区域的华文教材，如《高中华文课本》系类、《中文读本系列》和《新编华语课本》等。而且，台湾向东南亚输出华文教材的历史久远，台湾编写的非华文类教材很可能也保留了华文教材的痕迹。

---

[1] 通用教材指并不是针对某一国家或地区编写的教材，与"国别化教材"相对。
[2] 思想观念下第二层例外，均衡度排第二。

3.2.5 主要英语国家教材

前面的统计显示，与其他五个区域的教材相比，主要英语国家教材文化内容介绍全面，文化项目的分布最均衡，显示出文化教学内容的多样性。英国、美国、加拿大、澳大利亚和新西兰等国家将英语作为第二语言教学的时间长，在英语教材编写方面积累了丰富的经验。因此，主要英语国家出版的汉语教材在安排其文化教学项目时，借鉴了英语作为二语教材的编写经验。此外，英国、美国等国家颁布了二语教学的纲领性文化，如《21世纪外语学习标准》、《欧洲共同语言框架》，使这些国家在编写国家汉语教材时有一定的理论指导，有章可循。

另外，我们还发现主要英语国家教材在文化项目的选择上有一些有意思的特点：比起其他区域，更重视第一层的日常生活和习俗以及交际活动两类文化。这两类的文化项目基本属于小 c 文化，而中国国情和成就文化所包含的政治、经济、地理、历史、社会、文艺成就、科技成果等则为大 C 文化。可见，主要英语国家更重视小 c 文化内容的介绍。在第二层文化项目中，主要英语国家教材明显比其他区域更重视的文化项目包括：中国国情类的家庭、经济、教育、历史，成就文化类的科技，日常生活和习俗类的休闲娱乐与健康，交际活动类的交际情景规范，思想观念类的时空观。

3.2.6 新马印教材

新马印区域华文教育传统深厚，出版的华语教材多为针对华人华裔的。这个区域的教材反映出与其他区域非常不同的特点：教材文化项目少，各层已选项目分布极不均衡，常常出现六个区域中最高或最低的极端比例。

文化项目的选择和分布反映了新马印华文教材的一些特点：

第一，传承中国传统文化的教学目标。除了培养汉语能力，传承传统优秀中国文化也是华文教育的重要教学目标。新马印的成就文化内容高达 64%，显示了华文教材注重展示中华文化的伟大成就的特点。而中国国情类文化中，新马印教材极重视人民类文化（占 65%），再深入到人民类下属的第三层文化内容，我们发现 91%的内容是对中国名人的介绍。再如，日常生活和习俗类文化中，新马印的节日节气类文化位居六区域第一，其中对传统节日文化[1]的介绍占了 95%。这些数据体现了新马印华文教材弘扬优秀传统文化的倾向。

第二，带有母语语文教育色彩。中国大陆和台湾的母语语文教育主要目标是培养学习者的书面语能力，因此常常选择语言优美的文化作品作为课文来培养学习者的阅读和写作能力。新马印文学作品的比例占了整个成就文化的 88%，这与中国大陆语文教育或台湾的国语教育主要内容相似，其中不少选篇与大陆和台湾的语文（国语）教材一致。

第三，教学对象主要为华人华裔，学习者或多或少有一定的中国文化背景。新马印教材相对忽略日常生活及习俗（9%）、交际活动（2%）等文化内容，这是因为华裔儿童、青少年可以从家庭、社区、华人社区媒体接触到这些内容，不需专门通过课堂学习。

---

[1] 节日节气类下属第三层文化项目包含传统节日、非传统节日、少数民族节日、外来节日和节气。

4 结语

六个区域教材文化项目的选择和分布显示出了不少共性,反映了不同区域的教材编者对文化内容选择和比例分配的共识,能够为以后新教材的编写提供一定的启示。

需要特别指出的是,主要英语国家汉语教材的文化项目选择最全面,分布最均衡,因此,应该是最具参考价值的。此外,华文教材与其他对外汉语教材在文化内容的选择和分布上区分非常大。未来的教材编写者应根据具体编写目标来寻找参考对象。

参考文献

陈申. 语言文化教学策略研究[M]. 北京:北京语言文化大学出版社,2001.

国际汉语教材编写指南项目组. 国际汉语分类文化项目表(内部资料)[M]. 2011.

李泉. 文化内容呈现方式与呈现心态[J]. 世界汉语教学,2011(3).

卢伟. "乘风汉语"的中国文化教学研究[M]//刘颂浩.《乘风汉语》教学设计与研究. 北京:世界图书出版公司,2005:43-61.

欧洲理事会文化合作教育委员会. 欧洲语言共同参考框架:学习、教学、评估[M]. 北京:外语教学与研究社,2008.

吴英成,罗庆铭. 新加坡汉语文化教材设计的沿革与反思[M]//周小兵. 国际汉语:第一辑. 广州:中山大学出版社,2011.

赵建华. 对外汉语教学中高级阶段功能大纲[M]. 北京:北京语言大学出版社,1999.

Byram M, Morgan C. Teaching-and-Learning Language-and-Culture[M]. Clevedon: Multilingual Matters, 1994.

College Board A P. Chinese Language and Culture Course Description[EB/OL]. http://apcentral.college-board.com/apc/public/ repository/ap08_chinese_coursedesc.pdf, 2011.

Kachru Braj B. Standards, Codification and Sociolinguistic Realism: the English Languagein the Outer Circle[M]// Randolph Quirk, Henry Widdowson. English in the World: Teaching and Learning the Language and Literatures. Cambridge University Press, 1985.

Risager K. Cultural References in European Textbooks: An Evaluation of Recent Te0ndencies[M]// Buttjes D, Byram M. Mediating Languages and Cultures: Towards an Intercultural Theory of Foreign Language Education. Clevedon: Multilingual Matters, 1991.

徐霄鹰、谢爽,广州中山大学国际汉语学院、广州中山大学中国语言文学系
Xuxiaoying69@hotmail.com,xieshuang.grace@qq.com